KiWi 142

Über das Buch

Der früheste Aufsatz dieses Bandes ist ein Schulaufsatz, in dem Wallraff, 16jährig, das Thema des Rollenspiels bis zur »Selbstverleugnung der eigenen Person« schon vorwegnimmt. Damals freilich noch als Ausdruck eines absurden Lebensgefühls. Bald darauf erwachte er aus diesem Traum und »schlief nie wieder ein«. Das Rollenspiel blieb, der Einsatz bis zur »Selbstverleugnung«, aber spätestens in seinen Bundeswehrerfahrungen 1963 wurde es zur politischen Waffe.

In den Arbeiten und Reden seit 1967 hat Wallraff bereits ein klares politisches und arbeitsmethodisches Konzept. Gegen das elitäre Kaderbewußtsein der RAF setzt er die Solidarität mit den Abhängigen und Schwächeren. Literatur will er nicht »als Kunst«, sondern »als Wirklichkeit«, die auf Veränderung abzielt. In diesem Konzept hat auch die Phantasie ihren Platz, als »List, die Wahrheit unter den Menschen zu verbreiten«, aber auch als das »Vorträumen« des »besseren Möglichen«.
Wallraff hat sein Konzept Stück für Stück verwirklicht. Seine Schriften und Reden begleiten seine Entwicklung als Schriftsteller, sie spiegeln sein zunehmendes Engagement und seine reflektierende Wachsamkeit im Kampf gegen die wechselnden Formen der Inhumanität.

Der Autor

Günter Wallraff wurde 1942 in Burscheid bei Köln geboren. Buchhändlerlehre bis 1962. 1963 trotz Antrag auf Wehrdienstverweigerung zur Bundeswehr eingezogen. Anschließend entsteht das »Bundeswehr-Tagebuch«. 1963–65 Arbeit in verschiedenen westdeutschen Großbetrieben. Die *Industriereportagen* (1966) erscheinen, der Anfang der »unerwünschten« Reportagen. Den größten Erfolg hatte 1985/86 der Band *Ganz unten,* von dem in der BRD über 2 Millionen Exemplare verkauft wurden und der in 23 Sprachen übersetzt wurde.

Günter Wallraff

Vom Ende der Eiszeit und wie man Feuer macht

Aufsätze, Kritiken, Reden

Mit einem Vorwort von Hans Mayer

Kiepenheuer & Witsch

Umschlag Hannes Jähn, Köln, unter
Verwendung eines Fotos von Günter Zint
Gesamtherstellung Clausen & Bosse, Leck
ISBN 3 462 01845 0

Inhalt

Vorwort

Schreib das auf, Wallraff!

Natürlich ist diese Überschrift bloß Abwandlung eines berühmten Buchtitels von Egon Erwin Kisch. »Schreib das auf, Kisch!«, so lautete im Jahre 1930 der endgültige Titel für die Aufzeichnungen eines Tagebuchs, das der 1885 in Prag geborene Schriftsteller während seiner Militärzeit im Ersten Weltkrieg geführt hatte. Das Tagebuch eines bedeutenden Schriftstellers, der auch damals, als Soldat des Habsburgischen Kaiserreichs, nicht »ganz unten« gelandet war. Sohn einer deutschsprachigen jüdischen Kaufmannsfamilie, Student, Dramaturg, Journalist. Berühmt wurde er als solcher durch die Aufdeckung der Hintergründe, die, vor Beginn des Weltkriegs, zum Selbstmord des Geheimdienstchefs Redl führten.
Später liest sich die Lebensgeschichte dieses Schriftstellers, der den Bereich der Literatur erweitert hat, in vielen Punkten wie eine Vorwegnahme von Lebensschicksalen und Arbeitsmethoden Günter Wallraffs. Berühmt wurden die Umstände, die zur Entstehung des Buches »Landung in Australien« führen sollten. Man verweigerte ihm die Landung, worauf Kisch, der beglaubigte Delegierte eines »Weltkongresses gegen Krieg und Faschismus«, mit einem sechs Meter tiefen Sprung von der Reling des Schiffes an Land gelangt, ins Krankenhaus gebracht werden muß, nunmehr aber am Kongreß teilnehmen darf.
In einem Text vom Jahre 1977 mit dem Titel »Kisch und Ich heute« hat Günter Wallraff ausführlich dargestellt, was alles

ihn mit dem einstigen »Rasenden Reporter« verbindet, und was doch auch wieder grundlegend anders ist an seiner eigenen Arbeitsweise: verglichen mit derjenigen des großen Schriftstellers aus Prag.

Vielleicht ist dieser Text von Wallraff, über seine Konvergenzen und Divergenzen mit dem Vorgänger, der geheime Mittelpunkt des vorliegenden Bandes mit essayistischen, rhetorischen und agitatorischen Arbeiten, die Günter Wallraff zwischen 1959 und 1986 niedergeschrieben hatte. »Gelegenheitsarbeiten« allesamt, was gar nichts gegen ihren dokumentarischen und literarischen Wert aussagt. Viele Werke der bedeutenden Literatur sind auf solche Weise als Gelegenheitsarbeiten entstanden. Übrigens nahezu alle Texte von Kisch.

Die »Gelegenheit« für den Text über Kisch bestand in der Notwendigkeit einer Klärung, sogar einer Abwehr. Nach Erscheinen seiner ersten Texte hatte man Günter Wallraff immer wieder mit dem sogenannten Rasenden Reporter verglichen. Wallraff muß also Wert auf die Feststellung legen, daß er zu arbeiten begann, ohne mehr von diesem Egon Erwin Kisch gewußt zu haben, als die oberflächliche Kenntnis einiger Texte und eben dieses ebenso geläufigen wie oberflächlichen Wortklischees vom »Rasenden Reporter« vermitteln konnte. Falsch in beiden Fällen, bei Kisch wie bei Wallraff, denn der Reporter im heutigen Sinne beschränkt sich darauf, Tatsachen zu eruieren und der Öffentlichkeit mitzuteilen, was sich da und dort, und unter welchen Umständen, zugetragen hat: Weltgeschichte wie Klatsch. Ein Reporter solcher Art ist Kisch niemals gewesen. Mit Recht konstatiert Wallraff, daß alles Schreiben von Kisch undenkbar wäre ohne Parteilichkeit. Insofern hat Wallraff auch recht, wenn er sich gegen die – unhaltbare – These von Georg Lukács wehrt, die Reportage erfasse bloß die Oberflächen-Wirklichkeit, ohne deren Hintergründe sichtbar zu machen. Natürlich kommt Lukács mit diesem Fehlurteil, das weder Kisch noch irgendeinen anderen großen Journalisten richtig kennzeichnet, auf seinen Lieblingsgedanken zurück, daß der große sozialkritische Roman nun einmal den Gipfel aller Schriftstellerei darzustellen habe. Das war eine klassizistische These, gegen welche sich schon Brecht und Egon Erwin Kisch genauso gewehrt hatten wie diesmal Günter Wallraff. Bei Wallraff heißt es daher, und das ist durchaus richtig: »Dem liegt ein Mißverständnis zugrunde, ein Mißverständnis, von dem auch die Photographie betroffen ist. So wenig wie diese nämlich bloß ›objektiv‹ ist, weil sie Perspektive, Belichtung und Kontrast bewußt einsetzen kann, so wenig ist auch die Reportage nur Faktenhuberei.«

Indem sich Wallraff jedoch in seiner Arbeitsweise und Motivation auch wieder von Kisch abgrenzt, hat er zugleich die damalige Erweiterung der Literatur durch Kisch konfrontiert mit seiner eigenen literarischen Bemühung um neue Formen der Schriftstellerei.

Egon Erwin Kisch war genährt im Elternhaus wie in der Prager Umwelt der Jahrhundertwende, wozu Kafka und Werfel und Rilke gehört hatten, wie viele noch, vom Ausdruckszwang. Die übermächtige Lust des Berichtens und Schreibens, stets in höchst persönlicher Ausdrucksform, lag allem zugrunde. Dann erst folgte die Thematik: als Aufdeckung der Verbrechen und unwürdigen Lebensformen.

Günter Wallraff, wenn man es richtig versteht, ist wohl den umgekehrten Weg gegangen. In seinem Einleitungstext »Vorzüge und Nachteile eines ›Ideal-Berufes‹« von 1959 liebäugelt er, als Sechzehnjähriger, in einem Schulaufsatz mit der Rolle des Narren: »Stülpen wir uns die Narrenkappe über und treten wir auf im ganzen großen Zirkus, wir Hans-Würste, Clowns und Harlekine.« Übrigens wurde dieser Schulaufsatz geschrieben vier Jahre vor den berühmten »Ansichten eines Clowns« von Heinrich Böll.

Die Permanenz einer Narrenrolle ist aber unter heutigen Lebensumständen undenkbar. Ein Narr oder Clown braucht die

Vorstellung. Nach deren Ende hat der Alltag einzutreten. Günter Wallraffs Texte seit diesem Jugendbericht, den er mit gutem Grund hier wieder abgedruckt hat, bestätigen diese Erfahrung. Andererseits muß bereits dem sechzehnjährigen Schreiber klargewesen sein, daß *nicht der Ausdruckszwang* bei ihm Vorrang besitzt, sondern die Erforschung verborgener Wirklichkeiten. Überaus hellsichtig und selbstkritisch hat Wallraff, um den Gegensatz zu Kisch auszudrücken, seine eigene literarische Inspiration in folgendem Satz zusammengedrängt: »Ich muß selbst erst zum Betroffenen, notfalls zum Opfer werden, um über die Situation der Opfer dieser Gesellschaft schreiben zu können.« Dieser Satz könnte als Motto über allen Büchern Günter Wallraffs stehen und auch über allen Berichten über seine Aktivitäten, Illegalitäten, Prozesse und Enthüllungen.

Dies ist ein singuläres Bekenntnis, und es bleibt wichtig, über den besonderen Fall Günter Wallraff hinaus, weil hier neue und durchaus zeitgenössische Formen der Literatur erkennbar werden. Interessanterweise nämlich hat Wallraff seiner Auseinandersetzung mit Kisch den Untertitel gegeben »Über die logische Phantasie«. Auch in vielen anderen Texten des vorliegenden Bandes kehrt dieser Ausdruck »Phantasie« wieder, womit das gemeint ist, was die deutsche Sprache als »Einbildungskraft« zu bezeichnen pflegt. »Die Phantasie an die Macht!«, das war im Jahre 1968 ein Kampfruf der Pariser Studenten. Wallraff beruft sich einmal in einem früheren Text auf Peter Schneider und dessen Untersuchung von 1968 über die Rolle der Phantasie unter den gesellschaftlichen Umständen des späten Kapitalismus. Freilich konnte Wallraff damals nicht ahnen, daß Peter Schneider selbst später, nach so vielen verlorenen Illusionen, gestehen mußte, er stehe diesem so berühmt gewordenen Aufsatz nunmehr mit großer Skepsis gegenüber.

Die »logische Phantasie« Günter Wallraffs meint aber noch etwas anderes; sie unterscheidet sich auch von dem, was man

1968 in Paris postuliert hatte. Wallraff ist in seiner Arbeitsweise offenbar das genaue Gegenteil der Arbeitsweise von Max Frisch und seinem »Herrn Gantenbein«. Diese Kunstfigur von Frisch lebt mit dem Motto: »Ich bilde mir ein...«. Günter Wallraff mißtraut der eigenen Einbildungskraft. Er braucht die reale Erfahrung des Unrechts, der Demütigung, eines Lebens ganz unten, unter dem Bodensatz der Gesellschaft. Er muß erlebt haben, was er später beschreiben soll. Nicht bloß beschreiben übrigens, sondern wirklich erzählen. Das unterscheidet ihn von all jenen, die in ihrer eigenen Tiefe von jeher den Ausdruckszwang gespürt hatten. Sie konnten sich, mit Hilfe von Dokumenten, auch das Schreckliche »einbilden«, um es auszudrücken. Anna Seghers schrieb den Roman »Das siebte Kreuz«; allein sie selbst war nicht in einem Konzentrationslager.

Wallraff braucht nicht allein die Erfahrung des Opfers und des Unrechts, sondern auch die *Erfahrung der jeweiligen Rolle*, die er zu spielen hat: innerhalb wie außerhalb bestehender Gesetze und Vorschriften.

Eben deshalb muß man die ausführliche Rede Wallraffs mit dem Titel »Vom Ende der Eiszeit und wie man Feuer macht«, die er im Jahre 1973 auf einer Delegiertenversammlung des »Werkkreises Literatur und Arbeitswelt« gehalten hat, mit Skepsis lesen. Deutlich spürt man noch jene Losungen von 1968, die das Ende aller Literatur prophezeit hatten, welche nicht politische Praxis der Veränderung sein wolle. Damals hatten die Thesen vom »Bitterfelder Weg« der Literatur in der DDR auch im Westen zur literarischen Konroverse geführt. Aus der berechtigten Forderung, man solle gefälligst die Welt der Arbeit im weitesten Sinne nicht aussparen bei der Schilderung heutiger Realitäten, war die hybride Forderung erwachsen: *bloß* diese Welt der Arbeit sei ein würdiger Gegenstand für den heutigen Schriftsteller.

So gründlich und genau Wallraff, auch als literarischer Sachkenner, in dem Text über Kisch und in anderen Beiträgen des Bandes formuliert, so sehr zeigt ihn jene Nürnberger Rede von 1973, deren Titel er nunmehr auch zum Titel des vorliegenden Bandes gemacht hat, in literarischen Vorurteilen befangen.

Es ist unhaltbar, wenn er damals schrieb: »Bis vor kurzem tat es ein Schriftsteller der deutschen Gegenwartsliteratur bei seiner Roman-Hauptfigur selten unter einem Architekten. Das war noch das Profanste, was man sich und seinen Lesern zumutete.« Soll man wirklich alle gegenwärtigen und historischen Gegenbeispiele aufzählen: von Balzac und Zola, dessen Roman »Germinal« gerade von Wallraff sehr genau interpretiert wurde, von Dickens bis Tolstoi? Von Gerhart Hauptmanns »Bahnwärter Thiel« über den Franz Biberkopf in »Berlin Alexanderplatz« bis zu den Romanen der Anna Seghers?

Wenn man es genau analysiert, so gehört Günter Wallraff mit seiner besonderen und singulären Arbeitsweise durchaus nicht zum Klischee »Literatur der Arbeitswelt«. Er arbeitet anders, und seine Thematik ist gar nicht so weit entfernt von den großen Traditionen der epischen Literatur. Seine Bücher sind gerade auch dort, wo sie den Leser erschüttern müssen, zugleich so etwas wie Schelmenromane. Günter Wallraff tritt in seinen Rollen bisweilen auch als Moralist der falschen Couleur, wie ein neuer Hochstapler Felix Krull, auf die literarische Szene.

Nur: seine Bücher sind nicht Erzeugnisse der Einbildungskraft, ersonnen am Schreibtisch. Sie mußten in einer schmerzhaften Wirklichkeit, unter dem Signum des Opfers, erprobt werden. Vielleicht haben sie dadurch gerade so viele Leser erreichen können, die es vorher noch niemals gedrängt hatte, einen Buchladen zu betreten und dort etwas zu kaufen.

Und noch eins: Wallraffs Arbeitsweise gleicht in vielen Augenblicken den Methoden eines Dramatikers, der selbst zugleich Schauspieler ist. Wer so viele Rollen virtuos zu spielen weiß und für die Helden wie die Schurken das Gefühlsmaterial in sich selbst vorfindet, vermag auch solche Gestalten aus eigener »logischer Phantasie« zu entwerfen. Es wäre denkbar, daß auch der Schriftsteller Günter Wallraff irgendwann einmal diesen Weg gehen könnte.

Hans Mayer

Vorzüge und Nachteile eines »Ideal-Berufes« *

1959

Die Auswahl unter den verschiedenen Berufen scheint auf den ersten Blick äußerst vielseitig. Eine bunte Skala aller möglichen Berufssparten mit zum Teil sehr guten Aufstiegs- und Verdienstmöglichkeiten. Jedoch kein oder besser fast kein Beruf bietet die ersehnte Lebenserfüllung. Staatliche, technische und die beliebten Modeberufe mögen anfangs befriedigen, zotteln aber schnell in einen ewig gleichmäßigen, so ermüdenden Arbeitstrott über, der nicht befriedigt, sondern verdrießt. – Ganz anders bei den aufopfernden, helfenden, den sozialen Berufen. Der Mensch legt sein ganzes »Ich« in diesen seinen Beruf hinein, nicht für sich, sondern für das Heil anderer Menschen. Können diese selbstlosen Berufe am Ende aber wirklich befriedigen? Viele Menschen ja. Aber tritt schließlich nicht doch die endgültige Einsicht mit der Verzweiflung ein. Die Lebensaufgabe ist ad absurdum geführt. Der Arzt, der Priester, der Jugendhelfer stehen vor der bedeutenden Frage: Hat das denn alles noch einen Sinn, und worin liegt der Sinn? Den Schwerkranken vor dem sicheren Tode retten, ist das gut so? Bedeutet der Tod nicht vielleicht gerade für diesen Menschen da eine lang ersehnte Erlösung? Oder der Priester: Findet er sich nicht plötzlich überflüssig? Braucht man ihn denn wirklich? Drängt er sich nicht nur auf? Der Jugendhelfer: Der Er-

* Schulaufsatz im Alter von 16 Jahren, vor Eintritt ins Berufsleben. Wurde nicht bewertet, Begründung: »Thema verfehlt«.

folg ist spärlich. Aber ist der scheinbare Erfolg wirklich ein Erfolg? Hätten die Jugendlichen nicht vielleicht ohne seine Hilfe ebensogut auf den rechten Weg zurückgefunden? Alles Fragen, die zweifelsohne auftreten werden und nicht mit einem Achselzucken abgetan werden können. Der Beruf, der anfänglich im Humanismus beginnt, kann schließlich aus der Erkenntnis heraus im Nihilismus enden. Dieser Gefahr aus dem Wege gehen! In eine eigene, herbeigerufene, berufenere Welt flüchten. Mag es nur in einem von hundert Fällen gelingen, der Weg soll beschritten werden. Der eigentliche Beruf ist tot. – Das große Spiel des Lebens kann beginnen. Die Flucht aus der feindlichen Zeit in eine eigene, selbsterrichtete Welt. – Alles ist aufgelöst, heiter, leicht: Lachen, wo es einem zum Weinen zumute ist; die Weinenden zum Lachen bringen. Ein uraltes Spiel im ganzen großen Zirkus: Hans-Wurst, Clown, Harlekin.
Wer aber findet sich dazu schon bereit? Auch beim Spiel oder gerade beim Spiel gewinnt und verliert man, wie überall in der Welt. Aber dafür ist es auch nur ein Spiel; das große Spiel! Dennoch: Bedenken über Bedenken. Ein Spiel schon: aber um welchen Preis? – Um jeden Preis: Selbstverleugnung der Person bis ins letzte hinein. Der Ausstoß aus der Gesellschaft. Lächerlichkeit. Höchstens ein mitleidiges Lächeln. Eben: das freiwillig auf sich genommene »Nicht ernst genommen zu werden«. Damit verbunden: der nicht eingestandene Neid der Umwelt, der in Haß und Verfolgung seinen Ausdruck finden kann. Hier kann das Spiel »tödlich« enden. Die ohnehin schon fragwürdig gewordene Existenz kann ganz genommen und das Recht auf Leben abgesprochen werden. Man sieht also klar, daß das Spiel ein Spiel mit dem Feuer, ein Spiel auf Leben und Tod ist.
Trotzdem aber: Wenigstens der Versuch sollte unternommen werden. Tun wir doch erst mal so, als ob wir spielten, und sehen wir weiter. Scheinbar sind wir jetzt frei. Alle Verpflichtungen sind erloschen. Selbst schwere Schicksalsschläge sind ge-

lungene Scherze. Eine absolute Freiheit ist das wohl auch nicht, aber wir haben den Weg dahin beschritten, und werden wir auch nie ankommen, wir sind dennoch immer unterwegs. Ferner unterstehen wir keiner offiziellen, ernstgemeinten Kritik mehr. Der Narr bleibt ein Narr und kann sich nur närrisch benehmen. –

Stülpen wir uns die Narrenkappe über und treten wir auf im ganzen großen Zirkus, wir Hans-Würste, Clowns und Harlekine.

»Notstand für alle!«

1967

»Rette sich wer kann!« Diese Parole klingt feige. Soll sie sein. Auf jeden Fall ist sie realistisch. Man muß sie der Durchhalteparole eines deutschen Literaten entgegensetzen, der sich bis vor kurzem noch in Hymnen erging auf eine Partei, die nun endgültig ihre letzten Anhänger, die sie noch beim Wort nahmen, im Stich gelassen hat.

»Es wird hiergeblieben!« rief Günter Grass im Vertrauen auf seinen Willi all denen zu, denen der Boden unter den Füßen langsam zu heiß wird und die sich seit einiger Zeit mit Emigrationsgedanken tragen.

»Es wird hiergeblieben!« hätte man vor 1933 auch den Juden zurufen können. Aber die Ereignisse wiederholen sich nicht in der Geschichte, das ist bekannt. Können sie in diesem Fall auch nicht, denn die sechs Millionen Juden sind nicht mehr. Im übrigen waren es viel weniger, und die Schuld lag letztlich auch bei ihnen selber, warum protzten sie mit ihrer wirtschaftlichen Macht und ihren sonstigen Schlüsselpositionen?! Das ist die aufrichtig brave Ansicht eines Kölner Erzbischofs, der in seinen Kreisen sogar als fortschrittlich gilt. Er plauderte kürzlich so bei einem nachmittäglichen Kaffeeplausch mit seinem Besucher, einem Rabbiner, der aus Amerika angereist war, um sich von der »bewältigten Vergangenheit« des einstigen Henkervolkes überzeugen zu lassen.

Wenn dieser biedere Erzbischof so was schon so unbekümmert von sich gibt, wie muß es erst in den Hirnen derjenigen aussehen, die bei ihren Taktiken auf christliche Tarnungen verzichten können! Die schlau genug sind, sich vorerst noch an die demokratischen Spielregeln zu halten. Und derartige Aussprüche nie von sich geben würden. Höchstens im kleinsten Kreis, wenn man unter sich ist. *»So was denkt man vorerst eigentlich nur.«*

Noch halten sie mit ihren letzten Gedanken hinter dem Berg zurück, noch lassen sie die Katze nicht aus dem Sack, noch sind Rücksichten zu nehmen, noch sind die letzten demokratischen Widerstandsversuche nicht unterdrückt, noch gibt es zwei Meinungen. Obwohl hinter der anderen Meinung keine Partei mehr steht. Die Formierung schreitet wacker und soweit friedlich voran.

Aber in Bonns Panzerschränken schlummert es, gärt es. Wartet darauf, Eigengesetzlichkeit zu entwickeln, um mit dem Grundgesetz (das uns von den Siegermächten aufgezwungen wurde, so was denkt man vorerst nur), reinen Tisch zu machen. Ein Gesetz, das sich »Notstandsgesetz« nennt, wird letztlich nicht den Notstand verhindern, sondern ihn hervorrufen.

Vorerst liegt es noch verborgen in Bonns Schubladen mit dem Siegel *»geheim«*, damit alles in Ruhe bis ins letzte ausgetüftelt werden kann und keine vorzeitige Panik entsteht. Es ist wieder mal so weit. Es ist kurz vor zwölf.

Schon einmal war es so weit und kurz darauf zu spät. Hindenburg half Hitler auf die Sprünge mit der *»Notverordnung zum Schutze von Volk und Staat«* vom 28. Februar 1933. Auch hier ging es um nichts weiter als um eine *»Ergänzung«* der Weimarer Verfassung.

In Paragraph 1 hieß es, damals noch etwas klarer formuliert: *»Es sind daher Beschränkungen der persönlichen Freiheit, des Rechts der freien Meinungsäußerung, einschließlich der Pressefreiheit, des Vereins- und Versammlungsrechts, Eingriffe in das Brief-, Post-, Telegraphen- und Fernsprechgeheimnis, Anordnungen von Haussuchungen und Beschlagnahmen sowie Be-*

schränkungen des Eigentums auch außerhalb der sonst hierfür bestimmten gesetzlichen Grenzen zulässig.«
Daß es von diesem Gesetz zu den KZs nur ein Katzensprung war, ist inzwischen bekannt.
Man hat von früher gelernt. Bereits damals verstand man vorsichtig zu formulieren, um nur ja keinen zu erschrecken. *»Notverordnung zum Schutze von Volk und Staat«* damals, *»Gesetz zur Ergänzung des Grundgesetzes«* heute. Wenn etwas *»ergänzt«* wird, geschieht es im Sinne der Sache, denkt man. Aus etwas Halbem wird etwas Ganzes, aus etwas Vorläufigem etwas Endgültiges. Daß im vorliegenden Fall die *»Ergänzung«* der Abschaffung des Grundgesetzes dienen soll, geht aus dieser Sprachregelung bedauerlicherweise wieder nicht hervor.
Die im folgenden zitierten Gesetze sind *»Geheimnisverrat«*; da ihre Existenz jedoch nach wie vor von Regierungsseite offiziell bestritten wird, zumindest nicht zugegeben wird, kann hier mit ruhigem Gewissen der Wortlaut von einigen Gesetzen wiedergegeben werden, denn was nicht existiert, kann auch nicht verraten werden:
In der *»Notverordnung über Sicherheitsmaßnahmen«* heißt es gleich im Paragraph 1, Absatz 1: *»Eine Person kann in polizeilichen Gewahrsam genommen werden, wenn erhebliche oder tatsächliche Anhaltspunkte für den Verdacht vorliegen, daß sie Handlungen begeht, fördert oder veranlaßt, die strafbar sind als Hochverrat, Staatsgefährdung, Landesverrat, Straftat gegen die Landesverteidigung oder gegen die Sicherheit der drei Mächte.«*
Dieses *»in polizeilichen Gewahrsam nehmen«* – auf bloßen *»Verdacht«* hin – wurde in den Hitlergesetzen zwar prägnanter, aber ebenso vertrauenerweckend mit *»Schutzhaft«* umschrieben.
Viele wurden dabei zu Tode *»geschützt«*.
Ein *»dringender Verdacht«* besteht nach Absatz 3 bereits dann, wenn jemand in den letzten fünf Jahren *»Bestrebungen einer*

Vereinigung, deren Zwecke oder deren Tätigkeit sich gegen die verfassungsmäßige Ordnung richten, gefördert hat«. Sehr vorsichtig und beliebig dehnbar formuliert. Es ist nicht einmal nötig, einer solchen Vereinigung anzugehören (IG Metall, Humanistische Union, Ostermarschierer und alle nichtformierten Gruppen), es genügt schon, mit einer solchen Organisation zu *»symphatisieren«*. Man macht es sich einfach, einfacher geht's nicht.

Der Paragraph 37 sorgt dafür, daß alle in einem *»Hilfsdienstverhältnis Herangezogenen verpflichtet sind, in einer Gemeinschaftsunterkunft zu wohnen, an einer Gemeinschaftsverpflegung teilzunehmen und Dienst- oder Arbeitskleidung zu tragen«*. Der Paragraph 29 verlangt, daß man hierbei selbstverständlich auch *»Gefahren auf sich zu nehmen«* hat.

In der *»Notverordnung über Maßnahmen auf dem Gebiet der Besitz- und Verkehrssteuern«* werden die neuen Untertanen zur Kasse geholt. Im Paragraph 3 geht's gleich um eine 20%ige Lohnsteuererhöhung.

Paragraph 5 *»verpflichtet die Veranstalter von Rundfunksendungen, auf Weisung der Bundesregierung oder der von ihr bestimmten Behörde gemeinschaftliche Programme zu senden«*. Streng nach dem Vorbild von Goebbels *»Einheitspropaganda«*.

Eine totale Mobilmachung wird vorbereitet. Die Bundeswehr erhält *»Polizeivollmacht«*. Der *»Einsatz mit der Waffe«* gegen die eigene Bevölkerung ist eingeplant.

Aus einem *»Merkblatt für die taktische Erkundung von zivilen Objekten und Liegenschaften durch die Truppe«* geht hervor, daß die Bundeswehr im *»Notstandsfall«* nicht allein ein *»Staat im Staate«* ist – das ist sie bereits heute –, sondern darüber hinaus diktatorische Vollmachten bekommt. Die Mobilmachung durch die Bundeswehr erstreckt sich auf alle zivilen Bereiche. Sie hat Verfügungsgewalt über: politische Parteien, Gewerkschaften, Kirchen und andere öffentlich-rechtliche Religionsgemeinschaften, Krankenhäuser, Rotes Kreuz, Arbeitersamariterbund, Johanninterunfallhilfe, Malteserhilfswerk, Rundfunkanstalten und Druckereien, Banken und Sparkassen.

Bei einer *»bürgerkriegsähnlichen Situation«* – das könnte auch ein Generalstreik sein – müssen, so heißt es wörtlich, *»die der jeweiligen Lage angemessenen vollen Machtmittel der Bundeswehr eingesetzt werden«*.

Hoffentlich kommt es bis dahin nicht zu einer Atombewaffnung.

Für *»unsichere Bürger und Elemente«* sollen *»Aufnahmelager«* eingerichtet werden – keine *»KZs«*, das hat inzwischen einen unangenehmen Beigeschmack bekommen. Zur Feststellung und Denunzierung solcher *»unsicheren Elemente«* soll eine Art Miliz aufgebaut werden, sie soll in den nächsten Jahren in Schleswig-Holstein als erstem Bundesland erprobt werden. Eine *»Volkspolizei«*, bestehend aus *»Reservisten«* und sonstigen *»zuverlässigen Bürgern«*.

Ich will mich auf diese wenigen Beispiele beschränken. Sie sind willkürlich aus dem geheimen Schubladenpaket herausgegriffen. Mit nicht zu überbietender Perfektion und pedantischster Genauigkeit sind alle öffentlichen und privaten Bereiche registriert und verfügbar gemacht worden. Die sprichwörtlich gewordene deutsche Gründlichkeit feiert erneut Triumphe. Was ehemals schlicht in acht beziehungsweise zehn Paragraphen untergebracht war, ist im neuen Bonner Gesetzeswust in 70 Paragraphen fein bürokratisch niedergelegt, deutlicher gemacht und verschärft und insgesamt verschleiert worden. Man hat aus der Vergangenheit gelernt, es ist an alles gedacht, nichts ist vergessen worden.

Ein Plan der letzten Unterwerfung ist entstanden. Ein Plan der Bespitzelung von jedem durch jeden, ein Plan der allgemeinen Zwangsarbeit, ein Plan zur Abschaffung aller Grundrechte und der einfachsten Menschenrechte, wie der *»Freiheit der Person«* und der *»Rede-, Presse- und Versammlungsfreiheit«*. Ein System, das Orwell in *1984* ausgemalt hat.

Bei aller Wesensgleichheit zwischen alten Nazigesetzen und neuen Nazigesetzen, d. h. Notstandsgesetzen, ist eins besonders erstaunlich: die ängstliche Vermeidung der alten Namen. Aus *»Luftschutzpflicht«* wurde *»Selbstschutzpflicht«*, aus dem *»Blockwart«* ein *»Selbstschutzwart«*, aus dem *»Luftschutzbezirk«* ein *»Selbstschutzbezirk«* und aus dem *»Luftschutzblock«* ein *»Luftschutz-Teilbezirk«*. Dieses kindisch-lächerliche Versteckspielen ist zu verfolgen bis in die Abfassung des letzten Paragraphen hinein. Auch auf den alten nationalen Schwulst konnte oder wollte man nicht verzichten. Zum Beispiel: In der Präambel des Nazigesetzes heißt es: *»Der Dienst in der Technischen Nothilfe ist wertvollster Dienst an der deutschen Volksgemeinschaft.«* Im diesbezüglichen neuen Schubladengesetz heißt es in Paragraph 32, Absatz 1: *»Staat und Angehörige des Zivilschutzkorps sind durch gegenseitige Treue miteinander verbunden.«*

Es ist wie bei dem bekannten Faschingsdemaskierungswitz mit der Knollennase. Unter der Nasenattrappe steckt die gleiche Knollennase in echt.

Psychologisch und politisch ein interessantes Phänomen: Man versucht etwas zu verbergen, schafft's aber nicht, denn die alten Ideen sind mächtiger und nachhaltiger als das später als Pflichtlektüre Hinzugelernte.

»Der Schoß ist fruchtbar noch, aus dem das kroch.«

Die heimlichen Organisatoren der Notstandsgesetze versuchen nicht umsonst mit ihrer Knollennase aus Pappmaché das Dahintersteckende zu verbergen. Über 150 von ihnen bewährten sich bereits im III. Reich und galten damals schon als Experten ihres Fachs. Um nur einige zu nennen: Vialon, Prof. Dr. Ernst, Dr. Schäfer, Neef, Seiermann, Gumbel, Claußen, Kattenstroth, Dr. Friedrich Rippich, Dr. Alexrat, Dr. Schaar, von Dreising, die meisten von ihnen nicht umsonst ehemalige SS- und SA-Funktionäre, heute wohlbestallt im Bundesinnenministerium mit der Austüftelung der neuen Gesetzgebung betraut.

Ebenfalls an die 50 ehemalige NS-Richter und -Staatsanwälte. Um wieder nur einige stellvertretend zu nennen: Dr. Josef Schafheutle, früher an der Neufassung des Hitler-Strafrechts mitbeteiligt, durch das die Todesstrafe eingeführt, der Volksgerichtshof und die Sondergerichte gebildet und die Gestapo *»legalisiert«* wurde. Heute Ministerialdirektor und Leiter der Abteilung *»Strafrecht und Verfahren«*. Ihm verdanken wir die *»1. Notverordnung zur Ergänzung des Strafrechts«*. Er schuf überhaupt die strafrechtlichen Aspekte der Notstandsgesetze. Dr. Dreher, Dr. Küppenbender, Dr. Walter, Dr. Michel, Dr. Neef, Dr. von Coelln stellen ebenfalls ihre Vergangenheit in den Dienst einer entsprechenden Zukunft.
Eine finstere Zukunft. Ein System, das darauf aus ist, mit der beginnenden Arbeitslosigkeit und der daraus erfolgenden politischen Unzufriedenheit auf besondere Weise fertig zu werden.
Noch ist es nicht zu spät. Noch gibt es eine andere Meinung. Noch können die Dinge beim Namen genannt werden. Noch liegt es lichtscheu in den Schubladen.
Jetzt ist keine Zeit zu verlieren.
Es liegt an den Gewerkschaften, ehe sie selbst *»formiert«* sind, zum letzten Aufstand aufzurufen, notfalls zum Generalstreik. Es liegt an jedem einzelnen, *nein* zu sagen, bevor es zu spät ist – selbst zum Emigrieren.

Rede vor dem Frankfurter Schöffengericht am 9.12.1969

Verhandlung wegen Amtsanmaßung
und Titelmißbrauch im Fall Kröver *

Der Prozeß, wie er gegen mich geführt werden soll, ist eine Farce. Ich stehe hier wegen »Amtsanmaßung« vor Gericht und nicht wegen »Verleumdung« oder »übler Nachrede«, denn dann hätte der Schwerpunkt des Verfahrens auf den Fakten, die ich leider *nur* aufgrund dieses formalen Tricks erhielt, gelegen.

So versucht man nun »formaljuristisch«, sich des skandalösen unbequemen Sachverhaltes zu entledigen.

Lassen Sie sich bitte durch den Begriff »Amtsanmaßung«, der nach Gaunerei und Köpenickiade klingt, und durch ein evtl. mildes Urteil nicht darüber hinwegtäuschen, daß dies hier ein *politischer* Prozeß ist. Die erste Vorladung in dieser Sache erfolgte bezeichnenderweise durch die POLITISCHE POLIZEI in Köln, und das Verfahren, zuerst als »eilbedürftig« angestrengt, kommt jetzt – nach 2½ Jahren – zur Verhandlung, nachdem die zuerst sehr beunruhigte Öffentlichkeit wieder beruhigt ist und die Dinge, um die es geht, längst vergessen und die Notstandsgesetze, die damals noch hätten verhindert werden können, durch sind.

Die voreiligen Notstandsplaner, die ihr Amt im Namen des Volkes mißbraucht haben, gehören eigentlich heute hier auf die Anklagebank: wegen »Amtsmißbrauch«! Warum wurde der damalige Bundesinnenminister Lücke nicht geladen, warum

* *13 unerwünschte Reportagen,* 1969

lehnte es der Gerichtsvorsitzende ab, die ausführenden Instanzen – Bockenkamp, Willmann, Riester usw. –, die mir damals so bereitwillig Auskunft gegeben hatten, auf Antrag der Verteidigung zu laden. Die Begründung, die *»Reise sei nicht zumutbar«*, kann nicht ernst genommen werden, wenn es um echte Wahrheitsfindung gehen soll. Befürchtet man, die Herren könnten aufgrund ihrer widersprüchlichen Dementis den Fragen der Verteidigung nicht standhalten? Ich stehe hier wegen »Amtsanmaßung« vor Gericht, weil ich mir ein Amt angemaßt habe, das es zu diesem Zeitpunkt – als das Grundgesetz noch in der ursprünglichen Form bestand – nicht hätte geben dürfen. Ich lud zu einer konspirativen Sitzung ein, die in einem Rechtsstaat nicht hätte stattfinden dürfen, doch die Angesprochenen verhielten sich so, als sei das, wozu ich sie aufforderte, bereits an der Tagesordnung, und die Staatsanwaltschaft tut so, als sei dieses ungesetzliche Amt bereits gesetzlich geschützt.
Zur Methode: Es macht mir keinen Spaß, mich so eines Titels bedienen zu müssen – ich finde Titel und Ränge höchst überflüssig und albern –; die Reaktionen der Befragten waren in ihrem devoten Untertanenverhalten jedoch deutlich Ausdruck für eine Klassengesellschaft, die durch den Mechanismus von oben und unten, Befehl und Gehorsam, in Gang gehalten wird. An dem Punkte, wo politische und privatwirtschaftliche Instanzen sich hinter angeblichen Geheimhaltungspflichten verstekken und die Belange und Interessen der breitesten Öffentlichkeit ignorieren – somit »Amtsmißbrauch« betreiben –, steht es jedem Bürger eines demokratischen Staates zu, Einblick zu nehmen in das, was man ihm aus Herrschaftsansprüchen heraus vorenthält.

Das Selbstverständliche in einem Staat, der sich nicht nur demokratisch nennt, wäre es gewesen, wenn sich Arbeiter des jeweiligen Betriebes an ihren Werkschutz- oder Werkselbstschutzverantwortlichen hätten wenden können und die gleichen ehrlichen Auskünfte erhalten hätten, die bezeichnender-

weise nur einem imaginären Vorgesetzten gegeben wurden. Allerdings in einer Demokratie, die von der Basis her praktiziert wird, hätten solche Vorbereitungen gar nicht erst stattgefunden, dafür hätten die Arbeiter, um deren Belange und Interessen es schließlich geht, schon gesorgt.
Es ist allgemein meine Arbeitsmethode, mit Hilfe einer fremden Rolle Informationssperren zu überwinden, um reaktionäre Sachverhalte aufzuzeigen. Ich arbeitete z. B. als Hilfsarbeiter zwei Jahre in Betrieben, um die Zustände dort beschreiben zu können, ließ mich als Alkoholiker in ein Irrenhaus sperren oder lebte eine Zeitlang in Asylen. Bezeichnenderweise wird man hierzulande nicht so leicht Unternehmer oder gar Ministerialrat, wie man Arbeiter oder Obdachloser werden kann, diese Titel mußten also erst erschlichen werden, aber die Methode, in einer fremden Rolle Sachverhalte aufzudecken, die anders nicht zu erfahren sind, war die gleiche geblieben, und der Zweck der Aufklärung lag *im öffentlichen Interesse*.
Man kann also unterstellen, daß es nicht die erschlichenen Funktionen waren, die Entrüstung erzeugten, sondern das Interesse herrschender Gruppen daran, vor der Öffentlichkeit verdeckt zu halten, was aufzuklären im öffentlichen Interesse liegt.
Ich wählte das Amt des Mitwissers, um ein Stück weit hinter die Tarnwand von Verschleierung, Dementis und Lügen Einblick nehmen zu können. Die Methode, die ich wählte, war geringfügig im Verhältnis zu den rechtsbeugenden Maßnahmen und illegalen Erprobungen, die ich damit aufdeckte.
Um was es hier geht und auf was wir uns gefaßt machen können, wenn es nach dem Willen von einigen Machtausübenden ginge, hat sich zwei Jahre nach meiner Umfrage noch einmal in aller Deutlichkeit und wirklichkeitsnah gezeigt:
Im Zusammenhang mit den Streikaktionen von Arbeitern in der Bundesrepublik im September dieses Jahres äußerte Fritz Berg, Präsident des Bundesverbandes der deutschen Industrie

und Vorsitzender des verteidigungswirtschaftlichen Ausschusses des BDI *, den Wunsch, daß eine mit einer Pistole bewaffnete Unternehmergattin auf vor ihrem Privathaus demonstrierende Arbeiter hätte schießen sollen: »Die hätte doch ruhig schießen sollen, einen totschießen, dann herrschte wenigstens wieder Ordnung!« *(Spiegel Nr. 39 D. 67)*

* Bundesverband der deutschen Industrie

Ulrikes Rote Armee

1970

»Der Spiegel« ließ sich nicht lumpen. Für mehr als 20000 Mark kaufte er dem französischen »Revolutionsmannequin« Michelé Ray, das als Treuhänderin von Ulrike Meinhof auftrat, die Exklusivrechte von deren Hinterlassenschaft ab.

Über das industriefreundliche, da durch Anzeigen weitgehend von der Großindustrie abhängige Nachrichtenmagazin »Der Spiegel« ließ Frau Meinhof ein aufs Tonband gesprochenes Manifest an vermeintliche künftige Genossen verbreiten. Obwohl dieser Rechtfertigungsversuch der gewaltsamen Baader-Befreiung stark gefühlsbetont und elitär individualistisch nach dem Motto »das Volk bin ich« ausfällt und sich von der gesamten Linken bewußt absetzt und isoliert, scheint eine Auseinandersetzung dennoch angebracht.

Die revolutionäre Ungeduld, die Ulrike Meinhof an den Tag legt, zeigt, welchen Stellenwert sie sich selbst gibt. Nach dem Motto »Wo ich arbeite, ist das Zentrum des Klassenkampfes« verfällt sie (die immerhin lange anonyme Kleinarbeit mit Fürsorgezöglingen geleistet hat) in kleinbürgerliches Revoluzzertum.

Die Befreiung von Baader ist für sie kein vorschnell und unbedacht organisiertes Ereignis, sondern wird als Beginn des Aufbaus einer »Roten Armee« deklariert, zu einer Großtat historischer Bedeutung mystifiziert.

Der Schußwaffengebrauch hat *offensiv* stattgefunden und wird zum erlaubten Mittel der politischen Auseinandersetzung in der BRD erklärt.

Dies wird noch erhärtet durch die wiederholte Feststellung, Polizisten seien Schweine, *keine Menschen*. Und natürlich kann geschossen werden. Ferner wird von der »Armeesprecherin« erklärt, Baader sei befreit worden, weil er unentbehrlich für die Revolution, weil er »ein Kader« sei.
Eine zutiefst unmarxistische Betrachtungsweise, die »Kumpelschaft« mit Solidarität verwechselt. Der Kader Baader, ohnehin ein Gefangener mit Sonderrechten, der in drei Monaten mit Begnadigung hätte rechnen können (welcher kriminelle Gefangene kann im Gefängnis schon seinem Beruf nachgehen), wird mit einem Höchstmaß an Organisation und Aufwand befreit. Ein Kader wird befreit. Tausende und Abertausende gewöhnliche Menschen werden im Stich gelassen. Meinhof läßt Fürsorgezöglinge und Randgruppen im Stich, Mahler Hunderte von nicht rechtskräftig verurteilten Studenten. Die Sehnsucht nach neuem Führerkult, die kleinbürgerlich romantische Sehnsucht nach der »überragenden Einzeltat«, nach Märtyrertum und Heroismus, kommt hier zum Ausdruck.
Die Gleichsetzung der Polizeiangestellten mit Schweinen, die man umbringen kann – nicht einmal die südamerikanischen oder vietnamesischen Revolutionäre, die unter Diktatur und Folter leben, haben je diese Gleichsetzung vollzogen –, stellt die Gruppe der »Roten Armee« außerhalb jeder sozialistischen Anstrengung zur Veränderung der Welt. Die anarchistischen Militärs stehen außerhalb des Zusammenhangs linker Tradition und linker Praxis – weit näher den antihumanistischen Terrorgruppen der Rechten, wie die fatale Ähnlichkeit des »Schweinezitats« mit dem Straußschen Tierzitat und dem »Ungeziefer- und Wanzenzitat« des Strauß-Schützlings Franzel beweist.
Wer soll bestimmen, welche Menschen die Schutzbezeichnung »Mensch« in Zukunft noch tragen dürfen und welche nicht? Die Kader. Wer bestimmt einige Menschen zum Tode und andere zur Freiheit vor dem Gesetz? Die Kader. Wer hat sie ge-

wählt, wer hat sie delegiert, diese Kader? Meinhof hat uns also allen Schießerlaubnis erteilt. Polizisten, also schlechtbezahlten Arbeitnehmern in Uniform, die keine Menschen sind, die man ruhig erschießen kann, stehen auf der anderen Seite Kadern gegenüber, die ein besonderes Schutzbedürfnis zu beanspruchen haben. Meinhof ist uns leider die Antwort darauf schuldig geblieben, ob auch der sechzigjährige Institutsangestellte, der bei der Befreiung fast ums Leben gekommen wäre, ein »Schwein« ist, das man ohne Skrupel erschießen konnte. Das bleibt offen.

Man macht es sich leicht mit dieser Personifizierung des Feindbildes. Ich kenne junge Polizisten aus Polizeischulen, die man durchaus als »apo-freundlich« bezeichnen könnte, die sich weigern würden, auf Demonstranten oder Arbeiter zu schießen; die mehr Klassenbewußtsein besitzen als jene, die nur den Ausdruck »Schwein« für sie übrig haben. Selbst bei der Berliner Polizei stimmten jetzt 73% gegen das Handgranaten-Gesetz, und vor allem jüngere Polizisten kündigten für den Fall der Anwendung dieses Gesetzes ihren Ungehorsam an.

Statt in die Institutionen hineinzugehen, sich dort eine Basis zu schaffen, die Probleme sichtbar zu machen und auszutragen, über die Änderung des Bewußtseins möglichst viele grundlegende gesellschaftliche Veränderungen in Gang zu bringen, verlagert man den Kampf aus den »Trainingsräumen« (wie Schule, Fabrik, Bundeswehr) dieser Gesellschaft in ein unverbindliches Vorfeld, wovon letztlich die profitieren, die die Verfügbarkeit der Massen in ihrem Sinn weiter ausbauen und stabilisieren wollen.

Die *Eskalation der Gewalt* kann in der BRD nur den Herrschenden nützen: Der Gebrauch von Gewehren provoziert den Einsatz von Handgranaten; der Einsatz von stärkeren Waffen durch militante Anarchogruppen würde das Feld vorbereiten für das Aufmarschieren der Bundeswehr gegen die Zivilbevölkerung, und eine planmäßig und straff durchgeführte Bewaffnung von Minderheiten würde willkommener Anlaß sein, einen NATO-Plan (der bereits ausgearbeitet ist) anzuwenden, der uns schließlich griechische Zustände beschert.

Die Argumente aus den Gewehrläufen, die Meinhof fordert, werden dazu beitragen, die Linke weiter zu verteufeln. Die wenigen Bastionen, die die Linke in den Institutionen erkämpft hat, werden dadurch gefährdet (Intendant Barsig zum Beispiel begründete die Entlassung des progressiven Redakteurs Krüger aus dem SFB unter anderem damit, er sei auch einer von denen und habe sich der Manuskripte der Meinhof angenommen). »Bild« nimmt die Aktion zum Anlaß, zum Sturmangriff gegen die Linke bis hin zu linken SPD-Abgeordneten zu blasen, und gleichzeitig wird in Pressekommentaren gefordert, die Überwachung der Rechten weiter abzubauen und sich verstärkt der wirklichen Bedrohung, nämlich der von links, zu widmen.

Das politische Kräfteverhältnis kann sich somit nur zugunsten der reaktionären Kräfte verschieben.

Eins bleibt festzustellen: Die Aktion wird von fast allen linken Gruppen verurteilt. Eine einzige positive Bemerkung bekam ich bisher darüber zu hören: »Eins muß man euch lassen, ihr haltet zusammen, einen Kameraden im Stich lassen tut ihr nicht, und schießen könnt ihr auch.«

Der mir das sagte, war NPD-Mann.

Wirkungen in der Praxis
Eine Gebrauchsanweisung

1970

»Einige Schriftsteller verwenden heute die gewöhnlichen Leute – Arbeiter und Bauern – als Material für ihre Romane und Gedichte, und das hat man Literatur des Volkes genannt, während es in Wirklichkeit nichts dergleichen ist, denn das Volk hat den Mund bis jetzt noch nicht geöffnet. Diese Werke drücken die Gefühle von Zuschauern aus, die dem Volk Worte in den Mund legen.«

Soweit der chinesische Revolutionsschriftsteller Lu Hsün über die vorrevolutionären Verhältnisse seiner Zeit.

Das Zitat ließe sich ohne weiteres auch auf unsere Situation anwenden. Der Arbeiter – überhaupt der Produktionsbereich – wird so langsam gesellschaftsfähig auf dem Literaturparkett, sickert sogar ein in die Programme der Fernsehanstalten, wohldosiert und verallgemeinert, jedenfalls nicht nachprüfbar und für die meisten unverbindlich bleibend, ein Panther mit gezogenen Zähnen und herausgerissenen Krallen, also Fernsehspiel und Kunst.

Im gewissen Sinne eine Modeerscheinung, aus Übersättigung des Marktes an großbürgerlichen Gerichten eine Notwendigkeit geworden, aus Überfluß an allzu vielen delikaten Saucen und Spezereien? Man ißt halt mal zur Abwechslung auch Schwarzbrot, um sich dann mit neu gewecktem Appetit wieder den delikateren Genüssen zuwenden zu können. Ich will sagen: Je mehr diese Stoffe aus der sogenannten Industrie- und Arbeitswelt von den Apparaten der Bewußtseinsindustrie aufgenommen werden, um so schneller und leichter werden sie verdaut und konsumiert. Auf Mini folgt Maxi, auf Abstrakt folgt Pop, auf Absurd folgt Realistisch. Die Formen erneuern sich ständig und kaschieren, daß die Inhalte, die Zustände beim alten belassen werden. Dem Künstler, dem Schriftsteller fällt in dieser Gesellschaftsordnung die Aufgabe des Modeschöpfers, des Designers zu. Er hat für die jeweils neuen Verpackungen des immer gleichen Systems zu sorgen.

Nur etwa fünf Prozent der Menschen dieses Staates sind so privilegiert, sich hin und wieder in einer Buchhandlung »auf dem laufenden zu halten« und Bücher kaufen zu können. Mehr als 45 Prozent der Bevölkerung besitzen kein Buch. Dahinter die konstante Größe von nur fünf Prozent der Studierenden, die aus Arbeiterfamilien stammen.

Diese Zahlen bestimmen den Stellenwert des Schriftstellers in dieser Gesellschaft. Er ist nicht viel mehr als der Hofnarr des feudalistischen Zeitalters, eine Art »Vorzeigeidiot«, wie Böll sagt. Er kann sich gebärden, wie er will, exzentrisch oder sanft, pervers oder moralisch, formalistisch oder revolutionär: Er wird auf jeden Fall verkraftet, liegt an der goldenen Kette als Privilegierter unter Privilegierten, hat für die gefügig gemachte und verfügbare Masse die gleiche Relevanz wie ein Hausaltar in einer Arbeiterwohnung.

Dazu die verschiedenen Sprachen, die in diesem Lande gesprochen werden und nicht von ungefähr kommen, auf den Schulen in die Hirne gegossen werden und Sprach- und Bildungsbarrieren auf Lebenszeit errichten. Immer noch gilt für die herrschende Literaturkritik (und das ist immer noch mehr oder weniger die Kritik der Herrschenden): Je verklausulierter und unverständlicher ein literarisches Werk ist, um so sicherer ist ihm die Anerkennung der Kritiker. Diese eigengesetzliche esoterische Tendenz in der Literatur hat bisher den stärksten Ausdruck in der Lyrik gefunden.

Nach wie vor fördert die verselbständigte Wissenschaft, die sich

mit Literatur beschäftigt, die Germanistik, das Interesse an Literatur auf Kosten von Interesse an der Gesellschaft.
Aufgabe der Werkstätten kann und darf es nicht sein, in einer Art Zweiter Bildungsweg oder auch nur als Hilfsschule dem großbürgerlichen Kultur- und Literaturleichnam Frischzellen zuzuführen, nur um ihn etwas länger vorm Stinken zu bewahren.
Peter Schneider sagt in seinem Essay »Phantasie und Kulturrevolution« die spätbürgerliche Kunst tot: »Die Kunst jener verzweifelten Einzelleistungen, welche die Verzweiflung der ungeheuren Mehrzahl lediglich auf eine schöne Form bringt und ihre ›verpönten‹, nämlich gesellschaftlichen Quellen unsichtbar macht, die Kunst, die – ohne irgendein Zeichen der Überraschung oder Empörung – mitten im Überfluß nichts weiter artikuliert als Entsagung, Verzicht und Kaputtsein, die Kunst, die den Massen ihr Elend nur zeigt, um sie daran zu gewöhnen, diese Kunst ist tot und muß zu Grabe getragen werden.«
Der neue Typ des Schriftstellers oder Wortarbeiters (wenn er seine neuen Aufgaben erst mal entdeckt hat und wahrnimmt, wird sich auch ein neuer zutreffender Begriff für ihn finden lassen) sollte nicht länger unter der Schutzbezeichnung »Künstler« firmieren, er sollte von den gleichen Bedingungen und Bedürfnissen derer ausgehen, die er zu vertreten vorgibt.
Peter Schneider fordert in seinem Manifest: »Die Künstler, falls es sich da um Leute handelt, die ihre Phantasie vom Kapital noch nicht haben zerrütten lassen, haben dabei die Aufgabe, den Arbeitern, Schülern, Studenten bei der Artikulation ihrer Wünsche zu helfen und ihnen den Weg zu ihrer politischen Organisation zu zeigen. Dabei müssen sie, den Bedingungen der Fabrik, der Universität, der Schule entsprechend, eine Agitation entwickeln, die dem Unterdrückungsniveau des Spätkapitalismus entspricht: also sowohl die materielle wie die libidinöse Ausbeutung bloßstellen.« Auch Schneider unterliegt noch der althergebrachten Fehlinterpretation des »Künstlers« als

wegweisender, wortführender, voranpreschender Erscheinung, obwohl er in einer vorangegangenen Definition dem Aufgabenbereich in unserem Sinn weit näher gekommen ist, wenn er nämlich schreibt:

»Kultivieren wir die Fähigkeit der Arbeiter, Schüler und Studenten, Unterdrückungen nicht ertragen zu können und sie schon von weitem zu riechen. In der Bundesrepublik soll angeblich jeder dritte Erwachsene heimlich ein Tagebuch führen. Holen wir diese eingeschlossenen und weinerlich gewordenen Sehnsüchte aus den Schubladen und verwandeln sie in ebenso viele Waffen gegen den Kapitalismus.«

Wir wollen nicht Literatur als Kunst, sondern Wirklichkeit. Die Wirklichkeit hat noch immer die größere und durchschlagendere Aussagekraft und Wirkungsmöglichkeit, ist für die Mehrheit der Bevölkerung erkennbar, nachvollziehbar und führt eher zu Konsequenzen als die Phantasie des Dichters. Dieses Wachrufen aus der längst hingenommenen Gewöhnung, das Aufstacheln des Willens zur Veränderung, diese Aufforderung zu konsequent-politischem Denken ist Voraussetzung für die Erkenntnis, daß dieses Denken nicht innerhalb der Literatur, sondern innerhalb der ganz und gar politisierten (und deshalb nur politisch anzugehenden) Wirklichkeit liegt und – wenn möglich – über die Änderung des Bewußtseins zur Veränderung der Gesellschaft führt.

Aufgabe der Werkstätten kann es nicht sein (und es käme von vorneherein einer Selbstaufgabe gleich), in einer Art Nachhilfeunterricht Stilkunde zu betreiben und die teilweise schon ausgezehrten Formen der großbürgerlichen Literatur wie Glosse, Kurzgeschichte, Feuilleton, verschiedene Versmaße, Romanformen und Dramen einzupauken, damit einen eventuell schon vorhandenen Bildungskomplex noch zu vergrößern und statt zu entwickelndem Selbstverständnis Anpassung zu betreiben.

Die geeigneten Mittel, Bewußtsein zu erweitern, um Änderungen zu bewirken, sind noch nicht gefunden. Man ist zusammengekommen, um sich darüber zu verständigen, eventuell gemachte punktuelle Erfahrungen und Ansätze weiterzuentwickeln und zu systematisieren. Ich selbst kann hier nur über meine teilweise noch stark individualistischen und oft zufälligen Einsichten und Erfahrungen berichten.

Bevor wir uns den Sprachmöglichkeiten zuwenden, sollten wir taktisches, methodisches Vorgehen erörtern: Bevor wir uns unseren eigenen subjektiven Empfindungen überlassen, sollten wir bereits politisch arbeitende Gruppen und betroffene einzelne konsultieren. Wir sind zum Beispiel dabei, Fragebögen zu entwickeln, die durch eine Vielzahl informativer und kritischer Fragen (von einer Anzahl Kollegen eines bestimmten Betriebes beantwortet) einen Betrieb erst mal transparent werden lassen, neuralgische Punkte herauskristallisieren, um daraufhin innerhalb der Gruppe eine Dokumentation zu erstellen oder Flugblätter zu verteilen. Falls die Organisation innerhalb des Betriebs noch zu schwach ist und falls Repressalien zu befürchten sind, muß man mit Gruppen von außerhalb zusammenarbeiten, die es sich leisten können, die Flugblätter oder Papers vor oder nach Schichtschluß vor den Werktoren zu verteilen und gleichzeitig für einen bestimmten Zeitpunkt zu einer Veranstaltung aufzurufen.

Wichtig für das Erstellen solcher Dokumentationen ist eine vorausgegangene langfristige Materialsammlung. Alles Erreichbare erst mal zusammentragen und sichten. Betriebsordnungen, Firmenbilanzen, Prospekte, Jubiläumsschriften, Chefreden, mitgeschriebene oder auf Band aufgenommene Betriebsversammlungen, Lehrlingslossprechungen oder Jubilarverabschiedung, Einweihungsfeier eines neuen Werkteils, Betriebsausflug, bestimmte Aushänge vom Schwarzen Brett, Entlassungsschreiben, Firmen-Schreiben, die die Kündigung androhen, zur Anpassung und zum Wohlverhalten auffordern, Weihnachtsschreiben, Würdigung der Firma in der Lokalpresse, Anzeigen usw. usw. In Verbindung setzen mit ehemali-

gen Kollegen, die freiwillig ausgeschieden sind oder »gegangen wurden«, die jedenfalls jetzt nichts mehr riskieren und reden können. Selbstbeweihräuchernde Selbstdarstellungen der Firma konfrontieren mit dem, wie es wirklich ist in der Firma. (Wichtig: Keinen Informanten, der noch in der Firma tätig ist, dabei gefährden, sich von wichtigen Informanten eidesstattliche Erklärungen schriftlich geben lassen, da die Erfahrung lehrt, daß die Firmenleitung nach Veröffentlichung oft versucht, Informanten unter Druck zu setzen oder zu bestechen, um sie so zum Widerruf zu bewegen.) Wenn möglich, mit örtlichen Gewerkschaftsstellen zusammenarbeiten.
Dem Chef »aufs Maul schauen« und das Vorgegebene messen am Wirklichen. Meist kann eine solch verblüffende Konfrontation stärker entlarven, Respektlosigkeit erzeugen und den ersten Schritt zur Solidarisierung tun, als es die härteste fiktive Satire vermag.
Die genau beobachtete und registrierte Wirklichkeit ist immer phantastischer und spannender als die kühnste Phantasie eines Schriftstellers. Nie denken, das ist uninteressant, das weiß doch hier jeder sowieso, und da haben wir uns schon dran gewöhnt. Das festgehaltene, geschriebene Wort schafft Distanz, macht das Gesprochene festlegbar, nachprüfbar. Es stellt, wenn es entsprechend abgeklopft und eventuell mit knappen Kommentaren versehen wird, Autorität in Zweifel, ist der erste Schritt zu einer späteren Analyse.
Bei den verbindenden Kommentaren auf größtmögliche Verständlichkeit aus sein. Nicht gestalten, »Literatur-machen-Wollen«, sondern die Vorkommnisse und Zustände für sich sprechen lassen. Hervorragendes Mittel der Dokumentation ist die Montage, sie soll über die bloße Wiedergabe von zufälligen Realitätsausschnitten hinausgehen. So kann sich der Zusammenhang für den Leser entweder durch die Anordnung und Kombination der Realitätspartikel herstellen. Vor allem das Mittel des Kontrastierens, das auf Widersprüche und Brüche

der Realität hinweist, setzt den Leser in die Lage, selbst aus dem ausgebreiteten Material Schlußfolgerungen zu ziehen. Oder aber die Erklärung, der Kommentar wird in Form von Zwischenüberschriften, Zwischentexten oder Szenen der Darstellung von Realitätsausschnitten einmontiert, wobei der »Bruch«, der Wechsel der Form, bewußt herausgestellt wird. Wenn Kollegen damit einverstanden sind, mit ihnen Tonbandprotokolle machen. Nach und nach das Gespräch so intensivieren (es braucht Zeit, und wenn möglich an verschiedenen Tagen fortsetzen), daß die anfängliche Befangenheit verlorengeht. Bei der Auswertung solcher Tonbandgespräche keine besessene Sprachkolorit-Genauigkeit an den Tag legen. Versprecher ruhig korrigieren und nicht jede Sprachunbeholfenheit, die einen sonst ernsten Sachverhalt leicht in unfreiwilligen Humor abgleiten läßt, auf sich beruhen lassen. Auf keinen Fall sollte sich ein kulinarischer Effekt einschleichen. Derartige Tonbandabschriften weisen oft erstaunliche Sprachkraft auf, sind der reinen Schreibsprache an Intensität, Informationsgehalt und sozialer Wahrheit überlegen und können den Befragten, wenn er die Abschrift des Gesprächs vorgelegt bekommt, ermutigen, falls er sich weiter schriftlich äußern will, sich nicht literarisch zu verkrampfen und seine eigene Sprache zu finden.
Wenn innerhalb des Herrschaftsbereichs des Betriebes Informationssperren und Lügentarnwände errichtet sind und wenn der begründete Verdacht vorliegt, daß damit Reaktionäres und Illegales, was grob gegen die Interessen der Mehrheit der Kollegen verstößt, aufrechterhalten wird, eventuell gewisse Rollentechniken benutzen. (Erfahrungen liegen hier vor.) Betriebshierarchie, Untertanengeist, Autoritätsgläubigkeit und die anerzogene Bereitschaft, auf Befehl von oben Auskunft zu erteilen, leisten hier bei der Beschaffung von Informationen, am besten über Telefon, hervorragende Dienste. (Je höher der vorgegebene Dienstrang, um so munterer sprudelt der lautere Quell der sonst vorenthaltenen Wahrheit hervor.)

Bei sonstigen Befragungen hat sich bewährt, zum Schein auf die reaktionäre Gesinnung des jeweiligen Gegenübers einzugehen (wie der Psychiater bei der Exploration seines Patienten auch auf ihn eingeht und dessen Meinung streckenweise zum Schein teilt). Bei uns geht es nicht darum, private, sondern gesellschaftliche Krankheiten in Erfahrung zu bringen und sichtbar zu machen.

Bei Veröffentlichungen den Grundsatz beherzigen: nichtöffentliche Personen, das heißt Namenlose, in ihrer Anonymität belassen. Nicht unnötig Einzelpersonen Schwierigkeiten bereiten. Das Prototypische herausarbeiten – nicht personifizieren. Zeigen, daß es keine Einzelfälle sind, keine so einfach wegzuretuschierende Mißstände, vielmehr systemimmanente Zustände.

Durch Nennung von Name, Ort, Zeit (also durch Heraustreten aus dem Fiktiven) steigt erst mal die Glaubwürdigkeit. Das Dargestellte wird nachprüfbar. Zum andern, die aus ihrem Schonbereich hervorgeholten Repräsentanten geraten unter öffentliche Kontrolle. Autorität (zuweilen Ehrfurcht) wird zerstört, indem zum Beispiel Namen, die vielleicht im regionalen oder auch überregionalen Bereich zu Gütezeichen oder Symbolen geworden sind, als das demaskiert werden, was sie in Wirklichkeit sind, nämlich Symbole der Ausbeutung. Erste Ansätze des Willens nach Änderung und Befreiung können so entstehen.

Ich bin der Meinung, daß sich die zu leistende Arbeit mehr und mehr von der reinen Bestandsaufnahme hin zu der gleichzeitig vollzogenen Aktion und Veränderung hinentwickeln muß und daß sich die Erfolge unserer Arbeit nicht in Besprechungen in Feuilletonspalten ablesen lassen dürfen. Ich meine, daß wir unsere Anregungen, Korrekturen und Widerstände – also unsere Wirkungen – in der Praxis erfahren haben.

Endstation Bambule?

Über Ulrike Meinhofs Fernsehspiel Bambule
1971

Weil Springers *Bild* und die übrige Boulevardpresse den Schuldspruch vor jeder gerichtlichen und außergerichtlichen Beweisführung fällte und sie zum »Staatsfeind Nr. 1« stempelte, setzte der Südwestfunk Ulrike Meinhofs Fernsehspiel *Bambule* gleich zweimal kurzfristig vom Programm ab. Bei Wagenbach ist *Bambule* jetzt als Buch erschienen.
Dieses Fernsehspiel mit dokumentarischen Mitteln ist im doppelten Sinn realistisch. U. Meinhof erfindet keine Gestalten, die zu literarischen Kunstfiguren erstarren, und sie wischt auch nicht mit dokumentarischer Nonchalance über Probleme und Sachverhalte hinweg – was sonst bei Fernsehautoren häufig der Fall ist, die sich aufgrund lukrativer Verträge Themen annehmen, die sie im Grunde genommen doch recht wenig angehen.
Meinhofs *Bambule* ist deswegen so überaus glaubwürdig und wirklichkeitsnah, weil sie mit den Personen, denen sie zur Selbstdarstellung verhilft, lange gelebt und gearbeitet und ihnen gleichzeitig zu helfen versucht hat. So kann sie weitgehend auf Schauspieler verzichten, die in der Bundesrepublik ohnehin nicht die Sprache des Arbeiters – erst recht nicht die von Fürsorgezöglingen – zu sprechen gelernt haben. So kommt es, daß die Fürsorgemädchen (80% der in Heime Zwangseingewiesenen stammen aus proletarischen Verhältnissen) so sprechen, wie sie aufgrund der Verhältnisse, denen sie ausgesetzt wurden, sprechen, und nicht, wie ihnen ein bürgerlicher Autor, der sich zu ihnen herabläßt, die Worte in den Mund gelegt hätte.

»Fürsorgeerziehung ändert an den Verhältnissen nichts, aufgrund derer ein Jugendlicher aus der Bahn gekommen ist. Nicht, daß die Lehrstelle mies war, interessiert das Jugendamt, sondern daß der Jugendliche sie verlassen hat. Nicht, daß die Wohnung zu eng war und die Geschwisterzahl zu groß, um Schularbeiten machen zu können, sondern daß der Jugendliche Schule geschwänzt hat. Nicht, daß er mit seinem Taschengeld nicht auskommen konnte, sondern daß er geklaut hat. Nicht, daß das Mädchen keine Klamotten hatte, wie es die Werbung befiehlt, sondern daß es auf den Strich gegangen ist. Mit Fürsorgeerziehung wird proletarischen Jugendlichen gedroht, wenn sie sich mit ihrer Unterprivilegiertheit nicht abfinden wollen.« Soweit Meinhof selbst zu ihrem Film.

Weil Fürsorgeerziehung dazu dient, den Jugendlichen durch Arbeitszwang und Triebunterdrückung zu disziplinieren, hat sie Strafcharakter, kann ständig damit gedroht werden: »Wenn du dich nicht unterordnest und anpaßt, mußt du ins Heim.« In den *Blättern der Wohlfahrtspflege* (herausgegeben vom Landeswohlfahrtswerk Baden-Württemberg) zum Beispiel wird der Abschreckungscharakter derartiger Zuchtanstalten offen ausgesprochen: »Erziehung, auch die sozialpädagogische Hilfe, kann auf das warnende Beispiel nicht verzichten ... die beständige Drohung ... ist häufig das letzte Mittel.« Hier demaskiert sich ein Gesellschaftssystem, das Hilfe für Sozialschwache vorheuchelt, in Wirklichkeit jedoch Unterwerfung durch Einschüchterung betreibt.

Besonders deutlich wurde diese Haltung auch bei einer Auseinandersetzung über meinen Film *Flucht vor den Heimen* im evangelischen Pressedienst *Kirche und Fernsehen*. Dort wird mir vorgeworfen, ich hätte die Heiminsassen nicht negativ genug dargestellt – nämlich so, wie die Gesellschaft sie vorgeführt bekommen möchte, um sie mit desto ruhigerem Gewissen endgültig aus ihrer Gemeinschaft ausstoßen zu können. In der Besprechung ist mit eindeutigem Zynismus von »weniger Net-

ten«, »Undankbaren«, »Hartgesottenen« und »Unverbesserlichen« die Rede; Heimunterbringung wird »als schier unlösbares Dilemma«, somit als schicksalhaft, damit nicht änderbar hingestellt.
Zu *Bambule* stellt ein Mädchen aus dem Fürsorgeheim fest: »Wer Terror macht, den schmeißen se raus. Wer sich fügt, wird fertiggemacht. Dafür sind se dann nett zu dir, daß se dich kaputtgemacht haben.«
Da gilt als Naturgesetz »Strafe muß sein«, denn: »Aus Schaden hat man klug zu werden.«
Meinhof beschönigt nichts, sie überspitzt aber auch nichts. Das Heim, das sie für ihre Darstellung wählte, Eichenhof in Berlin, ist nicht einmal ein besonders krasses Beispiel, es versteht sich selbst sogar als fortschrittlich; die Erzieherinnen werden noch nicht einmal (wie üblich und wie es in Wirklichkeit ja auch häufig der Fall ist) als Sadistinnen dargestellt, die aus persönlichem Lustgewinn heraus quälen; sie tun nichts weiter, als bestehende Gesetze und Ausführungsbestimmungen zu erfüllen, das heißt »ihre Pflicht«. Eine von ihnen wird sogar in ihrem ständigen Bemühen gewürdigt, den Zwangsuntergebrachten weitgehend (teils unter Umgehung der bestehenden Vorschriften und unter persönlichen Opfern) zu helfen, wofür das System allerdings kaum Spielraum läßt, so daß das Gutgemeinte dann letztlich ins Gegenteil umschlägt.
Ulrike Meinhofs Bericht kann nicht hoch genug eingeschätzt werden; er ist dicht und konsequent; ein Werk, wie es nie durch einen kurzfristigen Einstieg in eine sonst fremde Materie hätte zustande kommen können. Das Vertrauen der »Hauptdarstellerinnen«, Grundlage für die absolute Glaubwürdigkeit, entwickelte sich über Jahre, als das Filmprojekt längst noch nicht geplant war, als Meinhof nicht als Filmautorin, sondern gleichzeitig als Lernende und Beratende mit den teils entflohenen und von der Polizei gesuchten Mädchen zusammenarbeitete, ihnen Stellen vermittelte und bei sich und anderen Unterkunft

besorgte. Ich glaube, nur so kann man letztlich effektiv und glaubwürdig gleichzeitig publizistisch und politisch arbeiten. Der Autor ist kein unbeteiligter Beobachter mehr, er bezieht Stellung, ergreift Partei, solidarisiert sich, arbeitet und verändert gleichzeitig. Wenn sich hier, im schwierigsten, weil kaputtesten Randzonenbereich der Gesellschaft, letztlich keine anhaltenden Wirkungen, das heißt Änderungen erzielen lassen, hat Meinhof durch ihre Methode doch auf jeden Fall eins erreicht: die Personen des Films wurden nicht – wie das sonst häufig der Fall ist – ausgebeutet; im Gegenteil (ich kenne einige der Mädchen gut): Sie sehen den Film als ihre Sache an, wurden durch die Arbeit mit Meinhof bewußter und haben so etwas wie ihre Interessenlage, in Einzelfällen Klassenlage, kennengelernt.

In *Bambule* sagt ein Mädchen: »Zusammenhalt gibt's hier doch nicht.« Jetzt, bei einem Treffen in Berlin, sprach dasselbe Mädchen, inzwischen aus dem Heim entlassen, von »Solidarität«, die man gemeinsam einsetzen müsse. Ein anderes Mädchen sagt im Film: »Man muß mehr reden. Wenn man nicht weiß, was man will, kann man nichts machen.« Und später: »Wenn wir wüßten, was wir wollten, hätte Frau Lack (die Erzieherin, die versuchte, den Mädchen zu helfen) sich auch für uns entschieden.«

Insgesamt hat Ulrike Meinhof in diesem Film – in Kenntnis der Tatsache, daß im Fernsehen sehr wohl noch Randgruppenprobleme dargestellt werden dürfen, daß jedoch die Zensur einrastet, sobald mit gleicher Konsequenz ins Zentrum der Gesellschaft (Industriebetriebe) vorgestoßen wird – eine Brechtsche List gebraucht. In »Die List, die Wahrheit unter vielen zu verbreiten« stellt Brecht fest: »Lenin, von der Polizei des Zaren bedroht, wollte die Ausbeutung und Unterdrückung der Insel Sachalin durch die russische Bourgeoisie schildern. Er setzte Japan statt Rußland und Korea statt Sachalin. Die Methoden der japanischen Bourgeoisie erinnerten alle Leser an die der

russischen in Sachalin, aber die Schrift wurde nicht verboten, da Japan mit Rußland verfeindet war. Vieles, was in Deutschland über Deutschland nicht gesagt werden darf, darf über Österreich gesagt werden.«
In den stärksten Szenen wird der Film transparent, übertragbar auf die Hauptausbeutungszentren dieser Gesellschaft. Spielfilmelemente setzen ein, um den Zuschauer nicht auf lokale Mißstände zu lenken, z. B. in einer Hinterhofszene, wo die Unterdrückung unmittelbar gezeigt wird: das geduldige Sicheinreihen einer Menschenschlange vor einem einzigen Klo.
Der Film endet mit einem verzweifelten und sinnlosen Aufstand der Mädchen. Statt politischer Aktion bleibt ihnen nur Rabatz – eben *Bambule* –, wie er sich häufig unkontrolliert dort entlädt, wo die Unterdrückung am stärksten ist, ohne Aussicht auf Änderung. Womöglich hat die Erfahrung mit der verzweifelten politischen Realität, die dem Film zugrunde liegt, anschließend die verzweifelte, politisch verhängnisvolle Aktion der Ulrike Meinhof mit initiiert. Was der Film deutlich als Fehlverhalten sichtbar macht, scheint anschließend bei der Autorin in ein unkontrolliertes Fortsetzungsverhalten eingemündet zu sein.
Von ihren anfänglichen Kurzschlußhandlungen in der Illegalität sollte sie sich distanzieren, ihre schöpferische Phantasie und ihr revolutionäres Potential dort einsetzen, wo sie es vor der »Befreiungsaktion« lange eingesetzt hat. Falls sie sich dazu entschließt, sollte Ulrike Meinhof meiner Ansicht nach eine zweite List anwenden, um in ihrer derzeit kaum widerrufbaren Illegalität mit ihren wirkungsvollsten Waffen gesellschaftlich relevant zu arbeiten: nämlich mit sprachlichen, z. B. filmischen Mitteln der Aufklärung. Sie könnte sich ja bis zu ihrer möglichen Relegalisierung dann anderer Namen bedienen. Ich z. B. mache ihr hiermit das Angebot, solange sie von Rundfunk und Fernsehen ausgesperrt ist, dort unter meinem Namen zu publizieren.

Vom Ende der Eiszeit und wie man Feuer macht

Rede auf einer Delegiertenversammlung des Werkkreises Literatur der Arbeitswelt in Nürnberg 1973

Seit ich vor drei Jahren auf der 1. Werkkreistagung etwas über »Wirkungen in der Praxis« sagen konnte, ist einiges in Bewegung geraten. Einige Thesen von damals sind überholt. – Eine Literatur, die sich nicht autonom setzt, sondern sich an dem weiterentwickelten und veränderten Bewußtsein der Bevölkerung orientiert, muß formal und in ihrer Methodik den neuen Ansprüchen und Bedürfnissen gerecht werden, neue Ängste, Sehnsüchte, Hoffnungen und erreichbare Ziele artikulieren, muß versuchen, ihren Aktionsradius und ihre Aussage zu erweitern, darf nicht dort stehenbleiben, wo sie durch eine vermeintliche Marktlücke einmal hingeraten ist. Sie darf den fortschrittlichen Kräften einer Gesellschaft nicht hinterherhinken, sondern sollte sich mit ihnen verbünden, kann unter Umständen ein Stück vorangehen, falls sie den fünften Schritt nicht vor dem ersten tut ...

Erstarrte Literaturfronten sind innerhalb der letzten Jahre brüchig geworden, zum Teil aufgebrochen; die Texte der Werkkreisautoren sind nicht nur quantitativ, sondern auch qualitativ gewachsen.

In fast allen Bereichen der Gesellschaft ist aus dumpfem Unmut der Unterdrückten eine nicht mehr zu überhörende und gezielte Kritik an den Widersprüchen und Herrschaftsverhältnissen dieser Gesellschaft geworden.

Eine Erwärmung der Atmosphäre um wenige Grad hat einmal das Ende der Eiszeit und die Voraussetzung für eine mensch-

liche Entwicklung eingeleitet. Die verhältnismäßig geringfügige Energie, die die Werkstätten für Literatur der Arbeitswelt seit ihrem Bestehen der Literatur zugeführt haben, hat dort bereits eine Klimaänderung bewirkt und trägt mit dazu bei – neben anderen gesellschaftlich bedingten Faktoren –, daß hier demnächst eine Mutation, ein Bewußtseinssprung zu erwarten ist.
Die Arbeiten der Werkstätten eröffnen der Literatur neue produktive Möglichkeiten. Seit jeher suggeriert die herrschende bürgerliche Ideologie den Schriftstellern, daß die großen politischen und gesellschaftlichen Prozesse für sie nicht zu durchschauen seien und sie nur den eigenen, begrenzten Erfahrungsbereich überblicken könnten. Diese Orientierung führt den Schriftsteller aus der objektiv bedingten gesellschaftlichen Isolierung nicht nur nicht heraus, sondern drängt ihn immer stärker an die Peripherie gesellschaftlicher Prozesse. Eine solche, bewußt geförderte Praktik hat zur Folge, daß viele Schriftsteller sich selbst zur einzig beachtenswerten Realität aufwerten und sich schließlich als den liebsten und verhätschelsten Gegenstand ihrer Dichtung betrachten.

Lebende Literaturdenkmäler

Den klassischen Romancier interessiert der Mensch kaum als Teilnehmer des Wirtschaftprozesses. Man darf nicht vergessen, daß die idealistische Kunst mit ihren Wurzeln in den Feudalismus zurückreicht, wo die beherrschende Figur der ein müßiges Schmarotzerleben führende privilegierte Rentier ist.
Bis vor kurzem tat es ein Schriftsteller der deutschen Gegenwarts-Literatur bei seiner Roman-Hauptfigur selten unter einem Architekten, das war noch das profanste, was man sich und seinen Lesern zumutete.
Das Mißtrauen der Arbeiter der sogenannten »schönen Literatur« gegenüber ist nicht zuletzt darin zu suchen. Findet er seine Probleme dort nicht wieder und kann er keinen Nutzen daraus ziehen, verhält er sich diesem literarischen Aristokratismus gegenüber folgerichtig abstinent.

Einige lebende Literaturdenkmäler scheinen sich vor den wachsenden Ansprüchen einer bewußter werdenden Arbeiterklasse zu fürchten, sehen sich in ihrer vermeintlichen Einzigartigkeit in Frage gestellt und fragwürdig werdend, und statt ins Zentrum in die Produktionsstätten vorzustoßen, versickern sie in den Reservaten ihnen zugewiesener Schonbezirke, in sogenannten *Zwischenräumen*.

Sie erweisen sich als unpolitisch, wenn sie, gefordert, ihre *Parteilichkeit* unter Beweis stellen, *in Dienst genommen* werden sollen; letztlich als arbeiterfeindlich, wenn sie Farbe bekennen sollen. Gewisse anarchistische Neigungen sind sozial bedingt durch ihre Soloarbeit, die den Gemeinschaftssinn untergräbt. Die Atmosphäre individueller Vergottung, mit der sie zunächst ihr eigener Ehrgeiz, später vielleicht die Umwelt umgibt, ist darauf angelegt, jedes Solidaritäts- und Klassenbewußtsein im Keim zu ersticken. Wollen sie auf dem Literaturparkett bestehen, mögen ihnen vielleicht noch tagespolitische Ausfälle und Profanierungen verziehen werden, in ihren »bleibenden Werken« jedoch haben sie sich an ihren Dichter-Ehrenkodex zu halten: geistreich, aber nicht klar und eindeutig, exzentrisch und differenziert, aber dabei distanziert und harmonisch. Der Privilegierte, trainiert im Genuß, will seltenste Kost, stets neue Reize. Tendenz ist unter allen Umständen abzulehnen, welcher Richtung auch immer sie ist, denn sie belädt mit Verantwortung. Der Ausbeuter oder sein Erfüllungsgehilfe sieht die Welt lieber wie ein Geschenk an, er will seine Freude an der Welt haben, Probleme na klar, aber sie müssen delikat behandelt werden, so daß sie an die Nerven gehen, aber unverbindlich, zu nichts verpflichtend. In dem Maße, wie die Klassengegensätze sich verschärfen und der Mehrheit bewußt werden, wird die offizielle Kunst der Bourgeoisie wirklichkeitsfremder und -feindlicher, elitärer und unverständlicher.

Die Klassenwidersprüche und -gegensätze kristallisieren sich auch innerhalb der Literatur immer deutlicher heraus, und es

wird einem Autor immer schwerer fallen, zu kaschieren, auf welcher Seite er in Wirklichkeit steht. Gerade die sich wertfrei und unpolitisch gebende Literatur hat in neuralgischen historischen Situationen immer ihre Tendenz unter Beweis gestellt, wenn auch nicht immer in dem, was sie aussprach, so aber auf jeden Fall in dem, was sie verschwieg.
Immer mehr Autoren allerdings fangen an, aus ihrem isolierten Einzelgängergehege auszubrechen. Sie haben begriffen, daß, bevor sie »die Wahrheit über die schlimmen Zustände denen sagen, für die die Zustände am schlimmsten sind« (Brecht), sie zuerst einmal diese Zustände von ihnen erfahren müssen.
Sie kommen nicht als Lehrende, sondern zuerst einmal als Lernende, und einige müssen erst mal eine Fremdsprache dazu lernen, nämlich die des Arbeiters. Einige verkraften es nicht, wenn sie merken, daß sie mehr zu lernen als zu lehren haben. Entmutigend für Leute, die sich an ein Milieu gewöhnt haben, in dem es als Tugend gilt, in sich verliebt zu sein. Mancher kehrt dann auch aus den »Mühen der Ebenen« zurück in die »unergründlichen Tiefen« des reinen kontemplativen Geistes oder geht »noch weiter nach links«, wo Politik und die winzigen Katastrophen des Alltags verblassen neben dem Antlitz des absoluten Revolutionärs, der, bei Tageslicht besehen, dem Sonntagsjäger gleicht, der schießt, damit die wilden Tiere kommen. Den meisten Intellektuellen fällt's nicht leicht, ihr Tun und Lassen bewußt und nüchtern in den Dienst einer Klasse zu stellen, deren Prinzip die Überwindung des egozentrischen Materialismus und des separatistischen Individualismus ist.

Chance der Werkstätten

Ich will versuchen, kurz aufzuzeigen, worin meiner Ansicht nach die besondere Chance der Werkstätten liegt, langfristig eine Literatur der Arbeiterklasse zu entwickeln, und warum dies hauptsächlich aus ihnen selbst heraus entstehen muß.
Der Intellektuelle soll dabei als Berater und Sprachrohr Hilfe-

stellung leisten, als begleitende, jedoch nicht zielsetzende und führende Kraft. Berücksichtigt werden muß, daß selbst die Proletarisierung des Intellektuellen fast nie einen Proletarier schafft. Und zwar weil ihm die Bürgerklasse in Gestalt der Bildung von Kindheit auf ein Produktionsmittel mitgab, das ihn aufgrund des Bildungsprivilegs mit ihr und, das vielleicht noch mehr, sie mit ihm solidarisch macht. Diese Solidarität kann sich im Vordergrund verwischen, ja zersetzen; fast immer aber bleibt sie stark genug, den Intellektuellen von der ständigen Alarmbereitschaft, der Frontexistenz des wahren Proletariers streng auszuschließen.
Wer sich vorübergehend, und wenn es auch ein halbes oder ganzes Jahr lang hintereinander ist, in eine Fabrik begibt, ist immer in einer bevorzugteren und grundsätzlich anderen Situation als der, der hier mit seiner totalen Existenz verwurzelt ist. Und dadurch bedingt, bleiben derartige Einstiege von Außenstehenden – meine eigene Arbeit eingeschlossen – immer nur Exkursionen, Expeditionen oder Studien. Wirklich existentiell erfaßt und dementsprechend auch adäquat literarisch umgesetzt werden kann dieser Bereich langfristig nur von denen, die drinstecken, die in der Regel mit 30 Jahren spätestens wissen, daß es kein Entrinnen mehr gibt. Proletarier sein heißt: Nichts anderes sein können durch die Gewalt der historischen und ökonomischen Entwicklung.

Markenzeichen-Schriftsteller

Erstlingswerke von Schriftstellern sind oft ihre aussagestärksten und glaubwürdigsten Erzeugnisse. Sie haben sie geschrieben, als sie noch keine professionellen und anerkannten Schriftsteller waren, sie waren oft noch stärker durchdrungen von dem, worüber sie schrieben.
Einmal von ihren Honoraren lebend, von Marktgesetzen abhängig und selbst zum Markenzeichen gestempelt, werden sie häufig zu dem, was der Markt ihnen abverlangt. Selbst der Zeit-

punkt ihrer Veröffentlichungen und die Regelmäßigkeit wird ihnen von Marktzwängen des »freien Wettbewerbs« diktiert. Hält sich der Modeschöpfer Cardin oder die Autofirma Ford einmal eine Saison lang mit einer neuen Kreation oder einem neuen Wagentyp heraus, erobert die Konkurrenz ihre Marktanteile, fallen sie im Wettbewerb zurück.
Ähnlich der professionelle Schriftsteller, der dazu verdammt ist, von seinen Produkten leben zu müssen; er kommt sehr oft gar nicht mehr dazu, das zu durchdringen und zu durchleben, was ihm der Markt aufdrängt zu schreiben. (Selbstironisches Bekenntnis eines Kollegen: »Wenn ich all das lesen wollte, was ich schreibe, käme ich gar nicht mehr zum Schreiben!«)
Viele zum Markenzeichen abgestempelte Autoren leben von der Aura, von dem Flair ihrer früheren, vielleicht brauchbaren Produkte, brauen aus ihrer ehemals vorhandenen Substanz immer dünner werdende Aufgüsse – »4711« unterscheidet sich qualitativ nicht von anderen weniger bekannten und gefragten »Kölnisch-Wasser-Sorten«; allein die Marktbeherrschung, der Nimbus macht's hier. Ich könnte mir vorstellen, wenn Böll und andere zum Markenartikel deklarierte Autoren ihren Namen einem begabten, jungen, unbekannten Autor zur Verfügung stellen würden, die Kritik würde sich mit Anerkennung und Lob überschlagen, und die Auflage wäre wie bei einem echten Böll oder sonstwem gesichert, während der echte »X, Y, Z« mit einem wohlwollenden Schulterklopfen der Kritik bedacht wird und bald in der Versenkung verschwindet, es sei denn, der Markt hat gerade eine Lücke offen und muß mal wieder was ganz Neues, noch nicht Dagewesenes hervorbringen.
Was ich sagen will: wie hier nach Gesetzen der freien Wildbahn einer auf Kosten des anderen seine oft fragwürdige Anerkennung zugesprochen bekommt und wie er die anderen – da er zufällig der erste war auf dem Terrain – lianenhaft erstickt.
Diese einer demokratischen Kunst genau entgegengesetzten Tendenzen können von den erfolgreichen Autoren natürlich

nur schwer oder insgeheim eingestanden werden, es sei denn, sie wären bereit, sich selbst in Frage zu stellen und ein Stück von sich selbst zugunsten und zur Ermutigung anderer zurückzustecken.

Die Werkkreisautoren können von anderen Voraussetzungen ausgehen. Sie haben *ihren* Beruf, zwar lohnabhängig, jedoch literarisch freier. Sie können es sich leisten, sich nicht als »begnadete« einzelne zu verstehen, die auf Originalität versessen, sich möglichst markant vom nächsten Kollegen absetzen müssen, um ihre Einzigartigkeit unter Beweis zu stellen. Sie können Literatur als Mittel der Kommunikation verwenden, um Kollegen, die sonst nichts zu sagen haben, über die stillschweigend hinweggeredet wird, zur Artikulation ihrer Sehnsucht und Wünsche, Hoffnungen und Forderungen zu verhelfen.

Die schwedische Autorin Sara Lidman stellt in ihrer Dokumentation *Grube* einen Arbeiter vor, der sich bewußt ist, daß die gekonnte Verwendung von Sprache zur politischen Veränderung beitragen kann: »Ich bin von der Sprache besessen. Ich will mich ausdrücken können. Das macht ja, daß mein Sprechen manchmal unnötig pedantisch wirkt. Deshalb necken mich die Kumpel und sagen: Du sprichst wie ein Buch. Aber manchmal, wenn wir eine gemeinsame Beschwerde haben, können die mich auch bitten, daß ich das Gespräch führen soll, ›da du ja ein verfluchtes Maul hast‹.«

Die Werkkreisautoren beziehen ihr Material nicht über den Umweg »vom Hörensagen« her; der Vorwurf ihrer Werke baut auf dem, was sie selbst gesehen und gehört, also erlebt haben. Werkkreisautoren haben die Konstruktion der Gesellschaft als Klassengesellschaft erfahren, schreiben von daher aus dem Aspekt des Eingreifens, der Veränderung heraus. Diese Berichterstattung hat jede Spur der beschaulichen Beobachtung abgestreift. Sie will die unhaltbaren Zustände, die sie aufdeckt, auch abstellen helfen. Den Druck der Verhält-

nisse macht sie noch drückender, indem sie ihm das Bewußtsein des Drucks hinzufügt.
Realistisch schreiben bedeutet nicht Abfotografieren der Wirklichkeit, also nicht das, was man zufällig erlebt, verdichten und beschreiben: sondern das eigene Erlebnis bildet die Grundlage, um darüber hinaus seine Erlebnisse zu organisieren.
Das einzelne, präzis geschilderte Detail so auswählen, daß es das Wesen bestimmter gesellschaftlicher Vorgänge bloßlegt und der Betrachtung des Lesers freigibt. Nicht allein die Verdichtung und Summierung der einzelnen Erscheinungen deckt die typischen Züge der Wirklichkeit auf, vielmehr sollte jeder Fakt für sich Typisches enthalten. Keine Anklagen ins Blaue hinein richten, nicht »Anzeige gegen Unbekannt« erstatten, vielmehr, wenn aus juristischen Gründen schon keine Namensnennung möglich ist, die Dinge so genau beschreiben, daß jeder merkt, so was kann nicht erfunden sein, so weit reicht die Phantasie nicht, das ist wirklich passiert.
Eine andere Möglichkeit ist der Schlüsselroman. Er kann so konstruiert sein, daß jeder merkt, wer gemeint ist. Man kann annehmen, daß sich die Gemeinten in den seltensten Fällen mit dem Schlüsselroman öffentlich identifizieren und deshalb vor Gericht gehen; indem sie sich den Schuh anziehen, gestehen sie indirekt – jedenfalls moralisch – ja ihre Schuld ein.
Ein anderer Weg, den ich bei einem Thema soeben anwende, ist folgender: Man ist z. B. im Besitz von brisantem Material, jedoch haben Zeugen Angst, zu wichtigen Belegen und Punkten notfalls vor Gericht auszusagen. Man benutzt das Material in so einem Fall erst einmal als Inspirationsquelle, baut eine Krimihandlung darum, erklärt in einem Vorspann ausdrücklich, Personen und Handlung seien frei erfunden, wer sich wiedererkenne, sei selbst schuld. – Das – wie gesagt – ist nur der erste Teil des Buchs; der zweite Teil des Buchs breitet das Originalmaterial – soweit belegbar – aus und analysiert es; mit der Vorbemerkung: ähnliche Fälle, wie im fiktiven Teil des Buchs

dargestellt, kämen auch in der Wirklichkeit vor. Der Leser wird erstaunliche Parallelen feststellen und den ersten Teil im nachhinein gar nicht mehr so unverbindlich fiktiv auffassen. Damit ist nicht nur die juristische Absicherung garantiert, sondern ein sonst vielleicht zu trockener Stoff wurde sinnlich und mit Spannung aufbereitet.
Eine andere Methode ist die produktive Provokation, mit der man reaktionäre Verhaltensweisen herauslockt, Widersprüche sichtbar macht und z. B. als »Menschenfreunde« getarnte Ausbeuter zwingt, ihr wahres Gesicht zu zeigen.
Dieses Verfahren kann bereits vor Veröffentlichung eine vorbereitende Wirkung tun und mit Spannung die nachfolgende Veröffentlichung erwarten lassen ... Auch hier erfindet man nichts, sondern entlarvt den gesellschaftlichen Zustand durch die Aussagen ihn repräsentierender Personen. Man erfindet nur – sozusagen als Aufhänger oder Gerüst für eine Reportage – den Einfall, sie zum Sprechen und Agieren zu bringen ...
So z. B., als ich mich zuletzt während meiner Tätigkeit als Portier und Bote im feudalen Gerling-Konzern in meiner Boten-Livree zu den Vorstandsdirektoren ins Kasino setzte und das gleiche Essen wie sie verlangte. So eine banale, selbstverständliche Aktion – mir wurde natürlich das Essen verweigert –, die Verunsicherung und Rechtfertigung der anwesenden Direktoren sprachen sich wie ein Lauffeuer im Konzern herum, man wartet dort jetzt mit Spannung auf die demnächst erscheinende Reportage, in der dieses »Go in« sozusagen nur den »sinnlichen Aufhänger« darstellt.*
Ich meine, Ironie ist noch immer eine starke Waffe der Unterdrückten gegen ihre Beherrscher. Diese Ironie kann verunsichern, Respektlosigkeit hervorrufen, Mächtige zu selbstentlarvenden unbedachten Reaktionen provozieren.
Allerdings hat diese Ironie nichts mit der von der Darmstädter

* s. *Ihr da oben – wir da unten*

Akademie für Sprache und Dichtung geforderten »Heiterkeit« zu tun. In Zeiten des Kampfes ändert sich auch der Humor, entweder er wird zur gesellschaftskritischen Satire, oder er degeneriert zum traditionellen »Scherz« oder »Witz«. Das Diffamierendste ist, Scherze auf Kosten derer zu machen, die sonst nichts zu lachen haben; dann lachen sich nämlich die ins Fäustchen, die allen Grund zum Lachen haben.
Ich stelle mir einen Schlüsselroman vor, ähnlich wie der *Pate*, nur weniger psychologisierend; als Gangsterboß etwa Schleyer von Daimler-Benz (künftiger Präsident des BDI): ausgehend von seiner SS-Zeit bis zu seinen jetzigen Praktiken im Unternehmerlager. Ich glaube, da ließen sich mehr einschlägige Krimihöhepunkte herauskristallisieren als in manchem fiktiven Gangsterromanen. Und so was würde gelesen, garantiert.
Wir müssen aufpassen, daß wir nicht zu schnell und vordergründig an unsere Stoffe herangehen, die Wirkung damit abschwächen und verschenken. Gerade einige clevere bürgerliche Viel- und Schnellschreiber, die alles andere im Sinn haben, als sich in den Dienst der Arbeiterklasse zu stellen, stürzen sich wie Hyänen auf dieses für sie neue Thema; um es im Handumdrehen so schnell und unverbindlich und risikolos wie gerade möglich zu vermarkten.
Wir müssen langfristiger an unseren Stoffen arbeiten und uns inhaltlich und formal immer wieder Neues und Adäquates einfallen lassen, sonst gehen wir inflationären Tendenzen entgegen.

Das Ungeheuere des Alltags

Wer schreibt die Dokumentarromane und Drehbücher, die dem politisch Gleichgültigen, Verkleisterten oder Mutlosen die Zusammenhänge aufzeigen? Die ihn gefühlsmäßig dahin führen, daß die politischen Begriffe aus den verschiedenen Lagern für ihn überhaupt erst einmal realen Inhalt bekommen, daß er aufnahmefähig wird, die nötige Wachsamkeit, Kritikfä-

higkeit und Widerstandsbereitschaft gewinnt, um sich gegen die täglichen Verdrehungen und Auslassungen eines Großteils der bürgerlichen Presse und der durch sie gezüchteten Ansichten zu wehren. Wo sind die Schriftsteller, die hinter die Kulissen der Banken, der Großindustrie, der Börse, der Politik und des Handels leuchten, auf daß der für dumm Verkaufte endlich aufhöre, nur die Fassade dieser Dinge zu sehen, während ihr wahres Wesen ihm verhüllt bleibt. All die Zahlen, Statistiken, Polemiken, die herausgegriffenen Einzelfälle, die die Presse bringt – und das, was sie verschweigt –, all das kann nur von denjenigen richtig gewertet werden, die die Zusammenhänge zwischen sich und diesen trockenen Angaben – die nebenbei in jeder Zeitung anders lauten – bereits erfaßt haben.
Es sind meist nicht die geschichtemachenden großen Dinge, die das Ungeheuere des Alltags ausmachen. Tiefer und dauernder beeinflussen den Durchschnittsmenschen die winzigen Katastrophen, aus denen der Alltag besteht, und sein Schicksal ist vorwiegend an die Folge dieser Miniaturereignisse geknüpft.
Für die Zukunft werden wir verstärkt Formen einer Kollektivarbeit zu entwickeln haben, um kompliziertere und komplexere Themen schneller umzusetzen und transparent werden zu lassen.
Wenn das »künstlerische Buch« gewöhnlich einen Namen auf seinem Umschlag, den Firmennamen seines »Schöpfers« trägt, so ist das nur ein scheinbares Phänomen. Auch ein Buch stellt schon das Produkt vieler Hände dar, und aufgrund alter Gewohnheit verdrängt die Hand des Schriftstellerfürsten die übrigen. Ich stelle mir die Arbeit von literarischen Produktionsgruppen vor, in denen die Funktionen aufgeteilt sind, auf das Sammeln des Materials, seine literarische Umsetzung und Bearbeitung und die Überprüfung der fertigen Sachen. Ein anderer übernimmt die juristische Absicherung, ein weiterer bringt Ansätze einer Analyse. In die Produktionsgruppe sollten nichtliterarische Spezialisten eintreten oder beratend mitwir-

ken, die über Materialkenntnisse der jeweiligen Spezialgebiete verfügen, neben ihnen arbeiten Fixierer, die das notwendige Material, Vorfälle, Notizen, Dokumente auftreiben. Die Montage der erhaltenen Materialien in der einen oder anderen Aufeinanderfolge, die Bearbeitung der Sprache entsprechend der Zielgruppe, für die das Buch geschrieben wird – all das bildet die Aufgabe der literarischen Gestalter, wobei jeder jedem Anregungen und hilfreiche Kritik entgegenbringen sollte.

Man sollte sich durch Prozesse nicht abhalten lassen, die Wahrheit um so nachhaltiger zu verbreiten. Die in letzter Zeit zunehmende und verbissenere Kampfentschlossenheit der Unternehmer zeigt doch nur, daß sie ihre Positionen wanken sehen. Sie wollen jeden Handbreit einmal in Besitz genommenen Terrains halten. »Gefährdung heißt keinesfalls Untergang, sondern höhere Kampfbereitschaft«, lese ich gerade in einer vertraulichen Rede Gerlings.

Auch er erkennt zunehmend, wie die Geschichte dabei ist, ihn ins Abseits zu stellen …

Verteidigungsrede vor dem griechischen Militärtribunal

1974

Militärtribunal und Sondergericht!
Damit Sie meiner Tat gerecht werden können, bitte ich Sie um etwas Geduld, mir zuzuhören und meine Motive im einzelnen zur Kenntnis zu nehmen. Ich verspreche Ihnen dafür auch, ein Geständnis abzulegen und vorbehaltlos mit der Sprache herauszurücken. Wenn Sie also die Güte haben, mir jetzt für eine Zeitlang Ihr Ohr zu leihen, werde *ich* mir anschließend auch die Zeit nehmen, das Strafmaß Ihres Urteils abzusitzen.
Ich danke Ihnen vorweg noch, daß Sie mir als Ausländer, als Gast sozusagen, dieses Ihr Militärtribunal als eindringlich-realistische Plattform und Kulisse zur Verfügung stellen. (Ich hatte anfangs – nach ersten Stellungnahmen meiner Botschaft – schon befürchtet, daß Sie mir keine Gerechtigkeit widerfahren lassen, sondern »kurzen Prozeß« mit mir machen und mich abschieben würden.)
Genug der Förmlichkeit, zur Sache:
In der Anklageschrift werfen Sie mir vor, daß ich gegen den § 1 Ihrer neuen Militärverfassung vom 4. und 17. 11. 1973 verstoßen hätte. Darüber bin ich sehr erschrocken. In der Verfassung meines Landes – der Bundesrepublik Deutschland – lautet der § 1 nämlich: *»Die Würde des Menschen ist unantastbar.* Sie zu achten und zu schützen ist Verpflichtung aller staatlichen Gewalt.« – Gegen diesen Artikel zu verstoßen, würde ich als großes Verbrechen ansehen.
Bei Ihnen lautet der § 1 dagegen: »Es ist nicht erlaubt, Propa-

ganda gegen die griechische Nation zu machen, Informationen zu veröffentlichen, die geeignet sind, die griechische Bevölkerung in Unruhe zu versetzen.« Indem ich die Flugblätter verteilt habe – »mit staatsfeindlichem Inhalt«, unterstellen Sie mir –, hätte ich »Angst und Unruhe bei den griechischen Bürgern verbreitet mit der gleichzeitigen Absicht, staatsfeindliche Propaganda gegen die griechische Nation zu betreiben.«
Irgendwo liegt hier eine Begriffsverirrung, ein Mißverständnis vor. Hatte ich doch vor, auf meine Art einen kleinen Beitrag zur deutsch-griechischen Freundschaft zu leisten. Wenn daraus ein Anschauungsunterricht in Sachen Faschismus geworden ist, so ist das nicht meine Schuld. *Mein* Handwerk ist es, als Schriftsteller und Publizist nicht aus zweiter Hand, also vom Hörensagen her zu berichten, sondern vorrangig das in meinen Veröffentlichungen wiederzugeben, was ich zuvor selbst erlebt habe, was ich bezeugen und wofür ich mich verbürgen kann. Und schließlich bringt einen das, was man selbst erlebt, am eigenen Leib erfährt, zu viel schnelleren und einschneidenderen Konsequenzen als das, was man sich nur angehört oder angelesen hat.
Wenn ich nach dieser kurzen Zeit in Griechenland an politischer Erfahrung und Handlungsbereitschaft ein wesentliches Stück weiter bin, so verdanke ich das den Reaktionen der ausführenden Organe der Militärjunta auf meine scheinbar so banale Aktion.
Als ich mich auf dem Syntagmaplatz an den Lichtmast kettete, kam ich mir im ersten Moment etwas verloren und deplaziert vor. Denn die ersten, die mich zur Kenntnis nahmen, waren amerikanische Touristen mit ihren Fotoapparaten und Schmalfilmkameras auf den Spuren des klassischen Altertums. Sie lachten, wohl in der Annahme, daß ihnen die griechische Fremdenverkehrszentrale da eine besondere Attraktion bieten würde. Die griechischen Passanten, an die ich dann die Flugblätter verteilte, lachten nicht mehr. Sie verstanden unmittel-

bar die Symbolik dieser Aktion, nahmen die Flugblätter entgegen, gingen einige Schritte zur Seite, wo sie sich sicher glaubten, überflogen den Inhalt, kamen zum Teil zurück, um sich weitere zum Verteilen zu holen. Aus ihren Reaktionen entnahm ich Zustimmung und gleichzeitig Angst, jedoch nicht Angst vor mir, denn ich war ja angekettet, vielmehr Angst vor den Spitzeln der Geheimpolizei, die sich erstaunlich schnell mit gezückten Ausweisen dazwischenschoben und Unruhe und Terror verbreiteten, indem sie mich zu Boden rissen, auf meine Brille traten, meinen Kopf immer wieder gegen die Betonkante des Lichtmastes schlugen, und als ich zu schreien anfing, wieder Ruhe und Ordnung dadurch herzustellen versuchten, indem sie mir Fußtritte in Magen und Milz verpaßten, wodurch mir die Luft wegblieb, und mir gleichzeitig den Mund zuhielten.

Entschuldigen Sie, wenn ich in allzu profane Einzelheiten abgeglitten bin – aber ich sprach zuvor von Lernprozessen. Ich komme gleich wieder auf die wesentlichen Motive meines Handelns zurück.

Während meiner Arbeit in deutschen Fabriken lernte ich auch griechische Arbeiter – sogenannte Gastarbeiter – kennen. Ich lernte sie schätzen in ihrem Temperament, ihrer großzügigen Gastlichkeit, ihren Ausdrucksformen in Tanz und Musik, ihrer Begeisterung für Theodorakis, dessen Musik hier ja von der Junta nicht umsonst verboten ist. Ich lernte Griechenland lieben, ohne vorher in Griechenland gewesen sein zu müssen. Ich lernte gleichzeitig die Angst der griechischen Arbeiter – selbst in Deutschland – kennen, Angst vor Spitzeln der Militärdiktatur, die sie denunzieren könnten, wenn sie sich bei uns gewerkschaftlich organisierten, wenn sie sich regimekritisch äußerten. Sie hatten Angst vor Verhaftung, wenn sie zurückkehren würden; Angst, daß ihre Angehörigen von der Militärpolizei verhört, unter Druck gesetzt, gefoltert würden. (Bei uns im Dritten Reich nannte man das »Sippenhaft«.) Gleichzeitig beobachtete ich die Unwissenheit, zum Teil auch Ignoranz bundesdeutscher Touristen, die sich nach Griechenland verchartern lassen und, in Ehrfurcht vor dem restaurierten abbröckelnden Alten erstarrt, die Fratze des gegenwärtigen Faschismus nicht mehr wahrnehmen. Zum großen Teil ist es auch nur fehlende, vorenthaltene Information. Unsere Massenpresse informiert zum Teil gar nicht oder nur in Form kleiner Meldungen über Terror und Folter in Griechenland, und so kommt es, daß sich ein Großteil der Bevölkerung an das Ungeheuerliche gewöhnt hat wie Blinde an die Dunkelheit.

Ich wollte mit meiner Aktion – wie man im Pressejargon sagt – den »Aufhänger« schaffen, damit wieder mehr geredet, geschrieben und, daraus resultierend, auch gehandelt wird gegen die Diktatur in Griechenland.

Zum Teil ist mir das gelungen, und je länger Sie mich einsperren – legen Sie sich bitte keine Zurückhaltung auf angesichts der hier versammelten Auslandspresse, nehmen Sie das Höchststrafmaß wie bei einem anonymen Griechen –, um so eher wird es zu Touristenboykott-Aktionen und zu anderen Widerstandsmaßnahmen kommen.

Die Zeit arbeitet gegen Sie! Ihre Militärjunta hat außer Panzern und Gewehren nichts im Rücken, allenfalls die amerikanische »CIA« als Zuhälter – das griechische Volk geschlossen gegen sich, weil Sie außer pompösen Militäraufmärschen nichts an Ideen zu bieten haben. Sie sind die Dinosaurier in unserer gegenwärtigen politischen Landschaft: viel Panzer, kaum Hirn, darum zum Aussterben verurteilt!

Da Sie das selber dumpf spüren, es sich natürlich nicht offen eingestehen können (denn sonst müßten Sie desertieren, jedoch wohin schon?), kommt es in Ihren Apparaten zu diesen permanenten Angstreflexen, die ihren Ausdruck in Verhetzung, Einschüchterung, Folterung aller politisch Andersdenkenden findet. Und die Skala Ihrer Gegner und vermeintlichen Gegner umfaßt beinah alle politischen Fraktionen, von Sozialisten und Kommunisten bis hin zu Liberalen und Konservati-

ven. Meiner bis jetzt zweiwöchigen Inhaftierung und damit Ihnen habe ich es zu verdanken, daß ich mir ein wesentlich genaueres Bild über die Anzahl und Situation der politischen Gefangenen machen kann als noch bei Beginn meiner Aktion. Auf meinem Flugblatt nannte ich die vorsichtige Schätzzahl von 200 politischen Gefangenen. Inzwischen weiß ich durch Augenzeugenberichte, daß allein in Athen und Piräus mehr als 200 inhaftiert sind, auf der KZ-Insel Jaros allein – vor fünf Tagen noch – 68 Deportierte. Insgesamt dürfte die Dunkelzahl an die 1000 heranreichen, ganz zu schweigen von den etwa 1500 Studenten, die sich seit der Niedermetzelung des Studentenaufstandes im November (ca. 150 Tote, die Sie zum Teil auf der Flucht aus Panzern niederschossen) versteckt halten müssen.
Ich habe mit politischen Gefangenen sprechen können, die der bei Ihnen obligatorischen Folter unterworfen wurden, Elektroschock-Folter, tagelanger Schlafentzug, halbtot geprügelt, um Geständnisse aus ihnen herauszupressen über von Ihnen erhoffte »Hintermänner«, »Drahtzieher«, »weitverzweigte Organisationen«. Ihre eigene pervertierte Moral projizieren Sie auf Ihre Opfer. Sie können sich überhaupt nicht mehr vorstellen, daß jemand aus eigenem Antrieb, nicht ferngesteuert, ohne materiellen Anreiz ein Risiko auf sich nimmt, das unter Umständen mit Lebensgefahr verbunden ist. Die Militärs sind unfähig, bei ihrer Umgebung etwas anderes als ihre eigenen Motive und Gefühle zu erwarten.
Hier im Gefängnis sitzen Gefangene langjährige Haftstrafen ab für »Vergehen«, die sie nie begangen haben, weil sie der Folter nicht mehr gewachsen waren und das gestanden, was man von ihnen hören wollte.
Eine Chilenin – Sara Araya – ist hier im Frauentrakt inhaftiert; am ganzen Körper weist sie die Spuren Ihrer Folterspezialisten auf: Glühende Zigaretten wurden auf ihr ausgedrückt, bis sie zur Aussage bereit war.
Nicht nur die Spezialisten Ihrer Militärpolizei ESA – nicht um-

sonst hier. »E« – »SS« – »SA« genannt – verstehen sich auf Foltertechniken. Ich fordere die hier versammelten Journalisten auf, verschaffen Sie sich Zugang zur Tiefgarage der Hauptwache vier in der Meganonstraße in der Nähe der amerikanischen Botschaft. Besichtigen Sie die blutverschmierte Holzbank in der äußeren linken Ecke dieser Garage, beachten Sie die blutbespritzte Wand. Auf dieser Lattenbank werden Gefangene mit Riemen festgeschnallt und von sechs bis zehn Zivilbeamten gleichzeitig oder abwechselnd mit Knüppeln oder Lederpeitschen traktiert, bis die erwünschten Aussagen zustande kommen. Verschaffen Sie sich Zugang zu den neuerrichteten Zellen in Piräus! Dort werden Politische tagtäglich der Elektroschock-Folter unterworfen.
Wie hier Urteile zustande kommen, dazu kurz folgendes Beispiel. Ein 20jähriger wird in einem fünfminütigen Schnellverfahren zu zwei Jahren Gefängnis verurteilt. Er wagt nach der Urteilsverkündung zu fragen: Ja, aber wofür denn? Richter: vier Jahre! – Der Verurteilte: Ja, wieso denn? – Richter: sechs Jahre! – Der auf diese Weise Verurteilte heißt Nico, er sitzt hier im gleichen Gefängnis. Ebenfalls hier im Gefängnis befinden sich 20jährige Soldaten, die bis zu 12 bis 15 Jahren verurteilt sind wegen angeblicher »konspirativer Umtriebe« und sogenannter »subversiver Tätigkeit«. Ihr Verbrechen bestand darin, daß sie sich im privaten Kreis kritisch über die derzeitige politische Situation unterhielten.
Ich habe während meiner viertägigen »Untersuchungshaft« in der Messaljioustraße, in einem dunklen Loch auf Zementfußboden, Studenten kennengelernt, die ohne Haftbefehl, ohne Angabe eines Verdachtsgrundes von der Straße oder von zu Hause einkassiert wurden und ohne Benachrichtigung eines Anwalts oder Angehöriger auf ihre Verschleppung in Militärstraflager warten. Hunderte von Studenten sollen bisher auf diese Art verschleppt worden sein.
Man hat den Eindruck, daß selbst der letzte Schimmer von »Le-

galität« inzwischen fallengelassen wird, um durch derartige Terroraktionen Einschüchterung und Angst zu verbreiten, um jeden möglichen Widerstand schon im Keim zu ersticken.
So düster das alles aussieht, eins wird deutlich: Die Junta hat keine Basis, auf die sie sich stützen und verlassen kann. Sie hat nicht den geringsten Rückhalt in der Bevölkerung, statt dessen ihre Geheimdienste und Spitzel. Einen, der überwacht, und einen, der den überwacht, der überwacht. Auf die eigenen bestbesoldeten Leute ist kein Verlaß mehr. Ich habe es bei meinen fünf Verhören auf den verschiedenen Stellen mehrfach selbst erlebt. Da gab mir ein Vernehmungsbeamter, als er mit mir allein war, zu verstehen, daß er selber auf das Ende dieses Regimes warte, ich solle ihm verzeihen, er tue nur seine Pflicht, die derzeitigen Militärverordnungen seien nun mal so. Ich war aufgrund meiner Verfassung – 15stündig pausenlose Verhöre ohne Schlaf und Nahrung, anfangs Folter – durch diese unerwartete menschliche Regung dem Heulen nahe, fing mich aber wieder und antwortete ihm: Das hätten bei uns nach dem Krieg die Schreibtischmörder vor Gericht auch immer zu ihrer Entlastung vorgebracht, aber schließlich hätten sie – ob gern oder ungern – die ganze Vernichtungsmaschinerie am Laufen gehalten.
Ein anderer Beamter, als er sich die Anklagepunkte auf meinem Haftbefehl durchgelesen hatte, drückte mir stumm die Hand.
Die Reihe der Beispiele ließe sich fortsetzen, aber sie sind unverbindlich, solange sie nicht in aktive Widerstandshandlungen umschlagen.
Die Militärjunta wirft ihren Gegnern vor, »ferngesteuert« zu sein. Dabei ist sie selber Marionette der amerikanischen Großmachtpolitik, von dort als Henker der Demokratie eingesetzt und ohne Auftrag und Finanzierung von dort zu keinem Terrorschachzug in der Lage. Ein höherer Vernehmungsbeamter erklärte mir offen, er persönlich würde mich lieber heute als mor-

gen abschieben, nur sei das bei mir zu einem grundsätzlichen politischen Fall geworden, und deshalb müßten amerikanische Stellen konsultiert werden. Der Assistent eines Vernehmungsbeamten brachte seine Bewunderung für Hitler zum Ausdruck, ein Kommissar der Geheimpolizei fragte mich, wie ich zu Franz Josef Strauß stünde, und als ich antwortete, der würde hier in der Militärdiktatur bestimmt seinen Mann stehen, sagte der Beamte, solche Männer brauche Europa. Nicht von ungefähr bekennt sich die Junta öffentlich als *»Polizei Europas«*, und Papadopoulos – von den Amerikanern eingesetzt, um die Diktatur aus der Taufe zu heben – umschrieb die Aufgabe der Junta: Das griechische Volk sei krank und müsse in Gips gelegt werden. Es ist kein Zufall, daß die faschistische Presse hier über meinen Fall den *Bayernkurier* des Franz Josef Strauß ausführlich zitierte und ein Vernehmungsbeamter sich der guten Beziehungen der Junta zum CSU-Bundestagsabgeordneten Althammer rühmte.

Diese Beispiele zeigen, es ist kein innergriechisches Problem, in das ich mich mit meiner Aktion einmischte. Die gleichen Strukturen sind auch und gerade in der Bundesrepublik latent vorhanden. Der Faschismus des Dritten Reiches besteht in einflußreichen Offizierscliquen der Bundeswehr als Schwelbrand weiter (»Der Schoß ist fruchtbar noch, aus dem das kroch«). Griechische Junta-Obristen und hohe deutsche Offiziere betreiben bei Kameradschaftsabenden auf Kreta eine makabre griechisch-deutsche Verständigung – unter dem Banner der NATO.

An der Haltung der einzelnen Staaten zur griechischen Diktatur manifestiert sich das Gewissen Europas. Nicht von ungefähr kamen die stärksten Proteste bis hin zu Boykottmaßnahmen bisher von Staaten wie Schweden und den Niederlanden, deren demokratische Traditionen und Strukturen bekanntlich etwas ausgeprägter und weiterentwickelt sind als die der BRD. Ich glaube, gerade als Deutschen stünde es uns gut an, an die

Adresse unseres nur zwei Flugstunden entfernten Bündnisstaates Griechenland in Sachen Faschismus Proteste und Boykotts zu adressieren. Wir haben zu Recht unsere Eltern daran gemessen, wie sie sich im Dritten Reich verhalten haben, wir werden uns später von unseren Kindern gefallen lassen müssen, u. a. danach beurteilt zu werden, wie wir zum Faschismus in Griechenland standen.

Ob wir unser schlechtes Gewissen an den Touristenstränden von der Sonne haben wegbräunen lassen, während in den Verhörstuben und Zellen der Junta Menschen zu Krüppeln gefoltert wurden.

Es ist mir klar, die meisten wissen nicht, wie die ungeheuerlichsten Verbrechen hier zur alltäglichen Gewohnheit geworden sind. Die *Bild*-Zeitung klammert das aus gutem Grund aus ihrer Berichterstattung aus, sieht sie doch ihre publizistische Aufgabe darin, gleiche Verhältnisse auch bei uns vorbereiten zu helfen. Auch nach dem Zusammenbruch des Dritten Reiches beriefen sich die meisten darauf, von allem nichts gewußt zu haben.

Um solcher Uninformiertheit ein wenig abzuhelfen und ihr entgegenzuwirken, bin ich hier. Ich bin nicht kopflos und unvorbereitet in diese Aktion hineingegangen. Ich wußte genau, was ich tat, und weiß es jetzt um so mehr.

Ich ahnte, was mich erwartete, und habe vorsorglich und zu Recht – wie sich in den ersten Verhören herausstellen sollte – vor der Aktion schmerzstillende Präparate zu mir genommen.

Zu welcher Strafe Sie mich auch verurteilen und was Sie sonst noch mit mir anstellen mögen, Sie kommen nicht daran vorbei, daß *Sie* heute hier – in Ihre Uniform gezwängt – als Symbole des Faschismus vor der Weltöffentlichkeit auf der Anklagebank sitzen!

Und so »abschreckend« Ihr Urteil auch ausfallen mag, Sie werden nicht verhindern können, daß er auf »Nachfolgetäter« auslösend und bestätigend wirkt, mit anderen Mitteln zur schnelle-

ren Abschaffung Ihres Terrorregimes beizutragen. Denn indem sich die Taten der einzelnen addieren, gehen hiervon Signalwirkungen und Initialzündungen aus, die eine Verkürzung der Leidenswege des unterdrückten Volkes zur Folge haben! (Zwischen den ersten Selbstverbrennungen der buddhistischen Mönche in Vietnam und den mächtiger werdenden weltweiten Demonstrationen gegen die Intervention der Amerikaner besteht ein Kausalzusammenhang, der schließlich die Weltöffentlichkeit zur Verurteilung der verbrecherischen Vietnampolitik der Amerikaner mobilisierte, den Kampfwillen des Vietcong stärkte und schließlich den Rückzug der US-Armee beschleunigen half.)
Zu Ihrem Vorwurf, ich hätte mich als Ausländer »in die inneren Angelegenheiten des griechischen Staates« eingemischt, nur kurz soviel: Wenn es um die Mißachtung und Verletzung der Menschenrechte geht, schreibt die Charta der internationalen Menschenrechte – und Griechenland gehört ihr seit 1947 auch an und ist bisher noch nicht wieder ausgetreten, soviel ich weiß – ausdrücklich die »Einmischung« anderer vor. Die Verwirklichung der Menschenrechte kann durch nationale Grenzen nicht außer Kraft gesetzt werden, weder durch Erlaß noch durch Terror, noch durch Entwöhnung! Die Grenzen werden immer durchlässiger, nicht nur in wirtschaftlicher Hinsicht.
Auch die beste ideologische Absicht gibt keinem Staat der Welt das Recht, sich über elementare Menschenrechte hinwegzusetzen. Auch wenn es die Sowjetunion ist – wie soeben wieder vorgekommen –, die einzelne unliebsame Kritiker in Irrenhäuser einweisen läßt, so ist das – unabhängig von der eigenen ideologischen Einstellung – ebenfalls entschieden zu verurteilen und bedarf der »Einmischung«.
Aber kurz noch etwas zum Thema »Einmischung«; denn »vom Faschismus soll schweigen, wer sich weigert, über den Kapitalismus zu reden!« Das deutsche Großkapital mischt seit dem Putsch verstärkt in Griechenland mit, garantiert die Militärdik-

tatur doch streiklose Zeiten und erhöhte Renditen. BASF, Siemens, AEG und Boehringer, um nur einige deutsche Gütezeichen stellvertretend herauszugreifen, stärken der Militärjunta liebend gern den Rücken. Der Generalvertreter der AEG z. B., Herr von Reibnitz, ein älterer Herr, fühlt sich hier zu Hause wie seinerzeit im Dritten Reich. Er sieht sich hier als halber Emigrant und äußert, solange die Jusos im Heimatland an Einfluß gewännen, gedenke er nicht mehr zurückzukehren.

Zum Schluß noch einmal zu meinen Beweggründen: Die Aktion und die daraus resultierende Inhaftierung ist kein Selbstzweck. Sie soll Öffentlichkeit herstellen und Aufmerksamkeit auf das Schicksal der politischen Gefangenen lenken. Falls vom Ausland aus Initiativen für meine Freilassung erfolgen sollten, dann nur verbunden mit der Forderung, die politisch inhaftierten Griechen freizulassen. Hier stellvertretend für Hunderte von Anonymen einige Namen:

Der Arbeiter *Asmanis*; jahrelang in Deutschland gearbeitet, Frühinvalide, deshalb abgeschoben, hier sofort von der Militärpolizei verhaftet, gefoltert, seit über einem Jahr in einem griechischen Gefängnis oder Militärlager verschollen
Psaroudakis, Rechtsanwalt und Theologe
Tsiridis, Rechtsanwalt
Charalambopoulos, Zentrumsabgeordneter
Pandelis, Regisseur
Eri *Tsaneti*, Studentin, zwei Monate Isolationshaft, von der ESA gefoltert, verschollen
Arietta *Pandelakis*, 17 Jahre, Tochter des Arztes, der zusammen mit Minis verhaftet wurde (Sippenhaft!), verschleppt, Aufenthaltsort unbekannt
Ambatielos, Marinearbeiter
Nikos *Kalloudis*, Marinearbeiter

Zur Freilassung dieser und der anderen Inhaftierten, deren Gesundheit und Leben bedroht sind, reichen Protestschreiben und Resolutionen nicht aus.
Ein organisierter Touristenboykott – wenn auch nur punktuell durchgeführt – ist die Sprache, auf die die Militärjunta allenfalls reagiert. Oder noch wirkungsvoller: Wenn die Schauerleute von Göteborg, Amsterdam oder Hamburg sich weigern, griechische Schiffe zu entladen, würden sich durch einen derartigen Streik unweigerlich die Gefängnisse für die politisch Inhaftierten öffnen lassen. Und bei Ausdehnung und Fortdauer eines derartigen Boykotts ließe sich das herrschende Militärregime sogar beseitigen. Eine geheime Demarche an die Junta von den Großreedern Onassis, Niarchos u. a. liegt vor, worin die große Befürchtung vor derartigen Aktionen zum Ausdruck gebracht wird.
Falls ich in dieser Richtung Anregungen und Anstöße vermittelt habe, sitze ich nicht umsonst hier ein!
Zuallerletzt noch – wie es sich für einen geständigen Täter gehört – möchte ich doch noch, aufgrund der gemachten Erfahrungen hier, so etwas wie Reue über meine »Tat« zum Ausdruck bringen. Diese Aktion war halt meine Art zu protestieren. Ich bin von der Überzeugungskraft des gewaltlosen Widerstandes ausgegangen. Ich stelle mir inzwischen die Frage, ob die Wahl meiner Mittel angebracht, adäquat, richtig war. Denn es gibt eine Stufe der Brutalität, der Barbarei, wo einem ein derartiges Handlungsprinzip als Dummheit und Schwäche ausgelegt werden kann. Es kann sein, daß ich mich in der Wahl meiner Mittel vergriffen habe, nicht die Sprache gefunden habe, die von den Juntavertretern und ihren Helfershelfern verstanden wird.
Als ich z. B. beim ersten Verhör, mit Handschellen gefesselt, dazu noch die Kette an meinem Hals, von dem Vernehmungsspezialisten mit karategeübter Faust eine in die Fresse geschlagen bekam und ich ihm daraufhin lächelnd zu verstehen gab,

auch die andere Gesichtshälfte nicht zu vergessen, damit ich im Gleichgewicht bliebe, nahm er das zum Anlaß, mir mit voller Wucht in die Geschlechtsteile zu treten.

Um sich gegenseitig zu verstehen, muß man die gleiche Sprache sprechen. Das einzige Mittel, sich jemandem verständlich zu machen, der ausschließlich mit dem Panzer und dem Gewehr redet, ist *letztlich*, befürchte ich, die Gegengewalt!

PS: Abschließend, ich würde es mir und Ihnen lieber ersparen, darauf eingehen zu müssen, aber da es tagtägliche Vernehmungspraxis bei Ihnen ist, möchte ich es doch noch erwähnen: Ich bin gefoltert worden. Man wollte aus mir herausbekommen, mit welchen Griechen ich Kontakt gehabt hätte. Zwei Spezialisten in Zivil – eventuell Vertreter der ESA, sie stellten sich mir nicht vor – schlugen meinen Kopf an einer Tischkante und auf dem Fußboden blutig. Außerdem Schläge mit der Kette, die an meinem Hals noch fest war. Schläge in Magen und Milz. Schläge mit einer Eisenstange und Tritte mit Stiefelabsätzen auf die Zehen meines linken Fußes. Die Spuren an Kopf und Zehen sind heute noch sichtbar. Ich habe seitdem auch ständig Kopfschmerzen.

Nach diesem Verhör mußte ich den Rest der Nacht auf einem Stuhl bei Beleuchtung sitzen und wurde am Schlafen gehindert. Am nächsten Morgen Fortsetzung des Verhörs.

Ich bin mir darüber im klaren, daß ich als Ausländer und nach Initiative meiner Botschaft noch bevorzugt behandelt wurde. Als Grieche wäre ich der ESA ausgeliefert, womöglich halb oder gleich ganz totgeprügelt worden, und hätte nicht die Möglichkeit gehabt, hier vor Ihnen auszusagen.

Schriftsteller – Radikale im öffentlichen Dienst

Rede in Frankfurt 1974
auf dem dritten Schriftsteller-Kongreß
des Verbandes deutscher Schriftsteller
in der IG Druck und Papier

»Phantasie und Verantwortung« – die Formulierung klingt ein bißchen zu schön und erhaben, um noch wahr sein zu können. So schön, so vage, so unverbindlich, vor allem aber so »hoch, allgemein und vieldeutig«. Eigenschaften, die wir als solche der Unwahrheit zu identifizieren gelernt haben, daß wir wachsam sein sollten. Unter diesem Titel hätte ein Schulaufsatz stehen können, vergeben zum Abitur des Abgangjahrgangs 1912 oder ein Festvortrag zum 500jährigen Bestehen der Universität von Padua. Sie werden – so hoffe ich – von mir keinen Festvortrag erwarten.

Ich möchte über die dringlichsten, nächstliegenden Mißstände und die Notwendigkeit und Möglichkeit ihrer Beseitigung sprechen. Über die Notwendigkeit und Möglichkeit von Veränderungen. Dazu müssen wir die Begriffe »Phantasie und Verantwortung« neu definieren. Entkleiden wir sie aller Phraseologie, lassen wir sie den idealistischen Überbauspeck abschwitzen, den sie sich in den letzten zwei Jahrhunderten angemästet haben. Was bleibt von dem aus der Zeit der Stockschule stammenden Begriff »Verantwortung«?

In unserer Zeit scheinen ihn diejenigen gepachtet zu haben, die ihn immer dann im Munde führen – und dann öffentlich –, wenn es ihnen darum geht, von ihren wahren Motiven, nämlich Machtstreben, Eigennutz und Profit, abzulenken. Großunternehmer, ihre Verbandsfunktionäre und ihnen hörige Politiker.

Verantwortung ist für uns: die nüchterne Einsicht in die Notwendigkeit gesellschaftlich nützlichen Handelns. Welcher Schreiber aber, ausgezeichnet durch die Fähigkeit zu formulieren und die Möglichkeit zu veröffentlichen, würde sich dieser Notwendigkeit verschließen? – Wer, der nicht, angesichts der schreienden gesellschaftlichen Mißstände, in denen er lebt, seine Mißbilligung zu Protokoll geben würde, nicht versuchen würde, angesichts von Unordnung, Willkür und Machtmißbrauch alle Möglichkeiten zu nutzen, sie zu beseitigen, beschreibend an ihrer Veränderung teilzunehmen.
Nennen wir Unordnung und Willkür beim Namen, damit dieser Vortrag nicht mißverstanden wird: Wir sprechen vom *Kapitalismus*, von jenem ziellosen, konzeptionslosen Wirtschaftssystem, das hierzulande »Freie Marktwirtschaft« genannt wird. Eine treffende Bezeichnung, denn die Wirtschaft und die sie Lenkenden sind tatsächlich frei, sie sind nahezu das einzig wirklich Freie in diesem Land: Sie haben die Freiheit, zu wuchern und zu fälschen, zu hehlen und zu stehlen, zu vergiften und zu unterdrücken, alles *Leben* im Keim zu ersticken, sie haben die Freiheit von Amokläufern, die noch keiner gebremst hat. Sie vergiften unsere Flüsse und Meere, unsere Kranken, unsere Alten, unsere Kinder bereits im Mutterleib, unsere Freizeit, unsere Familien, unsere Illusionen, unsere Fähigkeit, zu vertrauen, zu lieben und zu trauern.
Der zunehmenden Konzentration von Produktivvermögen in den Händen von immer wenigeren, die über immer mehr bestimmen, steht die materielle und psychische Verelendung von immer breiteren Bevölkerungsschichten gegenüber. 1949 besaßen die Arbeiter noch 34 Prozent des gesamten Volksvermögens, 1970 war ihr Anteil auf die Hälfte zusammengeschrumpft. Während acht Millionen Familien mit weniger als 800 DM im Monat auskommen müssen, okkupieren 14000 Familien ein Vermögen von insgesamt 1000 Milliarden DM. In der Bundesrepublik erhalten dreieinhalb Millionen Menschen

Renten, die um die 300 DM monatlich liegen. 300 Mark oft für zwei Personen, und wenn der Stolz nicht im Weg steht, ein Zuschuß von der Fürsorge. Der Hamburger Senat weiß Trost: Auf U-Bahnplakaten verheißt er: »Arbeiten bis 60. Dann leben!« 700000 Familien leben heute im Wohlstandsstaat immer noch in Baracken und Elendsquartieren, meist die Kinderreichsten. Jede vierte Wohnung – insgesamt sieben Millionen – hat weder Bad noch Toilette. Demgegenüber stehen zigtausende Luxuswohnungen leer, aus Spekulationsgründen – und oft noch staatlich bezuschußt –, an Markt- und an den Bevölkerungsbedürfnissen vorbeigebaut. »Freie Wildbahnwirtschaft!«

Wer es wagen sollte, an die ›letzten geheiligten Dinge‹ unseres Wirtschaftssystems zu rühren, um etwa die Rechnung aufzustellen, wie viele Notleidende aus den Baracken hier Obdach finden könnten, falls der Grundgesetzartikel »Enteignung bei Mißbrauch von Privateigentum« endlich einmal zur Anwendung käme, würde als Staats- und Verfassungsfeind, im mildesten Falle noch als ›linker Utopist‹ aus der staatstragenden Partei demonstrativ ausgeschlossen.

Produktive Phantasie entwickeln bedeutet sich in die Lage anderer versetzen können, aus sich herausgehen, teilhaben und teilnehmen an den Problemen der »meisten Leute«, um über andere auch zu sich selbst zu finden. Entwickeln wir die Fähigkeit und Phantasie, aus den trockenen Zahlen der Statistik sinnlich faßbare und nachvollziehbare Beschwerden und Anklageschriften zu formulieren. Der sich verändernden Wirklichkeit müssen wir mit neuen Darstellungsarten beizukommen versuchen. Leiten wir zum Beispiel aus folgender kargen *dpa*-Meldung die zugrundeliegenden Tragödien ab: »Bei einer umfassenden Vorsorgeuntersuchung an Kassenpatienten wurde unter anderem festgestellt, daß zwei Drittel aller Werktätigen zur Zeit reif für eine Krankenhausbehandlung seien und jeder fünfte einen Sanatoriumsaufenthalt benötige.«

Oder: »Jahr für Jahr finden zwei Millionen Arbeitsunfälle statt, und 20000 neue Fälle von Berufskrankheiten kommen vor.«
Oder schließen wir, von den Rändern unserer Gesellschaft ausgehend, aufs Typische, denn eine Gesellschaft, die sich demokratisch nennt, muß es sich gefallen lassen, auch an ihren Extremen gemessen zu werden. Was mit dem Produktionsausschuß an Menschen geschieht, läßt Rückschlüsse darauf zu, was der Mensch allgemein wert ist in diesem System. Von den psychiatrischen Landeskrankenhäusern sind nach einer Untersuchung der Deutschen Gesellschaft für Psychiatrie insgesamt drei Häuser mit über 3000, 39 mit 1000 bis 3000, 16 mit 500 bis 1000 Kranken belegt. So stehen den einzelnen Kranken in manchen psychiatrischen Anstalten gerade 0,75 qm zur Verfügung. Die dauerhafte Wiedereingliederung in die Gesellschaft muß in den meisten Fällen scheitern. Der hochentwickelte Industriestaat Bundesrepublik Deutschland steht z. B. mit 1894 psychiatrischen Fachärzten im internationalen Vergleich auf der Stufe von »Neuguinea«. Auch hier können wir mit sozialer Phantasie versuchen, Ursachen und Verantwortlichkeiten für die Schicksale der Betroffenen durchsichtig zu machen, denn bei näherem und um so längerem Hinschauen kommt man meist zu dem Ergebnis, daß Zusammenhänge und Schuldfragen für uns erkennbarer und durchschaubarer sind, als die Ideologie der Herrschenden uns glauben machen will.
So ist es z. B. auch kaum Zufall – vielmehr Ausdruck für die Struktur unserer Klassengesellschaft –, daß Schizophrenie überwiegend in Unterschichten auftritt. Da für eine langfristige Heilungsaussicht die Verbesserung der sozialen und beruflichen Situation Voraussetzung ist, kann es für die Deklassierten kaum Heilung geben.
Wer als Schreibender da nicht eingreifen wollte, mit dem nüchtern erwogenen Entschluß, von nun an Schritt für Schritt, Zentimeter um Zentimeter diese Zustände mit verändern zu helfen, zäh, gemeinsam und ausdauernd, als Spielverderber und

Regelverletzer, wäre kein Schriftsteller, sondern ein Unterhalter zu nennen: ein Juxmacher, ein Hofnarr der Gesellschaft, einer, der mitspielt. Einer, der Geld nimmt, nicht die Wahrheit zu verbreiten, sondern sie auf möglichst geschickte Art zu umgehen:

»Der Dichter gibt uns seinen Zauberberg zu lesen
Was er, für Geld, da schreibt, ist gut zu lesen
Was er, umsonst, verschweigt, die Wahrheit wär's gewesen.«

Brechts Worte waren möglicherweise ungerecht und unangebracht gegenüber Thomas Mann, gerecht und tausendfach angebracht sind sie gegenüber den vielen großen und kleinen Unterhaltern und Lobrednern des Bürgertums. Mit ihnen haben wir keine gemeinsamen Aufgaben zu bewältigen.
Für uns bricht nun so langsam die Stunde der Wahrheit an, und die Geister scheiden sich. Jetzt, wo – nicht nur energiepolitisch gesehen – kältere Zeiten auf uns zukommen, klären sich die Fronten. Es wird sich nun herausstellen, ob einige Kollegen (und Verlage!) nur der Mode wegen links waren und nur darauf warteten, sich aus dem rauhen politischen Alltag wieder ans beschauliche Kaminfeuer in ihre eigenen vier Wände zurückziehen zu dürfen.
Die Literatur muß sich in dieser Zeit der Entscheidungen entscheiden: Sie kann sich zur Delikatesse einiger weniger machen, sich blasiert, versnobt, arrogant und zynisch über die Probleme, Ängste, Hoffnungen, Interessen und Sehnsüchte der Vielen hinwegsetzen. Sie kann, wie Brecht sagt: »den Menschen den Rauschzuständen, Illusionen und Wundern ausliefern. Sie kann die Unwissenheit vergrößern. Sie kann an die Gewalten appellieren, die ihre Kraft beim Zerstören beweisen, und an die Gewalten, die ihre Kraft beim Helfen beweisen.«
In diesem Sinne haben wir »Radikale im öffentlichen Dienst«

zu sein. Die Chance sollten wir nutzen, denn bisher fehlen die Ausführungsbestimmungen, uns mit einem Berufsverbot zu belegen.

Die Klassengegensätze kristallisieren sich auch innerhalb der Literatur immer deutlicher heraus, und es wird einem Autor immer schwerer fallen zu kaschieren, auf welcher Seite er wirklich steht. Gerade die sich wertfrei und unpolitisch gebende Literatur hat in neuralgischen historischen Situationen immer ihre Tendenz unter Beweis gestellt, wenn auch nicht immer in dem, was sie aussprach, so aber in jedem Fall in dem, was sie verschwieg.

Immer mehr Autoren fangen an, aus ihrem isolierten Einzelgängergehege auszubrechen. Sie haben begriffen, daß sie, bevor sie »die Wahrheit über die schlimmen Zustände denen sagen, für die sie am schlimmsten sind« (Brecht), von diesen erfahren müssen, wie sie sind. Dabei kommen sie nicht als Lehrende, sondern als Lernende, und einige müssen erst einmal eine Fremdsprache dazulernen, nämlich die des Arbeiters. Einige verkraften es nicht, wenn sie merken, daß sie mehr zu lernen als zu lehren haben. Mancher kehrt denn auch aus den »Mühen der Ebenen« zurück auf die »Höhen« des kontemplativen Geistes oder geht »noch weiter nach links«, wo Politik und die kleinen Katastrophen des Alltags verblassen neben dem Antlitz des heroischen Revolutionärs, der, bei Tageslicht besehen, dem Sonntagsjäger gleicht, der schießt, damit die wilden Tiere kommen.

Die derzeitige Rezession und Restauration auch innerhalb der Literatur kommt ja nicht von ungefähr. Vorausgegangen ist eine Zeit, in der Literatur wieder gesellschaftsrelevant wurde, aus ihrem gepflegten Getto ausbrach, »auf die Straße ging« und mit dem alten bürgerlichen Märchen aufräumte, sie sei dazu verdammt, sich selbst zu genügen, und könne nicht gesellschaftsverändernd wirken. Eben weil Literatur als Waffe im Klassenkampf wieder scharf wurde, weil Arbeiter wieder anfin-

gen zu lesen, weil sie ihre eigenen Probleme in den Büchern verständlich und auch spannend dargestellt wiederfanden, wurden die Herrschenden demaskiert und verunsichert, sahen sie hier wie auch anderswo Ankündigungssignale einer Machtumverteilung. Was zur Zeit in allen Bereichen der Gesellschaft zu beobachten ist, ist ein sich verschärfender Klassenkampf. Die Herrschenden, ihre Sachverwalter, Erfüllungsgehilfen und Steigbügelhalter formieren sich, um verstärkt zurückzuschlagen.
Eine Literatur, die sich nicht autonom setzt, hat sich an den Unterdrückungsstrukturen und Emanzipationsbewegungen der Bevölkerung zu orientieren, sollte formal und in ihrer Methodik den neuen Ansprüchen und Bedürfnissen gerecht werden, neue Ängste, Sehnsüchte, Hoffnungen und erreichbare Ziele artikulieren, sollte versuchen, ihren Aktionsradius und ihre Aussage zu erweitern, darf nicht dort stehenbleiben, wo sie durch eine vermeintliche Marktlücke einmal hingeraten ist. Sie darf den fortschrittlichen Kräften einer Gesellschaft nicht hinterherhinken, sondern sollte sich mit ihnen verbünden, kann unter Umständen ein Stück vorangehen, falls sie den fünften Schritt nicht gerade vor dem ersten tut.
Wir haben weiterhin und gerade jetzt noch stärker gemeinsame Aufgaben: nämlich die Wahrheit über dieses System der Anarchie und der Unordnung und der persönlichen Bereicherung auf Kosten anderer zu verbreiten. Verletzen wir die herrschenden Spielregeln und machen wir sie durchschaubar als die Regeln der Herrschenden zur Aufrechterhaltung ihrer Herrschaft. Stören wir?! Dann ist es unsere Absicht! Säen wir Mißtrauen! Stacheln wir, wiegeln wir die Menschen auf! Nehmen wir diese in allen Zeiten der Unterdrückung, von den Bauernkriegen bis zur französischen und deutschen Revolution bis hin zur Nazizeit, gegen uns und unseresgleichen gern und häufig gebrauchten Schimpfwörter endlich einmal auf als ehrende Bezeichnung! Hetzen wir die Menschen auf gegen die Henker der

Demokratie von morgen, seien wir Hetzer, heute noch, damit wir nicht morgen die Gehetzten in neuen Massenlagern sind!
Machen wir uns nichts vor. Faschismus ist nichts Exotisches, beschränkt auf Chile und Länder, die uns nur als Touristen etwas angehen. Wenn mit Volkssouveränität bei uns ernst gemacht wird, droht uns der Faschismus, der uns jetzt noch gebremst und feixend in Gestalt des Franz Josef Strauß auf dem BMW-Motorrad kommt, gleich mit Panzern ins Haus zu rollen. (Sie kennen alle das Bild: im bayrischen Wahlkampf wollte Strauß mit dieser kraftmeierischen PR-Masche Wählerstimmen fangen.) Erinnern wir uns: Auch für die Bundesrepublik existiert ein NATO-Putschplan ›Poseidon‹, so wie er für Griechenland Wirklichkeit wurde und für Italien in der Schublade liegt. Solidarisieren wir uns heute mit allen fortschrittlichen Kräften, die noch guten Willens und bündnisbereit sind! Die Solidarität im Gefängnis – wie ich sie in Athen bei ehemals in der Legalität Zerstrittenen erlebte, die da einträchtig und friedlich in den Zellen saßen – kommt leider zu spät.
Verstehen wir unter Phantasie ab sofort etwas anderes, als die Misere mitteleuropäischer Wirklichkeit zu überzuckern durch vieldeutige, vielgestaltige und ausschweifende und ablenkende Träume! Peter Rühmkorf hat in einem Essay *Über die Mondphasen der deutschen Literatur* deutlich gemacht, wie immer dann, wenn die Unterdrückung, Ausbeutung, Demütigung und Unfreiheit derer da unten besonders rigide wurden, der Blick der deutschen Dichter wie gebannt vom blauen Dämmerlicht des Mondes angezogen wurde und Mond-Gedichte, die schönen silberhellen, blassen und bläulichen, stillen und stummen, andächtigen und jubilierenden Mondgedichte immer in Phasen besonders auffälliger Unterdrückung des deutschen Untertanen entstanden: Mond wie Mohn, wie Opium.
Nicht jene Phantasie sei mehr gefragt, die unsere Vorfahren und Vorläufer übten: jene lebensgefährliche Fähigkeit, den Hunger und das Elend, die Unfreiheit und die Demütigung zu

vergessen und zu überträumen wie ein Somnambuler, sondern verstanden sei darunter jene ausschweifende Phantasie, die nötig ist, die Wahrheit zu recherchieren, sie aufzuschreiben, sie unter seinem Rock zu verbergen und sie unter die Leute zu bringen: beschreibend, erkennend, denunzierend, verändernd.
Als Form unserer Phantasie sei benannt die List, die Wahrheit unter den Menschen zu verbreiten. Die exakte Beschreibung der Wirklichkeit ist die Voraussetzung ihrer Veränderung, nicht die Veränderung selbst. Schreiben ist »Agitation mit Tatsachen«. Halten wir fest: Agitation mit Tatsachen, nicht mit Wunschträumen. Es nützt nichts, wenn statt des Mondlichts über den Hügeln das rote Flackern der revolutionären Brandstiftungen beschrieben wird.
Die Wahrheit ist konkret. Sie ist nicht irgendeine allgemeine vage und vieldeutige Sache.
Das bedeutet für uns: keine Anklagen ins Blaue hinein richten, nicht »Anzeige gegen Unbekannt« erstatten, vielmehr, wenn aus juristischen Gründen schon keine Namensnennung möglich ist, die Dinge so beschreiben, daß jeder merkt, so was kann nicht erfunden sein, so weit reicht die Phantasie nicht, das ist wirklich passiert. Brecht sagte: »Das Verbrechen hat Namen, Anschrift und Gestalt.«
Phantasie heißt auch, sich Nicht-Abfinden, sich nicht mit dem Schlechten des Bestehenden arrangieren, sondern das bessere Mögliche ins Auge fassen, schmackhaft machen, vorträumen. Phantasie auf Veränderung hin ausrichten heißt, sich nicht damit begnügen zu beschreiben, wie es ist, sondern in der exakten Beschreibung mit durchblicken lassen, wie es anders besser sein könnte und gleichzeitig nach den Ursachen und Verantwortlichkeiten fragen, weshalb es so bedrückend ist, wie es ist.
Die Phantasielosen und Engstirnigen unserer Zeit sind nicht allein die »ewig Gestrigen«, es sind genauso die »ewig Heu-

tigen«, die sich so mit der herrschenden Macht des Großkapitals arrangiert haben – Götzendiener des Status quo –, daß sie eher zwei Schritte zurück als einen halben vorangehen.
Die Abgebrühten und Kaltschnäuzigen, die Technokraten vom Schlage Schmidts, Vogels oder Kühns, verbieten nicht nur sich selbst das Denken auf bessere Möglichkeiten hin, schlimmer, sie diffamieren und versuchen denen in ihren Reihen den Mund zu verbieten, die Phantasie dafür einsetzen, das Machbare machbar zu machen, Konzepte über den Tag hinaus zu entwikkeln, Entwürfe für eine lebenswertere Zukunft zu gestalten. Wer jemanden, der ein Stück weiterdenkt oder voranträumt – wie man es auch nennen mag –, öffentlich als »Utopist«, als linken »Spinner« betitelt und in diesem Zusammenhang von »Krise des Gehirns« (Schmidt) spricht, stellt sich selbst außerhalb jeder Diskussion, kann nicht besonders fest verwurzelt sein in dem immer kargeren und ausgelaugteren Boden unserer »freiheitlich demokratischen Grundordnung«, ist, wenn es darauf ankommt, ein Machtpolitiker, der auf seiten der Herrschenden und Mächtigen gegen die unterprivilegierte Mehrheit der Gesellschaft paktiert. Ich meine, wir Schriftsteller haben die Verantwortung oder genauer die Pflicht zur direkten bewaffneten »Intervention«, ausgerüstet mit den Waffen Phantasie, Sinn und Form.
Der Autor kann sich den gesellschaftlich seltenen Luxus leisten, vieles übelzunehmen, sich aufzuregen, grantig und unangepaßt die Zustände der gegenwärtig besonders schlimmen Phase zu beschreiben und zu beschreien. In welcher historischen Phase befinden wir uns konkret?
Ein Drittel der Erdbevölkerung ist verurteilt, noch immer nach dem seit Jahrhunderten überlieferten chaotischen, ja im Grunde anarchischen System des Privateigentums an Produktionsmitteln zu arbeiten. Dieses System ist gesellschaftlich (d. h. für die Mehrheit der Gesellschaft) nicht nützlich, für viele schädlich, auf Dauer unhaltbar. Für die besonders extremen

Gemeinschaftsaufgaben, die in naher Zukunft bewältigt werden müssen, wie Umweltschutz, Energie- und Nahrungssicherung, ist es wahrscheinlich ungeeignet, weil es für Gemeinschaftsaufgaben nicht erdacht ist. Gemeinschaftsaufgaben erscheinen ihm unrentabel, es überläßt sie dem staatlichen Haushalt, also der Post und dem Gesundheitswesen, der Altenfürsorge und den Schulen. Die Krisenerscheinungen dieses parasitären Systems signalisieren, daß diese gepriesene Wirtschaftsform für die Zukunft der Menschheit etwa so nützlich ist wie Contergan für das Kind im Mutterleib.

Ein zweites Drittel der Erde hat dieses durch nichts mehr zu rechtfertigende Aneignungs- und Erbsystem bereits abgeschafft und produziert planmäßig und kollektiv. Freilich geschieht das unter Anleitung von bisher nur in Ausnahmefällen gewählter, in der Regel vielmehr selbsternannter Kader, die an die Stelle der alten Unterdrückungsordnung noch nichts grundsätzlich anderes setzen konnten, das in der Lage wäre, die Beziehungen des Menschen zum Menschen entscheidend zu verändern, was Marx als die wichtigste Änderung ansah.

Das letzte und zur Zeit wichtigste Drittel der Erde, die sogenannten unterentwickelten, das heißt die von den Kolonialmächten unterentwickelt gehaltenen, teilweise sogar »rückentwickelten« Gebiete, sind noch ganz damit beschäftigt, die letzten Spuren der Unterdrückung abzuschütteln und dabei den Hungertod oder die Verelendung großer Teile der Bevölkerung zu verhindern.

In diese Wirklichkeit hineingestellt und mit der Sensibilität und dem Bedürfnis nach Teilnahme ausgestattet oder belastet, fällt auf uns, die Schreibenden, in einer ständig perfekter werdenden Manipulierbarkeit, die sich dem Zustand von Huxleys Vision der »Schönen neuen Welt« rasend nähert, die schwer aushaltbare Belastung: nahezu die einzigen zu sein, die noch Informationen, verschlüsselte und unverschlüsselte, verbreiten dürfen. Freilich mehren sich besonders in den letzten Jahren die Versuche, diese letzten Enklaven einer nicht durchmanipulierten Medienwelt eine nach der anderen zu umstellen und aufzulösen.

Es wird wieder gefährlich zu schreiben, die anschauliche, konkrete Wahrheit zu veröffentlichen. Der Gegner antwortet nach dem ersten Schock der Studentenrevolte und der linken Emanzipationswelle durch »Stockschläge auf den Magen« (Marx); mit Kündigungen, langfristigen, spätzündenden Kündigungen, Nichtverlängerungen der Verträge in Verlagen, Funk- und Fernsehanstalten, bei freien Mitarbeitern mit einem plötzlichen oder allmählichen Wegbleiben der Aufträge, unter vagen Begründungen, keine Zeit, kein Raum, keine Sendezeit, Kürzung des Etats, Streichung des Etats. Der von Kündigung bedrohte halblinke Redakteur sperrt dem linken Schreiber die Aufträge, in der Hoffnung, sich zu retten. Die wenigen, die sich in kleine Verlage und kleine Zeitschriften retten konnten, werden dort durch Boykott der Werbung und die Behinderung des Vertriebs empfindlich getroffen. Oder man mobilisiert die Gerichte. Nicht immer fallen die Gerlings nach dem ersten oder zweiten Schlag, andere schlagen zurück, mit allen Mitteln, zur Abschreckung offensichtlich, so brutal, daß sie sich auch die physische Vernichtung des Schreibenden erhoffen dürfen. So in dem aktuellen Fall des Kollegen Delius, der von der Firma Siemens mit unabsehbaren Prozeß- und Schadensersatzkosten bedroht wird, die ihn zu einem lebenslangen Offenbarungseid-Mann und zu einem ewigen Schuldner der Firma Siemens machen sollen.

Wenn wir diesem Vernichtungsfeldzug einer Mammutfirma, einer der mächtigsten Firmen der Welt, gegen einen einzelnen Schriftsteller tatenlos oder auch nur mit zu geringer, nicht ausreichender Aktivität zusehen, können wir eine Zeit absehen, in der wir alle nur noch Jubiläumsschriften und Jubelhymnen für die Großindustrie abliefern dürfen. Wenn die Konzerne erst einmal merken, daß sie mit ihren juristischen Vernichtungsfeldzügen gegen einzelne Kritische das Gegenteil des Beabsichtigten erreichen, nämlich statt jemandem das Maul zu stopfen, jetzt selber ins Gerede kommen (und nichts fürchten sie mehr), werden sie künftig davon ablassen.

Wehren wir den Anfängen: Wehren wir uns gegen die Kündigungen, wie wir uns erfolgreich gegen die Kündigungen unserer Kollegen Arnfried Astel und Eckart Spoo gewehrt haben, wehren wir uns gegen die schleichenden Programmänderungen, die langsame Ersetzung guter linker und fortschrittlicher Leute durch feigere, besser erpreß- und korrumpierbare, wehren wir uns gegen die Willkür an einzelnen, wie wir es von den gut organisierten Mitarbeitern der französischen Fernsehanstalt ORTF lernen können, die die Maßregelung von einzelnen durch die Aktion der ganzen Gruppe beantworten, mit Solidarität und gemeinsamen Maßnahmen, notfalls mit Streik.

Schließen auch wir den Streik, und zwar den Generalstreik aller Wortproduzierenden nicht aus. Es ist ja nicht wahr, daß man alle hier Versammelten einfach aus dem Literatur- und Wortbetrieb ausschließen und ohne uns weitermachen könnte. So viele Habes und Krämer-Badonis, Zehms und Waldens gibt es in der ganzen Bundesrepublik nicht, um den gesamten riesigen Apparat der Massenmedien ohne uns laufen zu lassen. Nur die noch festere Verbundenheit in der Gruppe, in der Solidarität, ja ich möchte sagen in der Freundschaft der Kollegen kann uns davor bewahren, mit unseren Sorgen und Schwierigkeiten von jener Angst angesteckt zu werden, die seit einiger Zeit von interessierter Seite geschürt wird und die bereits das Lebensgefühl großer Massen in Mitteleuropa und USA beherrscht: Inflationsangst, Preisangst, Angst vor Arbeitslosigkeit – Existenzangst.

Es ist eine Angst, die mit Mangel an Phantasie etwas zu tun hat, mit Mangel an Vorstellungsvermögen über Abhilfe. Wenn es an Phantasie mangelt, kann sich die kapitalistische Krise oft nur als Krise der Zivilisation erklären. Hat man sich erst einmal damit fatalistisch abgefunden, breiten sich Resignation, Verzagtheit und Vereinzelung aus. Es liegt die Flucht in die Nostalgie nahe, jene modische Begleiterscheinung der Resignation.

In dieser allgemeinen Angstpsychose, die wir als eine Propagandakampagne größten Ausmaßes durchschauen sollten, die uns erpreßbar machen soll (von Arbeitslosigkeit Bedrohte werden nicht mehr streiken, so das Unternehmerkalkül), können und müssen wir Mut machen. Wir müssen die List, den Ideenreichtum, die Phantasie entwickeln, um die Kleinmütigen und Geduckten aus ihrem Lähmungs- und Totstellreflex zu reißen, der sie anfällig macht für die Nostalgie auch des Faschismus, und ihnen ein neues nüchternes illusionsloses freies Prinzip Hoffnung entwerfen.

Zwei Sätze noch, damit Solidarität kein Lippenbekenntnis bleibt. Die Arbeiterinnen und Arbeiter der Pierburg-Werke in Neuss haben im Sommer 1973 konkrete Phantasie angewendet. Sie haben spontan gestreikt für die Abschaffung der Leichtlohngruppen, die ein besonderer Ausdruck sind für die Unterdrückung der Frauen in unserer Gesellschaft. Ihre Betriebsräte haben die Belegschaft in dieser Situation nicht allein gelassen. Das Unternehmen beantwortete diese aktive demokratische Willensbildung der Basis mit exemplarischer Bestrafung: Vier Betriebsräte wurden fristlos entlassen und kämpfen seit einem Jahr vor den Gerichten für ihr Verbleiben in ihrem Betrieb bei ihrer Belegschaft.

Solche typischen Fälle müssen wir öffentlich machen. Und wir müssen uns konkret mit den Betroffenen solidarisieren.

Betrifft: BM-Prozeß

1975

Eines Morgens klingelte es bei mir an der Haustür, ziemlich früh, etwa um acht. Ein älterer Mann stand vor der Tür, dem ich weniger unwillig als schlaftrunken öffnete. Wir hatten am Abend vorher mit Freunden zusammengesessen, bis tief in die Nacht hinein. Freunden, mit denen wir über die Lorenz-Entführung diskutiert hatten, die in ihren zweiten Tag ging. Alle redeten durcheinander, allen war klar, dies war eine unfreiwillige oder sogar lancierte Wahlhilfe für die CDU. Eine merkwürdig getimte Sache gerade zur rechten Zeit. Ähnlich wie die Ermordung von Drenkmanns, mit der die beginnende Massenempörung über den Hungertod und die unterlassene Hilfeleistung Holger Meins abgewürgt und aufgerechnet wurde.
Aber wir machten uns auch lustig über die Dummheit und Hilflosigkeit des Staatsapparates. Wir waren ziemlich bestürzt und verwirrt. Zwischendurch riefen noch weitere Bekannte an, warteten mit neuesten Spekulationen auf, wollten wiederum unsere Meinung hören und so fort. Und irgendwie hatte ich dann diesen Mann vergessen: Er hatte seinen Besuch für diesen Morgen angekündigt. Ein Betriebsrat aus dem Westerwald.
Er hatte mir vorher schon Unterlagen geschickt: über Entlassungen in seinem Betrieb. Besonders ältere Kollegen und solche, die in den letzten Jahren mehrfach durch Krankheit ausfielen, wurden bis zu monatlich 49 Mann gefeuert, da ab 50 eine »Massenentlassung« beim Arbeitsamt angemeldet und genehmigt werden muß. Er erwartete Hilfe von mir in Form einer

Reportage oder eines Kommentars. Ich bat ihn herein, und gleich, während ich noch eine Tasse Kaffee für ihn machte, sagte ich ziemlich aufgeregt, was er bloß dazu sage, zu der Entführung, zu dieser »Gruppe 2. Juni« usw., gab aber, seine Antwort nicht abwartend, gleich diese und jene These zum besten, war noch ganz in der Diskussion der vergangenen Nacht. Nicht wenig erstaunt hörte ich nur, wie der Mann sagte: »So eine Schweinerei, diese Idioten!«. Aber nur ganz beiläufig. Auch war nicht zu erkennen, ob er die Polizei oder die Entführer meinte. Dann sagte er sehr langsam und ernst: »Ich bin entlassen.«

Die Gewerkschaft könne nichts machen, weil er gegen die Friedenspflicht verstoßen habe, da er in einem Flugblatt gegen die Entlassungen der Kollegen protestiert und jemandem gesagt habe, die Firmeneigner mit ihren Anlagen und Nummernkonten in der Schweiz seien für ihn gleichzusetzen mit Kriminellen und gehörten von Rechts wegen hinter Gitter. Es gehe nicht um seinen Einzelfall, obwohl er über 50 sei, Ratenzahlungen, Kinder in der Ausbildung, ich müßte diese Reportage schreiben, das würde den Entlassenen Mut machen und eventuell sogar bevorstehende Entlassungen erschweren, wenn da in der Zeitung was käme oder im Fernsehen oder im Radio.

Dieses starke Desinteresse für die Aktivitäten der Terroristen und das starke Interesse an den eigenen Angelegenheiten gab mir zu denken. Die Vermutung lag nahe, daß diese Interessen nichts miteinander zu tun hatten.

Daraufhin befragte ich noch andere Arbeiter und Gewerkschaftler und stieß mindestens auf Desinteresse, meist sogar auf große Ablehnung. Genau umgekehrt aber erging es mir mehrfach, wenn ich statt mit Arbeitern und Angestellten mit Intellektuellen oder Studenten darüber sprach. Hier war meist Interesse, zuweilen auch Zustimmung bis zu versteckter oder offener Bewunderung zu spüren. Aus unterschiedlichsten Motiven. Einem Werbefachmann z. B. imponierte, daß hier »nicht

nur geredet, sondern endlich auch mal gehandelt« würde. Es war ein ehemaliger Linker, der sich eigentlich nur für ein paar Jahre diesem »ekelhaften Job« verschreiben wollte, um dann mit einer finanziellen Rücklage das zu schreiben, was ihn ehemals bewegte. Der inzwischen jedoch schon fast zehn Jahre drinsteckte und die vielen Extras und Bequemlichkeiten, die das Business für ihn abwarf, kaum mehr missen mochte. Der seine eigene Korrumpierbarkeit und politische Resignation damit zu verdrängen suchte, indem er den »revolutionären Tatmenschen« offene Bewunderung zollte.
Andere verfolgten die Entführung voll Lüsternheit wie ein sportliches Sensationsereignis oder einen willkommenen Spannungsgeladenen Life-Krimi, der sie aus ihrem eintönigen Alltag herausriß. Ihr Herz auf Seiten der Entführer, »tolle Burschen«, die mit »unheimlicher Präzision und Perfektion« unter Beweis stellen, daß sie mehr im Rücken haben müssen, als man ihnen gemeinhin zutraut. Ein trotzkistischer Universitätsdozent vermerkte trocken: »Derartige anarchistische Aktivitäten zeigen doch nur, daß wir uns in einer vorrevolutionären Situation befinden«, worin er eine Bestätigung für seine Auffassung von Wiederholbarkeit und Geradlinigkeit historischer Prozesse sah.
Erinnern wir uns noch einmal an die Anfänge der RAF. Der Geliebte von Gudrun Ensslin, Andreas Baader, bis dahin politisch nie in Erscheinung getreten, dafür um so mehr im kriminellen Untergrund, wurde von Ensslin und Freundeskreis aus dem Gefängnis befreit, ein harmloser unbewaffneter Bibliotheksangestellter dabei beinahe umgebracht. Eine aus libidinösen Bedürfnissen und privaten Freundschaftsmotiven durchaus verständliche Aktion war der Auftakt.
Das politische Programm folgte zur Rechtfertigung. Seinerzeit wichtige Kräfte innerhalb der APO wie Ulrike Meinhof und Rechtsanwalt Mahler, aus persönlicher enger Freundschaft heraus in die Befreiung verstrickt, wurden von der Massen-

presse als Hauptverantwortliche in den Vordergrund geschoben. Die Kriminalisierung eines Teils der aktiven Linken begann. Es gab kein Zurück.
Wie wir inzwischen von Personen oder Gruppen wissen, die von den gehetzten und versprengten Teilen der RAF heimgesucht wurden, schwang sich Baader, ein Waffen- und Großhubraumfetischist mit übersteigertem Selbstdarstellungs- und Imponiergehabe, bald zum Führungskader auf, setzte seine Befehle zum Teil mit der Pistole in der Hand durch. Die Theoretiker hatten für wahnwitzige kriminelle Taten die anschließenden politischen Rechtfertigungen zu liefern. Aus Ermangelung an Kontakten zur Arbeiterklasse sollte Nitroglyzerin die Massenbasis ersetzen. Statt Klassenbewußtsein zu wecken, wurden Banküberfälle durchgeführt, zur Finanzierung der äußerst kostspieligen, unorganisierten Illegalität. Also umgekehrt wie bei Brecht, der ironisch sagt: »Was ist der Einbruch in der Bank gegen den Besitz einer Bank«, argumentierten diese: »Was ist die Vergesellschaftung einer Bank gegen den Einbruch in eine Bank!«
Heimatlose, frustrierte Linke oder etablierte Liberale, ausgestattet mit der Sensibilität eines schlechten Gewissens, wurden von gejagten Gruppenmitgliedern (oft schon unter Observation) angelaufen, zur Übernachtung, Deckadressen- und Quartierbeschaffung oder zur Überlassung von Wagen, Papieren usw. überrumpelt und in einigen Fällen, wie mir bekannt ist, sogar erpreßt.
Die selbsternannte Avantgarde »und Speerspitze der Linken« isolierte und verselbständigte sich – durch Illegalität bedingt – immer rasanter. Jenseits demokratischer Abstimmungen, Widerstände, Korrekturen und Kontrollen gerieten sie immer mehr in den Zugzwang eines blindwütigen Aktionismus hinein.
Ein vorgegebener politischer Anspruch artete in immer spektakulärere kriminellere Beschäftigungsnachweise aus. Kommuni-

kationslosigkeit im Untergrund förderte elitäres und sektiererisches Selbstrechtfertigungs- und Beharrungsverhalten.
Statt dem »Volk zu dienen«, zum »Fisch im Wasser« (Mao) zu werden, wird die RAF zur Garnele im Aspik. Selbst die Sprache ist nicht mehr auf Verständigung aus, sie verdickt, wird reduziert auf die »insidegroup-chiffre«. »Kiste«, »Fotzen« (plural), »Fressen« (plural), »Dreck« (für alles, was der RAF kritisch und ablehnend gegenübersteht).
Die sich auf die RAF berufenden Anarcho-Sekten haben in der Regel keine oder nur sporadische Kontakte untereinander. Das hat zur Folge, daß die rechte Hand nicht weiß, was die linke gerade tut. So kommt es vor, daß Bombenanschläge, von Unbekannten verübt, im nachhinein von der Anarchoszene autorisiert werden. Einzigartige Voraussetzungen für Provokateure, V-Leute, politikmachende und trendeinleitende Geheimdienste wie CIA und der lange mit ihr verbundene BND, die Szene anzuheizen, mit finanziellen und technischen Mitteln auszustatten, ungezielte Morde mit Sprengbomben anzuregen, die politisch günstigsten Zeitpunkte für Anschläge, Entführungen usw. auszuwählen.
Wir wissen, daß die Anarchoszene inzwischen stark mit Spitzeln durchsetzt ist. Ein Spitzel wird für seine Auftraggeber um so interessanter, je gefährlichere und brisantere Dinge er zu berichten hat. Entsprechend steigen seine Tantiemen und Aufwandsentschädigungen. Es liegt also bereits eine Eigengesetzmäßigkeit in der Sache, daß Spitzel Taten anregen, mitausführen, die Szene ideenmäßig und technisch am Kochen halten. Denn haben sie in dieser Richtung nichts mehr zu vermelden, werden sie für ihre Auftraggeber uninteressant, eventuell sogar des Überlaufens bezichtigt, inhaftiert oder fallengelassen.
Wir wissen auch inzwischen, daß der Waffenlieferant der RAF, Voigt, gute Kontakte zu rechtsradikalen Kreisen unterhielt. Bot er womöglich die Waffen in deren Auftrage an, um von ernsthaften, langfristigen Putschvorbereitungen neofaschisti-

scher Gruppen abzulenken? Ließ der Verfassungsschutz seinen V-Mann Schmücker am Ende mit Absicht ohne Schutz, obwohl bekannt war, daß sein Leben ernsthaft bedroht war, weil man über dessen Hinrichtung bessere Handhaben zum härteren Vorgehen gegen derartige Gruppen schuf? Oder ist die Vermutung von Schmückers Mutter zutreffend, daß ihr Sohn *nicht* bereit war, »dem Verfassungsschutz als Spitzel zu dienen«, und spielte der daraufhin aus Rache frühere belastende Aussagen Schmückers der »Bewegung 2. Juni« zu?

Die Frage entsteht, wer überwacht die Geheimdienste? Die wenigen Beauftragten des Parlaments sind dazu schon rein personell nicht in der Lage. Politische Polizei, Verfassungsschutz und die eigens geschaffene Sicherungsgruppe sind – insbesondere die beiden ersteren – mit alten Rechtsradikalen und Neo-Reaktionären überdurchschnittlich besetzt. Ihr Feind steht, traditionell bedingt, links. Diese Überwachungsapparate wurden durch die Aktivitäten der Terroristen personell und technisch und in ihren Kompetenzen überdimensional aufgestockt. Sind die Apparate einmal installiert, so entwickeln sie eine bürokratische Eigendynamik. Sie müssen Beschäftigungsnachweise erbringen, Erfolge vorweisen. Schrumpft die Anarchoszene oder ist sie inaktiv, so müssen sie dennoch im Training bleiben.

Das heißt, sie wenden sich den ihrer Meinung nach nächst gefährlichen linken Gruppen zu. Observationen, Haussuchungen bei verschiedensten K-Gruppen, DKPisten, Jusos, Judos, linken Christen, bündnisbereiten Demokraten aller Schattierungen stehen dann ins Haus. Die Voraussetzungen eines totalen Überwachungsstaates wurden unter dem Vorwand der Anarchisten geschaffen.

Es genügt ja heute schon, in einen noch so entfernten und konstruierten Zusammenhang mit den Terroristen gebracht zu werden, auf daß die Forderung des geistigen Terroristen Strauß: »Sie benehmen sich wie die Tiere, auf die die Anwendung der für Menschen gemachten Gesetze nicht möglich ist« zur Anwendung gelangt. So bei der Frankfurter Volkswirtin Brigitte Heinrich, der trotz einer lebensgefährlichen krebsartigen Geschwulst eine unaufschiebbare Krankenhausüberführung verweigert wird. Brigitte Heinrich wurde aufgrund einer äußerst fragwürdigen Denunziation verhaftet, weil sie angeblich den Auftrag erhalten habe, einen Strafgefangenen in den »Untergrund zu schleusen«!

Brigitte Heinrich hatte als Imperialismus-Expertin als erste die ITT-Dokumente über Chile herausgegeben und war wegen »Unterstützung der RAF« drei Wochen inhaftiert und dann unter Zahlung einer Haftentschädigung wieder freigelassen worden. Obwohl die Anschuldigungen sich in keinem Punkt als stichhaltig erwiesen, dienten sie dazu, Brigitte Heinrich zu diskreditieren, so daß die unter Erfolgszwang stehenden Ermittlungsbehörden jetzt mit ihr nach Willkür verfahren konnten. Sie wurde im Rahmen der »Aktion Winterreise« erneut verhaftet, erst kürzlich wieder freigelassen.

Spätestens seit dem Fememord an dem 22jährigen Studenten Schmücker müßte die anfängliche Faszination einiger labiler Linker für die Anarchoszene dem Abscheu gewichen sein. Die Rechtfertigung der »Bewegung 2. Juni« der Kritik der Linken gegenüber liest sich wie aus dem »Wörterbuch des Unmenschen« entnommen: »die liquidierung eines instruments des klassenfeindes wird auf ein subjektives moralisches ›problem‹ reduziert«.

Die Ermordung von Drenkmanns, die Entführung Lorenz' können nur so verstanden werden, daß damit faschistische Strukturen erst einmal hergestellt werden sollen. Man braucht den Faschismus, um dadurch das eigene Handeln legitimieren zu können. Isoliert von der Arbeiterschaft und innerhalb der Linken versucht man durch derartige Rechtfertigungsstrategie »brasilianische« Verhältnisse zu schaffen, um dann zu sagen, »hatten wir nicht immer schon recht, schließt euch uns an!«

Propagandistisch unterstützt von *Bild* und dem harten Kern der Redaktion, Strauß (Forderung nach Einführung des Kriegsrechts), Dregger, Carstens, Windelen (Forderung der Todesstrafe für Terroristen) und Jäger (der die Wiedereinführung der Todesstrafe überhaupt zu seiner Lebensaufgabe gemacht zu haben scheint), ist es den Anarchogruppen gelungen, einen sogar meßbaren momentanen Rechtsruck bei der Bevölkerung einzuleiten. Das faschistische Potential wurde nach dem Drenkmann-Mord und nach der Lorenz-Entführung freigesetzt und ventiliert im zunehmenden Ruf nach der Todesstrafe. Nachdem im letzten Jahr erstmals in der Nachkriegszeit ein deutlicher Rückgang der Ausmerzungsmentalität auf »nur« 46% Befürworter der Todesstrafe festgestellt wurde, schnellte nach diesen Ereignissen die Befürworterquote wieder auf 56% hoch.

Es scheint den Anarcho-Gruppen zumindest unbewußt daran gelegen zu sein, zur Legitimation der eigenen Existenz den Faschismus mit installieren zu helfen. Ich erlebte diese Mentalität bereits vor Jahren einmal bei einigen Vertretern der »schweifenden Haschrebellen«, aus denen sich später die Gruppen wie »Bewegung 2. Juni« usw. rekrutierten. Sie erklärten mir allen Ernstes, man müsse jetzt NPD wählen, um die Widersprüche des Systems für alle sichtbar zu machen, um daraus die Berechtigung des bewaffneten Kampfes ableiten zu können.

Wir können insgesamt folgendes feststellen:

1. Die Anarchogruppen sind bei einzelnen Liberalen durchaus populär, jedoch sehr unbeliebt und unpopulär bei Arbeitern und Angestellten.
2. Wahrscheinlich sind sie zu Recht unbeliebt, denn sie nutzen den Arbeitern und Angestellten nichts.
3. Es besteht Grund zur Annahme, daß die Tätigkeit der Anarchisten den Interessen der Arbeiter und Angestellten schadet.

Auffällig ist das häufige Vorkommen der Anarchogruppen in

den Reden der Franz Josef Strauß, Dregger, Carstens und Stoltenberg und anderer reaktionärer Funktionäre sowie ihre außerordentlich hohe Einschaltquote, die sie beim Springerkonzern und bei entsprechenden Fernsehsendungen – etwa ZDF-Magazin – genießen. Während Berichte über RAF und Kommentare über sie und entsprechende andere Gruppen fast täglich gebracht werden und diese Leute von der reaktionären Presse geradezu gehätschelt werden, muß man feststellen, daß andere Ereignisse, die viel wichtiger sind, in einer Vierzeilenmeldung abgetan oder ganz verschwiegen werden. Es sind dies Berichte über Kämpfe vom Arbeitsplatz, über Erfolge beim Aufbau eines neuen Bewußtseins, über die neuentstehende Solidarität bei den Arbeitnehmern, Berichte von ihren Kämpfen, Niederlagen und Siegen.
Schlußfolgerung muß doch also sein: Die Tätigkeit der RAF muß für das System – einem so oder so revidierten oder sich auch konservativ allen Änderungen verweigernden Kapitalismus – nützlich sein.
Die dem Kapitalismus gehörende und keineswegs unabhängige, sondern unmittelbar auf die verschiedenste Weise – der *Spiegel* anders als die *Bild*-Zeitung – seinen Interessen dienende Presse würde sie sonst nicht aufbauen. Die den Kapitaleignern gehörende Presse tut nichts im Sinne der Verwertungsgesellschaft Nutzloses. Dieser Nutzen liegt auch eindeutig auf der Hand, nämlich ein starkes negatives Feindbild abzugeben, gegen das dann Strauß, Dregger und die CDU/CSU als »Retter« die Macht übernehmen und uns schützen sollen. In diesem Sinne sind die Reaktion und RAF wie kommunizierende Röhren eines Systems miteinander verbunden. Im Zuge dieses anarchistischen Gewalt- und Feindbildes sollen alle fortschrittlichen, reformerischen und gesellschaftsverändernden Kräfte mit lahmgelegt und möglicherweise sogar liquidiert werden: ein »van-der-Lubbe-Effekt«. Bei van der Lubbe war ja auch nicht interessant, ob er im eigenen Wahn oder in Görings Auftrag

gehandelt hat. Das ist nie eindeutig geklärt worden. Entscheidend war, daß seine Tat dazu diente, Kommunisten zu verbieten, später auch die Gewerkschaften, Sozialdemokraten und das ganze Parlament auszuschalten. Strauß mußte also seinen »Baader« haben, die Nazis ihren van der Lubbe. Wenn er ihn nicht gehabt hätte, hätte er eine RAF selber aufstellen müssen, meinetwegen aus Agenten des BND aus rechtsradikalen Organisationen. Er brauchte es nicht. Baader stellte sich selber auf, und Ulrike Meinhof machte mit.

Kommen wir zum Schluß, indem wir an die Ereignisse eine ganz einfache Frage stellen, nämlich: Was haben RAF und Nachfolgeorganisationen bisher genützt, und zwar der Sache der Vielen gegen die Wenigen, den Arbeitern und Angestellten? Was haben sie geschadet und den herrschenden kleinen, aber die Produktion besitzenden Splittergruppen genützt? Haben sie die Position der Arbeiter und Angestellten bei den großen Streikkämpfen im Kampf um die Mitbestimmung gefördert? Nein! Haben Sie den Studenten und Linken bei ihren Kämpfen für die Anwendung von Grundrechten und Ausweitung von Freiheiten genützt? Nein!

Haben sie theoretisch und praktisch denen, die die schrittweise oder auch schnelle Veränderung der Verhältnisse zugunsten der abhängig Arbeitenden anstreben, genutzt? Nein!

Die zweite Frage ist, was haben sie der herrschenden Minderheit und ihrem Vollzugsorganen und Helfershelfern genützt?

Sie haben die Isolierung der Linken insgesamt vorangetrieben.

Sie haben den Vorwand für eine grundlegende wirkungsvollere Bewaffnung, ja geradezu Militarisierung der Polizei geliefert.

Sie haben die Aufstellung sogenannter MEKs (Mobile Einsatzkommandos) überhaupt erst ermöglicht.

Sie haben den Argumenten und Widerständen parlamentari-

scher und gewerkschaftlicher Kreise gegen den Einsatz des Bundesgrenzschutzes »gegen den Feind im Innern« die Grundlage genommen.
Sie haben mitgeholfen, das Klima für eine Reihe von Gesetzesnovellierungen zu schaffen, die auf die Demontage weiterer starker Rechtsstaatlichkeit hinauslaufen. Die wichtigsten sind eine Änderung der Strafprozeßordnung und der Entwurf eines Gesetzes zum »Schutz des Gemeinschaftsfriedens«.
Die Änderung der Strafprozeßordnung sieht nach dem bisherigen Kabinettsentwurf vor, daß unter bestimmten Voraussetzungen die Kommunikation zwischen dem Verteidiger und seinem Mandanten richterlich überwacht werden kann. Verteidigung kann dadurch unmöglich gemacht werden. Diese Novellierung hat mittlerweile scharfe Proteste auch des Deutschen Anwaltsvereins provoziert, der von einem »Rechtsbegriff mit verschwimmenden Konturen« spricht. Der Gipfel der Rechtslosigkeit und Willkür ist die Definition eines ominösen »Gemeinschaftsfriedens«, die Erweiterung von § 125 StGB. Sie besagt im Klartext, daß jeder, der sich in einer Demonstration befindet, aus der heraus »Gewalttätigkeit gegen Menschen oder Sachen oder Bedrohung von Menschen mit einer Gewalttätigkeit« begangen werde, mit Freiheitsstrafe bis zu einem Jahr belegt werden kann, unabhängig davon, ob er sich an diesen »Gewalttätigkeiten« beteiligt hat oder nicht, und unabhängig davon, ob eine polizeiliche Aufforderung zur Auflösung der Demonstration ergangen ist oder nicht.
Die Polizei wird sich in Zukunft nicht mehr auf einzelne Täter konzentrieren müssen, sind erst einmal (z. B. durch Provokateure) eine oder zwei Scheiben eingeworfen oder eine Straßenbahn zum Stehen gebracht, kann die ganze Demonstration ins nächste Polizei-Lager verladen werden (das man dann ja wohl auch bauen muß – vielleicht nach chilenischem Muster?).
Wir fordern deshalb diejenigen Kräfte in RAF und den mit ihnen sympathisierenden Gruppen, die noch in der Lage sind,

politisch zu reflektieren, auf, ihre verhängnisvolle Rolle zu erkennen und die gesteigerte Publizität des Stuttgarter Prozesses zur öffentlichen Selbstkritik zu nutzen, um eine neue Perspektive aufzuzeigen.
Wir fordern von der gesamten Linken eine offenere und offensivere Auseinandersetzung und eine noch deutlichere Distanzierung von der RAF und ihren Fortsetzungs- und Nachfolgeorganisationen. Eine während oder nach dem Prozeß zu befürchtende neue Entführung (womöglich mit tödlichem Ausgang) wäre ein Triumph für die sich formierende Reaktion und könnte den galoppierenden Abbau demokratischer Rechte bis an die Grenze eines neuen Faschismus treiben.

Rede vor dem Kölner Amtsgericht am 10.12.1975

Verhandlung wegen Gebrauch falscher Ausweispapiere im Fall Gerling *

Vorweg etwas Grundsätzliches: Ich komme mir hier doch ziemlich deplaziert vor. Warum sitzt hier anstatt meiner nicht Herr Gerling auf der Anklagebank? Warum ist da nie ein Verfahren gegen ihn wegen betrügerischen Bankrotts eingeleitet worden? Aber das ist ... (Vom Richter unterbrochen)
Man macht mir heute von seiten der Öffentlichkeit bereits Vorwürfe, daß ich meine Dienste im Gerling-Konzern nicht dazu genutzt habe, Einblick zu nehmen in »streng vertrauliche« Korrespondenz, die zwischen Hans Gerling und Ivan D. Herstatt als Hauspost kursierte und die zum Teil von mir als Kurier überbracht wurde: Vor dem Herstattbankkrach! Hätte ich da die Courage gehabt, das Postgeheimnis zu verletzen, wären unter Umständen die betrügerischen Manipulationen rechtzeitig an die Öffentlichkeit gekommen, und der unermeßliche Schaden, der Kleinsparern und Geschäftsleuten entstanden ist – ganz zu schweigen von dem Imageverlust des Bankgewerbes –, wäre womöglich abgewendet worden. Aber so ist das, wenn man vom bürgerlichen Elternhaus her zur buchstabengetreuen Befolgung von Gesetzen erzogen worden ist (»so was tut man nicht«, »das gehört sich nicht« und wie diese ganzen bürgerlichen Rechtsnormen heißen ...). Höheres Recht im Sinne von Allgemeininteressen verliert man dann allzuleicht aus den Augen ... kommt einem oft ganz abhanden ... Man muß da höllisch aufpassen!

* Engelmann/Wallraff: *Ihr da oben, wir da unten*

Ich habe einen Anwalt konsultiert, der mir sagte, daß es straffrei sei, falls dem Urheber der Papiere kein Schaden entsteht und der Urheber der Papiere grundsätzlich einverstanden ist...
So unbeanstandet, ohne daß die zuständige Staatsanwaltschaft oder die betroffenen Firmen Strafanzeige erstattet hätten, habe ich in den letzten Jahren bei Melitta-Werke, Fichtel und Sachs usw. gearbeitet ...
Ich vertrete keineswegs den jesuitischen Grundsatz, daß der Zweck die Mittel heilige, ich bin in jedem einzelnen Fall für erneute Rechtsgüterabwägung, unter Konsultierung von fortschrittlichen Experten (Napalm-Umfrage, katholische Geistliche, Werkschutz etc.) ...
Im übrigen habe ich im hier zur Verhandlung stehenden Fall – im Gerling-Konzern – auch meine Arbeitsleistung erbracht, im wörtlichen Sinne der Boten- und Portiersarbeiterordnung, in der es heißt: »Es ist Aufgabe des Pförtners und Boten, alles zu sehen, zu hören und zu wissen, was in seinem Dienstbereich vorgeht ... er ist korrekt, höflich und aufmerksam.«
Das Gesetz »Ausweispapiermißbrauch« wurde im Dritten Reich geschaffen, um diejenigen, die Juden und politisch Verfolgten ihre eigenen Papiere für die Emigration zur Verfügung stellten, zu kriminalisieren. Vorher selbst in Wilhelminischer Zeit nur strafbar, wenn in Bereicherungsabsicht durchgeführt.
Die Anklagepunkte erwecken in der Öffentlichkeit doch stark den Eindruck, daß ich in betrügerischer Absicht aus »schnöder Gewinnsucht« gehandelt hätte, da differenziert man nicht mehr... und genau dieser Eindruck soll ja auch entstehen. Einmal mit dem Stempel des ›Kriminellen‹ versehen, braucht man sich mit den Fakten gar nicht mehr auseinanderzusetzen. Ich erlebe es doch schon im engsten Umkreis, wie die beabsichtigte Wirkung sich einstellt. Meine eigene Mutter, 74 Jahre alt, hat den *Express* gelesen, ruft mich schluchzend an und sagt: »Um Gottes willen, was wirft man dir da vor: ›Unterschlagung‹! Das kann doch nicht wahr sein, das ist doch nicht mein Sohn«

... Das ist der Eindruck, der in einer breiteren Öffentlichkeit entsteht ... »Ausweispapiermißbrauch«, »Urkundenfälschung«, »Unterschlagung«, da sind die Grenzen fließend, so was tut man doch nur, wenn handfeste Gewinn- und Bereicherungsabsichten dahinterstecken. Der Anzeigeerstatter, Kurt Ziesel, hätte die Assoziation gern noch ausgeweitet auf »Hausfriedensbruch«, »Betriebsspionage«, »Volksverhetzung« ... (Protest vom Richter)
Aber so weit kooperierte die Staatsanwaltschaft nun doch nicht. Wo leben wir denn, doch nicht mehr im Dritten Reich, wo der Anzeigeerstatter seinen Ausgangspunkt hat ... (Richter protestiert). In diesem Zusammenhang die Stichworte: Berufsverbote ..., allgemeiner Rechtsruck ..., Schaffung des § 130a (Verbot einer ganzen Literatureinrichtung) ...
Über zwei Jahre ist nun das Verfahren gegen mich anhängig, obwohl es eigentlich nichts zu ermitteln gab, ich habe immer zu der Methode gestanden und sie auch in den Reportagen genau dargestellt. Das Verfahren paßt plötzlich so gut in die neue politische Landschaft.
Es spricht sehr viel dafür, daß Ziesel im Auftrag des Rechtskartells agiert. Bereits vor einem Jahr hatte Ziesel zusammen mit dem jetzigen Leiter der Gerling-Pressestelle, David, wegen derselben Sache Beschwerde eingelegt vor dem Deutschen Presserat. Der hatte sich jedoch geweigert, eine Rüge auszusprechen und sich so zum verlängerten Arm von Unternehmerinteressen machen zu lassen. Er hatte grundsätzlich festgestellt, daß es unter Umständen zur Wahrheitsfindung für einen Journalisten notwendig sei, unter anderer Identität aufzutreten.
Man sollte vielleicht wissen, daß Gerling und Strauß politisch befreundet sind, daß Ziesel wiederum Freund und Intimus von Strauß ist und daß das am äußersten rechten Rand der deutschen Presse angesiedelte *Deutschland-Magazin* Ziesels aus Kreisen der Großindustrie finanziert wird, die wohl auch als geistige Mäzene den Inhalt mitbestimmen.

Es gab schon einmal eine konzertierte Aktion zwischen *Deutschland-Magazin* und Unternehmerinteressen, als nämlich der fünfseitige Aufmacher erschien: »Die abnorme Persönlichkeit des Günter Wallraff, Methoden und Maskeraden eines linksextremen Klassenkämpfers«, (Protest vom Richter) ... in dem versucht wurde, mich als psychisch krank zu stempeln. Wörtliche Passagen ... (Unterbrechung vom Richter)

Nachdem all diese Aktionen nicht den gewünschten Erfolg hatten, wurde Ziesel mehrmals bei der Staatsanwaltschaft vorstellig, um, wie er sich ausdrückte, dem »fortgesetzten kriminellen Treiben Wallraffs« Einhalt zu gebieten. Kein anderer als dieser ehemalige Nazi-Schriftsteller hat sich offensichtlich bereitgefunden, mich anzuklagen und sich damit zum Handlanger Gerlings zu machen.

Nachdem ein jüngerer Staatsanwalt bereits kurz davor war, das Verfahren einzustellen, übernahm auf einmal der als rechtsstehend bekannte Oberstaatsanwalt Bähr den Fall und erhob im Oktober 1975 Anklage wegen Ausweispapiermißbrauchs. Seither kam eine gewisse Hektik in das Verfahren. Wie aus den Gerichtsakten hervorgeht, wurde die politische Polizei eingeschaltet. Ungewöhnlich auch bei so einem Bagatellfall wie diesem, wurden 20 Kopien der Anklageschrift, und nicht wie sonst drei oder vier, an mir nicht bekannte Stellen weitergeleitet.

Offensichtlich hatte der Leitende Oberstaatsanwalt, als er den Termin so schnell ansetzte, gehofft, den Prozeß quasi unter Ausschluß der Öffentlichkeit in der Vorweihnachtszeit über die Bühne bringen zu können. Vorgesehen war zuerst einer der kleinsten Räume im Amtsgericht, die Zeit terminiert auf eineinhalb Stunden. Anschließend ein echtes Betrugsdelikt, ebenfalls im Schnellverfahren angesetzt. Da es der Unternehmerseite nicht gelungen ist – ich noch keinen Prozeß verloren habe –, werden sie diesmal versuchen, eine Verurteilung zu erreichen, um damit meine weitere Arbeit zu behindern und mich zu kriminalisieren. Das entspräche einem Berufsverbot. Einmal mit dem Siegel »vorbestraft« versehen, wird auch meine Arbeit kriminell und damit unglaubwürdig. Das ist der alte Trick, Diskussionen über Methoden – die die andere Seite mir geradezu aufzwingt – zu entfachen, um sich an Inhalten und Fakten vorbeizudrücken.

...

Im Namen der arbeitenden Bevölkerung habe ich meine schriftstellerischen Arbeiten entwickelt und letztlich auch die fragwürdige Prominenz meines Namens aufgebaut, von ihr erhalte ich nach wie vor Rückendeckung und Legitimation. Das drückt sich z. B. darin aus, wenn Kollegen aus Betrieben zu mir kommen oder mich anschreiben, mir ihre Arbeitspapiere anbieten, mir damit vorübergehend ihre eigene Existenz ausleihen, mich ausdrücklich dazu auffordern, diesen oder jenen Konzern, dem sie ausgeliefert sind, von innen her als einer der ihren zu untersuchen, um dadurch vielleicht mithelfen zu können, Machtverhältnisse zu verändern.

Die Gefahren und Versuchungen, diesem Anspruch entrückt und entfremdet zu werden, sind in dieser Gesellschaft sehr groß. Dieser gefräßige – alles Unangepaßte und Querliegende – verschlingende Verdauungsapparat der bürgerlichen Öffentlichkeit! Was sich nicht kaputt- und unterkriegen läßt, wird eben geradegebogen. Prominenz hat meist schon etwas von Prostitution an sich. Als prominenter Schriftsteller kommt man doch – ob man will oder nicht – in den Genuß etlicher Privilegien, erlebt die Welt aus einem anderen Blickwinkel, wird automatisch milder gestimmt, wird zu denen herübergezogen, für die Demokratie doch schon weitgehend verwirklicht ist, rückt aus der Frontexistenz des Proletariers in einen gesellschaftlichen Schonbereich hinein.

Auch diese Verhandlung heute ist Ausdruck dafür. Ich erlebe einen höflichen und sittsamen Staatsanwalt und Richter, die ihre Anklage behutsam, fast milde vorbringen, angesichts des Aufgebots der Presse und Öffentlichkeit, die als demokratische

Kontrollinstanzen hier Anteil nehmen. Ich muß offen zugeben, es ist mir etwas unwohl dabei, wenn ich mir vorstelle, wie ohne Öffentlichkeit mit einem anonymen Arbeiter verfahren würde, der sich aus gleichem Anlaß hier zu verantworten hätte; mit dem würde kurzer Prozeß gemacht!

Ich hätte mir gewünscht, hier wäre als Justizvollstrecker ein Richter vom Schlage de Somoskoys – (dieser Scharfmacher vom Dienst) – (Erster Protest des Richters) aufgeboten worden. Der hätte Ihnen hier ein Lehrstück von Klassenjustiz bieten können. – Aber der verhandelt seit Wochen – hier im gleichen Gebäude zwei Säle weiter – fast unter Ausschluß der Öffentlichkeit gegen namenlose Türken, denen er abwechselnd den Mund verbietet. – Ich fordere die hier versammelten Kollegen der Presse eindringlich auf, nehmen Sie mit dem gleichen Engagement Anteil an dieser Aburteilung der türkischen Kollegen, denen langjährige Haftstrafen drohen, ausgeliefert einem Richter, der, mit dem Zynismus und der Arroganz eines Junkers und Herrenmenschen ausgestattet – man sollte den Begriff ›Faschist‹ nicht überstrapazieren –, Arbeiter und Nicht-Akademiker abkanzelt und runterputzt ... (Protest- und Ordnungsruf des Richters)

Bei de Somoskoys wäre ich wegen dieser Äußerungen nicht mit einem Ordnungsruf davongekommen, sondern gleich zu mehreren Tagen Ordnungsstrafe eingelocht worden. Ich danke für die bevorzugte Behandlung!

Ich komme zur Sache, ich spreche gerade von Privilegien. Ich bitte den Richter, sich bei der Urteilsfindung nicht von der hier versammelten Öffentlichkeit beeindrucken zu lassen, vielmehr so zu verfahren, wie bei jedem anonymen Arbeiter, der ihm ausgeliefert wäre.

Ich lehne es ab, unter der Schutzbezeichnung »Künstler« oder »Schriftsteller« zu firmieren. Von daher ist es für mich lebensnotwendig und unverzichtbar, immer wieder und bei sich einstellendem äußerem Erfolg um so langfristiger und nachhaltiger aus der Rolle des akzeptierten Autors auszubrechen, der leicht eine Alibifunktion zugestanden bekommt, in dem Sinne, daß man sagt, ›was sind wir doch für eine freie demokratische Gesellschaft, da gibt's einen, der macht nach wie vor solche gewagten provozierenden Sachen und läuft immer noch frei rum!‹

Damit wird darüber hinweggetäuscht, daß jeder Arbeiter, der das gleiche unternimmt, nicht nur seine Existenz verliert, sondern bei Wiederholung Gefängnis und Psychiatrisierung riskiert. Es mag an einem Mangel an Abstraktionsvermögen liegen, daß ich nur darüber aussagestark und glaubwürdig berichten kann, was ich zuvor selbst erlebt habe. Würde ich diesen meinen Hauptwesenszug durch Wegloben oder Bedrohung und Kriminalisierung verleugnen oder ablegen, käme es einer Selbstaufgabe oder bei Verurteilung dem Versuch eines Berufsverbotes gleich.

Wir leben in einer Gesellschaft, in der das Normale, Selbstverständliche mit dem Geruch des Außergewöhnlichen, Verbotenen behaftet ist. Eine wirklich offene, durchdemokratisierte Gesellschaft, in der diese imaginären Warnschilder vor den Fabriktoren ›Vorsicht, Sie verlassen den demokratischen Sektor der BRD‹ entfernt wären, würde sich der Kontrolle ja nicht entziehen, sondern geradezu zur Kontrolle auffordern ... In dieser Gesellschaft, die es zäh und Schritt für Schritt zu verwirklichen gilt, würde eine Arbeit wie die meine sich langfristig erübrigen. Dort würde diese Kontrolle ganz legal und selbstverständlich von den dort Arbeitenden selbst von innen und unten her wahrgenommen. Obwohl es dieses ›unten‹ dann bereits nicht mehr gäbe.

Der Vorsitzende der NRW-Arbeitgeberverbände, Dortans, definierte diese Klassengesellschaft vor ein paar Wochen anläßlich einer Tagung in der evangelischen Akademie Loccum unfreiwillig freimütig, indem er den Titel des hier verhandelten Buchs in ›Wir da oben – ihr da unten‹ umbenannte. Konsequenz von seinem Standpunkt aus. Es kommt eben immer darauf an, wo jemand steht! Nur, man sollte immer so ehrlich sein, dazu zu stehen, wo man steht.

Man kann es steuern, sich experimentell dahinrücken, von wo aus man seinen Standort definiert. Einige Autoren haben begonnen, nicht als Lehrende zu kommen, sondern als Lernende. Sie haben begriffen, daß, bevor sie ›die Wahrheit über die schlimmen Zustände denen sagen, für die die Zustände am schlimmsten sind‹ (Brecht), sie zuerst einmal diese Zustände von ihnen erfahren müssen.

Diese Notwendigkeit stellt sich nicht allein den Autoren! Dem Richter täte es gut, bevor er seine Urteile im ›Namen des Volkes‹ fällt, zum Beispiel Sozialarbeit im Dienste des Volkes in einem Rehabilitierungszentrum zu leisten; dem Lehrer, bevor er seine Zensuren erteilt, zum Beispiel Nachhilfeunterricht den Kindern der Unterschicht zu vermitteln; dem Volksvertreter im Parlament – bevor er Gesetze schafft, sich den Gesetzen z. B. in den Produktionsstätten, in der Armee und anderen Trainingsräumen der Gesellschaft selber langfristig und wiederholt von unten her auszusetzen.

Dieses neue Selbstverständnis ist bei einzelnen jüngeren Abgeordneten, Lehrern und sogar Richtern neuerdings hier und da anzutreffen.

Statt behindert und eingeschüchtert zu werden; statt mit Berufsverbot bedroht, müßte dieses Prinzip geradezu institutionalisiert werden, damit es Schule machen kann!

Kisch
und Ich heute

Über die logische Phantasie
1977

1. Ich fing an, mich mit Egon Erwin Kisch auseinanderzusetzen, als Literaturwissenschaftler und Kritiker anfingen, meine Arbeiten mit dem mir bis dahin unbekannten »Vorbild« Egon Erwin Kisch zu vergleichen. Das war 1966, als mein erstes Buch, die »*Industriereportagen*«, erschien. Man analysierte meine Reportagen, ordnete sie ein und fand sie passend für die Schublade, in die auch schon der *Rasende Reporter* der zwanziger und dreißiger Jahre gesteckt worden war. Um rauszukriegen, ob der Schuh saß, den man mir da verpaßte, suchte ich Kischs Werke in Bibliotheken und Antiquariaten, denn außer einem kleinen Sammelband bei rororo war er damals bei uns verschollen, verdrängt, vergessen.
Ich verglich, machte mir zueigen, was mir paßte, lernte von ihm, erkannte, was er mir voraus hat, und suchte eigene neue Wege zur Erkenntnis, Wirklichkeitserforschung, Vermittlung und Wirkung zu entwickeln, die mir in unserer Gesellschaft angebracht schienen.
2. Worin unterscheidet sich Kisch von den herkömmlichen Reportern, die diese Literaturform so ausgeleiert und prostituiert haben?

- Er ist parteilich, er hält sich nie »neutral-objektiv« heraus, sondern er mischt sich ein.
- Wenn er auf Reisen geht, erlebt er die Welt nicht mit Konsumentenaugen als durchreisender Tourist oder Reiseschriftsteller, sondern als tiefbetroffener Mitleidender und Mitkämpfender.

- Er scheut die Berührung mit dem »Schmutz der Epoche« nicht, sondern er sucht sie ständig: in Asylen, Gefängnissen, Fabriken, Vorstädten, Börsensälen. Und wenn er sich mit Repräsentanten der Oberschicht einläßt, dann nie wie herkömmliche Reporter, ihnen nach dem Munde redend, sondern um sie in ihrer Funktion zu entlarven.
- Er paßt sich nie den gestanzten Formen und Interessen der ihn veröffentlichenden Zeitungen und Zeitschriften an, sondern er sprengt diesen vorgegebenen Rahmen.
- Er folgt der Erkenntnis, daß man täuschen muß, um nicht getäuscht zu werden, Regeln verletzen muß, um die geheimen Herrschaftsregeln und Amtsmißbräuche aufzudecken.
- Da, wo andere nicht ausbrechen können, bricht er ein. So begeht er zum Beispiel »Hausfriedensbruch«, um den »Unfrieden« eines Prager Zuchthauses »auszuspionieren«, nachdem ihm ein offizieller Besuchsantrag vom Justizministerium abgelehnt wird unter dem Vorwand des »ungestörten Dienstganges und zur Wahrung des Ernstes der Strafe«.
- Er kommt selbst »unter Vorwänden«, um Geheimbereiche und weiße Flecken der Gesellschaft »auszukundschaften«, liefert »Reiseberichte« von einer »unterschlagenen Wirklichkeit«.
- Wenn er nicht vor- und eingelassen wird, verschafft er sich mit List Zugang, notfalls unter Umgehung formaler Legalität. So reist er unter falschem Namen durchs »Paradies Amerika« oder durch die »englische Kolonie China«.
- Er arbeitet nach dem Grundsatz: Wer sich *nicht* in Gefahr begibt, kommt darin um.

In Deutschland, wo er für die Freilassung der politischen Gefangenen kämpft, wird er, im Augenblick, da Hitler zur Macht kommt, selbst gefangengesetzt. Als man ihm in Australien den Zutritt verweigern will, landet der Delegierte des »Weltkomitees gegen Krieg und Faschismus« mit einem sechs Meter tiefen Sprung von der Reling des Schiffes auf den Kai, muß ins Krankenhaus und erzwingt sich damit den Einlaß in den fünften Kontinent.

3. Literatur zeichnet sich nach gängigem Vorurteil insbesondere aus durch das subjektive Moment der Gestaltung von Wirklichkeit- und Sprachelementen. Die Reportage dagegen scheint bloß »objektive« photographisch-plane Wiedergabe von Vorhandenem zu sein, nichts Schöpferisches also. Georg Lukács hat seine Kritik an der Reportage damit begründet, daß diese nur Oberflächenwirklichkeit abbilde, das Wesen und die Struktur dieser Wirklichkeit aber nicht aufdecken könne. Dem liegt ein Mißverständnis zugrunde, das Mißverständnis, von dem auch die Photographie betroffen ist. So wenig wie diese nämlich bloß »objektiv« ist, weil sie Perspektive, Belichtung und Kontrast bewußt einsetzen kann, so wenig ist auch die Reportage nur Faktenhuberei.

Und dennoch: »Nichts ist verblüffender als die einfache Wahrheit, nichts ist exotischer als unsere Umwelt, nichts ist phantasievoller als die Sachlichkeit. Und nichts Sensationelleres gibt es in der Welt als die Zeit, in der man lebt.« Als Kisch 1924 diese Zeilen schrieb, war er noch der Auffassung, der Reporter habe »unbefangener Zeuge« zu sein; der hat »keine Tendenz, hat nichts zu rechtfertigen und hat keinen Standpunkt«. Völlig zu Recht wandte Kurt Tucholsky dagegen ein: »Das gibt es nicht. Es gibt keinen Menschen, der nicht einen Standpunkt hätte, auch Kisch hat einen.«

4. Auch mir ist bisweilen vorgeworfen worden, ich ginge nur selten über die reine Beschreibung der Tatsachen hinaus und beschränke mich dann oft auf eine kurze, unzureichende Kommentierung, ohne die Zustände in ihren ursächlichen Bedingungen aufzuzeigen. Aber ich meine, daß erst einmal das Selbstverständliche als Ungeheuerliches, die Normalität als Unzumutbarkeit und die winzigen Katastrophen des Alltags ins Bewußtsein kommen müssen, damit ein Impuls zur Veränderung freigesetzt werden kann. Und dieser Impuls muß sich aus

den täglichen Erfahrungen ergeben. »Das Verbrechen hat Namen, Anschrift und Gestalt«, konstatiert Brecht. Insofern kann man erkennen, wofür und wogegen man kämpft. Er hat sich einmal mißtrauisch gegenüber denen geäußert, die die »Revolution nur machen wollen, um den dialektischen Materialismus durchzusetzen«. Damit hatte er recht: Man kann nicht abstrakt für den Sozialismus und gegen den Kapitalismus sein, es sind immer bestimmte Zustände, die man erhalten oder verändern will.

5. Welche Wirklichkeitsausschnitte man auswählt, welche Situationen man provoziert und beschreibt, darin liegt die schöpferische Entscheidung des Reporters, das, was Kisch seine »logische Phantasie«, die auch eine politische ist, genannt hat. Die frühen Reportagen von Kisch waren noch Journalismus im üblichen Sinne: Sensationsberichte, Berichte über Außergewöhnliches, das sich in Prag abspielte. Nach diesem Prinzip funktioniert ja bis heute unser Nachrichtenwesen, am pervertiertesten bei der *Bild*-Zeitung, wo die sensationelle »Geschichte« geradezu darauf angelegt ist, die »Katastrophen des Alltags« zu verdecken. Kisch hat einen enormen Spürsinn für die Sprengkraft dessen entwickelt, was scheinbar banal und uninteressant ist.

6. Immer mehr bewegt sich Kisch in seinen Reportagen auf das Ideal dessen zu, was Walter Benjamin als Typus des »operierenden Schriftstellers« beschrieben hat: »Seine Mission ist nicht zu berichten, sondern zu kämpfen; nicht den Zuschauer zu spielen, sondern aktiv einzugreifen.« Bei aller Sympathie Kischs für die Sowjetunion lassen seine Reiseberichte vor 1925 noch die distanziert-freundliche Haltung des Zeitungsschreibers erkennen. Dagegen zehn Jahre später: In *Landung in Australien* setzt er sich selbst in Szene, er mischt sich ein, sein persönliches Erleben wird Gegenstand des Berichts.

7. Gerade die *Landung in Australien* ist aber auch ein Beispiel für den Unterschied zwischen Kischs Reportagen und meinen. Kisch tritt, wie er es selbst nennt, als literarischer »Held« seines

Buches auf, dessen Erlebnisse dann – nein, nicht geschildert: erzählt werden. Durchgehend bleibt der Reporter dieser »Held«, nämlich Agierender, auch wenn seiner Arbeit alle nur möglichen Steine in den Weg gelegt werden. Bei mir ist das anders. Ich beginne eine Aktion, um später darüber zu schreiben. In den meisten Fällen, jedenfalls in sehr vielen, tritt ein Moment ein, wo mehr mit mir geschieht, als daß ich etwas geschehen lasse. Erst später, beim Schreiben, verwandle ich mich zurück in die Rolle des Berichterstatters und Anklägers. Das war so am Band, das war so als »Alkoholiker« in der psychiatrischen Klinik, das war im faschistischen Griechenland so und jetzt auch im »Untergrund« bei *Bild*.

8. Ich muß selbst erst zum Betroffenen, notfalls zum Opfer werden, um über die Situation der Opfer dieser Gesellschaft schreiben zu können. Wenn ich mich zum Sprachrohr der Sprachlosen machen will, die wenig zu sagen haben, obwohl sie viel zu sagen hätten, so bedeutet das für mich, daß ich wenigstens zeitweilig einer von ihnen werden muß. Kisch stützt sich für seine Reportagen auf Befragungen. Wenn er über Ford in Detroit schreibt, so muß er nicht dort arbeiten, um den Standpunkt der Arbeiter einnehmen zu können. Er kommt als aufmerksamer Beobachter, bleibt Außenstehender, aber er schreibt eine durchkomponierte, in sich geschlossene Reportage, die die Diskrepanz zwischen werkseigener Propaganda und Betriebsrealität plastisch vor Augen führt. Ich kann eine Reportage über das Unleben in einem Obdachlosenasyl nur schreiben, wenn ich mehrere Wochen dort gelebt habe und nicht nur zufällige Beobachtungen gemacht habe. Kisch benötigt für die Recherchen vielleicht ein paar Stunden. Dafür aber, als blendender Stilist, für die Schreibarbeit einige Wochen.

9. Man weiß, daß Kisch oft tagelang an einem Text feilte, nach einem bestimmten Wort suchte, bis er endlich mit seiner Arbeit zufrieden war. Aber nicht nur stilistisch unterscheiden sich seine Reportagen von den üblichen Korrespondentenberichten

seiner Zeit. Was mir wichtiger erscheint, ist, daß er die Zeitung als das typische Medium bürgerlicher Öffentlichkeit umfunktionierte, um einer proletarischen Öffentlichkeit zum Durchbruch zu verhelfen. Er nutzte die Spielräume, die ihm geboten wurden, immer nach Möglichkeiten suchend, die vorgegebenen Grenzen zu überschreiten. Denn die herrschende Rechtsprechung setzt nur allzuoft die Schranken dort, wo eine Veränderung des status quo verhindert werden soll. Nur als diese Schranken niederreißende kann die Reportage die, wie Kisch es wollte, »literarische Nahrung der Zukunft« sein.

10. Für die bürgerliche Öffentlichkeit galt die Reportage lange Zeit als nichtliterarische Form. Den Vorteil einer solchen Einschätzung hatte Kisch erkannt und für seine Intentionen zu nutzen gewußt. Als literarische Kleinform wendet sich die Reportage nicht unbedingt an den geschulten Leser, vielmehr kann man eine Reportage auch zwischendurch, in der Mittagspause oder in der Straßenbahn auf dem Weg zur Arbeit lesen. Auf diese Weise erreicht die Reportage auch die, die sonst kein Buch zur Hand nehmen. Wenn diese sich in dem Text wiederfinden können, wenn sie sagen: das sind meine Erfahrungen, die hier beschrieben sind – dann hat der Reporter sein Ziel erreicht.

Laudatio auf Axel Eggebrecht anläßlich der Verleihung der Ossietzky-Medaille

1979

Liebe Gäste, lieber verehrter Axel Eggebrecht,
angesichts der Kampfbereitschaft und der Lebendigkeit dieser zornigen alten Männer kommt man sich manchmal schon recht alt vor, und die Angepaßtheit und die Karrierebeflissenheit mancher Jungen erscheinen einem dagegen wie Greisentum.
(Ein Zeichen für die Aktualität des soeben zitierten Aufsatzes von Axel Eggebrecht aus der WELTBÜHNE von 1932 zeigt sich darin, daß er jetzt auch bei mir als Eröffnung auftaucht. Das war nicht abgesprochen.)
»Noch kurze Zeit Geduld: Wer dann in Deutschland noch von geistiger Freiheit spricht, der hält Leichenreden. Denn schon liegt er kläglich im Sterben, der vielgeliebte Held, der freie Geist. Eigentlich gibt es ihn schon gar nicht mehr – machen wir uns doch nichts vor. Und bei allem gerührten Gedenken an den nahezu Verblichenen müssen wir zugeben, daß er selber an seinem Ende schuld ist. Er wartet in Frieden ab, ob er an Entkräftung eingehen oder ob man seinen Kopf auf legale Weise rollen lassen wird.«
Der dies geschrieben hat, hat den Tod des freien Geistes überlebt und fast ein halbes Jahrhundert später erfahren müssen, daß seine Sätze von neuem eine Realität beschreiben.
Die Tatsache, daß Sie, lieber Axel Eggebrecht, heute im Namen dessen ausgezeichnet werden, der 1932 Ihren Aufsatz: »Wer weiterliest, wird erschossen« in der WELTBÜHNE drucken ließ, ändert an seiner Aktualität nichts. Natürlich geht es nicht

um faule historische Parallelen. Natürlich steht uns heute nicht, wie Ihnen damals, fürs kommende Jahr eine nazistische Machtergreifung bevor. Allein schon deshalb nicht, weil es die sozialistisch-demokratische Massenbewegung nicht mehr gibt, die zerschlagen werden müßte. Vor allen Dingen darum sind Ihre Worte von 1932 heute vielleicht noch richtiger, noch wichtiger. Weiter heißt es da in der WELTBÜHNE, als ob von Ernst Albrecht die Rede ist: »Wir wissen, daß am Rundfunk seit Monaten die seltsame Operation der sukzessiven Kastration vollzogen wird. Wir wissen von ungezählten Fällen der Bedrückung, der Vergewaltigung, der Einschränkung. Ach – wir wissen ja überhaupt alles, nicht wahr? Entschuldigen Sie die Pedanterie. Das eben ist es ja. Darum handelt sich's. Wir sind dabei, uns selber aufzugeben. Es gibt fast keinen gemeinsamen Lebenswillen der Geistigen mehr. Wir sind gelangweilt durch das – wie man nun schon überall hört und liest – veraltete, liberalistische Ideal der geistigen Freiheit. Unsere Verbände quälen sich selbst bei bösartigsten Vorkommnissen kaum noch mal eine lendenlahme Erklärung ab, wie das Beispiel des Schriftsteller-Schutzverbandes zeigt.«

Ende Zitat Eggebrecht aus der WELTBÜHNE!

Sehen wir uns ein neues Beispiel an. Jürgen Lodemann befragte Schriftsteller nach ihrer Meinung zum Kandidaten Strauß. Die Antworten waren wenig überraschend, aber die Konsequenzen daraus waren es bereits nicht mehr. Lodemanns Beitrag in seiner Südwestfunk-Reihe »Literaturmagazin« wurde wegzensiert. Die Empörung darüber war genauso, wie Axel Eggebrecht sie vormals beschrieben hat. Es blieb Lodemann die Resignation. Selbst seine politischen Freunde können keine Schriftsteller nennen, die sich zu Fürsprechern eines Bundeskanzlers Strauß machen ließen.

Dafür nennt der bayrische Ministerpräsident Sie, lieber Axel Eggebrecht, und mich und unsere Freunde aus dem Pressedienst Demokratische Initiative Ratten und Schmeißfliegen

und Engelmann und mich Untergrundkommunisten, was auf neudeutsch soviel heißen soll wie Terroristen, wie man auch die Vorbereiter des Dritten Reichs bezeichnete.
Es fängt mit der Sprache an. Es fängt mit solchen Umbenennungen an. Wenn man einmal so genannt ist, wer einmal so abgestempelt ist, den kann man nachher auch als solchen behandeln lassen. Dieser Mann will im nächsten Jahre Regierungsmacht über Sie und uns ausüben, dieser Mann mit seiner Gleichsetzung von Nationalsozialismus und Sozialismus.
Wir holen uns unseren Geschichtsunterricht lieber von den Opfern, nicht von den Tätern, zu denen auch – und das hat sich immer noch nicht herumgesprochen – der ehemalige nationalsozialistische Führungsoffizier Franz Josef Strauß gehörte, der für sein Amt immerhin die Voraussetzung erfüllen mußte – so hieß es damals – bedingungsloser, kämpferischer, fanatischer Nationalsozialist gewesen zu sein. Ein Mann, der demonstrativ nach Chile reisen kann und dort vor aller Weltöffentlichkeit sich neben den Chef einer staatlich organisierten Mörderbande stellt und ihm als Freibrief bescheinigt, daß die Freiheit in diesem Land auch weiterhin erhalten bleibt, und der, zurückgekehrt, dann nicht etwa vor ein Gericht gestellt wird wegen Unterstützung einer terroristischen Vereinigung, sondern die Macht aller konservativen Kräfte an sich reißt und liberale Tendenzen bei den Konservativen ausmerzen will.
Sie, Axel Eggebrecht, waren unter den Opfern. Früh schon von der SA verhaftet, von der SA im Gefängnis und im KZ gequält. Es war die Organisation, die Ihnen am 30. Januar in Berlin entgegengrölte: »Wenn das Judenblut vom Messer spritzt, dann ging's noch mal so gut.«
Es war die Organisation, der auch der heutige Präsident der Bundesrepublik Deutschland angehört hat.
War denn Ihr Kämpfen und Leiden umsonst? War denn Ossietzkys Tod und der Tod von Millionen umsonst?
Soeben erklärte die CSU, die Partei, die den nächsten Regie-

rungschef stellen will, sie stehe voll hinter ihrem Mitglied Heinrichsohn, dem mit 85,7 % aller Stimmen gewählten Bürgermeister von Burgstadt. Heinrichsohn steht endlich mit Hagen und Lischka in Düsseldorf vor Gericht, angeklagt der Beihilfe zur »grausam, heimtückisch und aus niederen Beweggründen begangenen Tötung an über 50000 jüdischen Menschen.« »Ich habe«, so sagte eine Zeugin, »den Sadismus und die Brutalität des SS-Heinrichsohn nicht vergessen können, der sich in diesem Alptraum bewegte, schreiend, diese armen Kinder terrorisierend!«

»Daß solche Leute sich endlich schweigend zurückziehen«, hat Eggebrecht in seinem Vorwort zu den »zornigen alten Männern« noch einmal verlangt. Sie schweigen nicht, und ihre Enkel erst recht nicht: Wenige Wochen erst ist es her, daß der, der hier ausgezeichnet wird, eine Diskussionsveranstaltung in einer Blankeneser Schule nur unter Polizeischutz beenden konnte. Junge Neonazis hatten drohend Stellung bezogen.

Es fällt nicht leicht, in diesem langen deutschen Herbst die Hoffnung auf eine demokratische Republik zu erhalten. Ein Grund für diese Hoffnung sind Sie, Axel Eggebrecht, dieses achtzigjährige Leben, von dem Robert Neumann sagt, es sei ein exemplarisches Leben. Exemplarisch schon, aber alles andere als repräsentativ.

Es ist das Leben eines guten Deutschen.

Begeistert zieht er 1917 in den Ersten Weltkrieg, der für ihn schnell zu Ende ging. Ein Granatsplitter zerfetzte dem 19jährigen Fähnrich Eggebrecht die Beine. Zum Kriegsgegner wird er bald, aber nicht zum Pazifisten. In einer der letzten Ausgaben der WELTBÜHNE, der von 1933, machte er sich noch einmal Gedanken über seine Verwundung und schrieb:

»Deshalb hält E. den sinnlosen Krieg für unvermeidlich und höchst sinnvoll. Das ist kein innerer Widerspruch; sondern die Folge davon, daß E. endlich kapiert hat, was ihm damals widerfahren ist. Man lernt nicht durch Schmerzen: Man muß vorher

wissen, wofür man sie erleidet. Noch einmal also wird die Rüstungsindustrie Gelegenheit haben, an unseren Körpern zu verdienen. Aber das soll ihre letzte Chance sein. Diesmal geht es auch um ihre Existenz und nicht nur um unsere.
Die lauten Barden des blinden Heldentums haben ganz recht: Erst jenseits eines Stromes von Blut liegt die Zukunft. Aber nicht wir werden es sein, die darin ertrinken.«
Unvermeidlich war der Krieg, 50 Millionen Menschenleben hat er gekostet. Thyssen und Krupp sind im Strom von Blut nicht ertrunken.
Eggebrechts Beitrag mit dem Titel »Zwei Granatsplitter« war der letzte für Ossietzkys WELTBÜHNE.
Sein erster Beitrag, 1925 abgeliefert, unter dem von ihm verehrten Siegfried Jacobsohn, pries die russische Wirklichkeit und versuchte, bürgerliche Lügen über die junge Sowjetrepublik zurechtzurücken. Eggebrecht war gerade zweimal ein halbes Jahr in Moskau und schrieb aus eigenem Erleben. Die KPD, eine alleinseligmachende Kirche, wie er später spöttelte, hatte ihn dorthin geschickt, aber Eggebrecht wollte Mitglied in der Partei Rosa Luxemburgs sein, nicht in der Partei Josef Stalins, die er bald wieder verließ.
Zuvor hatte er Herzfelde und Münzenberger kennengelernt, hatte im Malik-Verlag an der publizistischen Gegenwehr gegen den Hugenberg-Verlag mitgearbeitet, die uns heute gegen den Hugenberg-Nachfolger so sehr fehlt.
Eggebrecht wurde, im Parteijargon, zum Renegaten, aber zum Antikommunisten wurde er nicht.
Über sein Verhältnis zu Egon Erwin Kisch z. B. schreibt er: »Ich blieb auch ohne Parteibuch für ihn Genosse.« Ein Genosse, das ist Axel Eggebrecht, der seine Sympathien für die »schrecklichen Vereinfacher« nicht leugnen kann, ganz selbstverständlich noch heute. »Links« und »rechts« blieben die Koordinaten für sein politisches Denken und Handeln, und wer ihre Gültigkeit abstreitet, ist eben rechts. Der Gegenbeweis

wird nicht leicht zu erbringen sein und wird zudem heutzutage oft genug durch das Verhängen von Berufsverboten verdeckt. Keine Frage, daß Axel Eggebrecht stolz ist, ein Radikaler im Öffentlichen Dienst zu sein. Er hätte weder Lehrer noch inzwischen auch Redakteur in der von ihm mitbegründeten Rundfunkanstalt werden dürfen.

So frei wie unter britischer Kontrolle, sagte Eggebrecht einmal, war der NWDR, später der WDR, nie wieder.

Als ob jetzt endlich doch noch ein Berufsverbot gegen den Vater des ersten deutschen Nachkriegssenders vorbereitet werden müsse, konnte man vor zehn Tagen in Springers *Welt am Sonntag* über die Zerschlagung des NDR lesen:

»Ein Sender Hamburg, losgelöst vom NDR, würde zwangsläufig ein knallroter Sender werden. Immer nur Kellermeier, Henning Venske, Axel Eggebrecht, das könnten auf Dauer die meisten Bürger nicht ertragen.«

Da sind sie wieder, die »meisten Bürger«, die einen Axel Eggebrecht im Funk nicht ertragen können, aber einen ehemaligen SA- und NSDAP-Mann an der Spitze ihres Staates. Diese »meisten Bürger«, die einen Ossietzky nicht ertragen konnten und ihn zu Tode quälten und die heute nicht ertragen können, daß eine Universität seinen Namen trägt. Ja, immer wieder muß daran erinnert werden, daß am 27. Juni 1975 ein sozialdemokratischer Minister 400 Polizisten in Marsch gesetzt hat, um Carl von Ossietzkys Namen gewaltsam vom Turm der Universität Oldenburg entfernen zu lassen. Inzwischen haben die damals regierenden Sozialdemokraten Niedersachsens ihre nun oppositionelle Landtagsfraktion beauftragt, die Regierung Albrecht zu drängen, die Namensgebung endlich zuzulassen. Sozialdemokratische Politik, wie sie Carl von Ossietzky analysiert hat: »Die Partei sehnt sich nach ›dem Staat‹, ›der Nation‹, und fühlt nicht, daß sie dabei ihre einzige wirkliche Lebensquelle verliert: die Klasse. In der Besinnung auf ihre klassenmäßige Grundlage liegt ihre größte Chance, aber hier wird auch der schärfste Widerstand der Honoratioren und Parvenues einsetzen.« Dies nur als verspätetes Grußwort zum SPD-Bundesparteitag.

Ein anderes Ossietzky-Zitat bringt uns zurück zu dem, der hier geehrt werden soll: Sein Wort von der »spornenden und peitschenden Kraft verhöhnter und gemiedener Außenseiter« wird von Axel Eggebrecht oft und gern zitiert und mit Recht für sich in Anspruch genommen. Und doch trifft es nur zum Teil auf ihn zu, denn die große Kraft dieses verhöhnten und gemiedenen Außenseiters lag und liegt, nur scheinbar paradox, in seiner Fähigkeit zur Integration. Der sinnlose, selbstmörderische Bruderzwist der Linken war und ist ihm zuwider. Sein politisches Denken und Handeln lehrt uns, wenn wir ihm nur zuhören wollten, der Bedrohung unserer Demokratie wirksam zu begegnen. 1932 hat Eggebrecht, auf dem Höhepunkt der Auseinandersetzungen zwischen KPD und SPD, in seinem Wohnviertel im Südwesten Berlins das Unmögliche mitorganisiert: einen Roten Block gegen Hitler, ein paar hundert *Anti*-Nazis unterschiedlicher Herkunft, aber mit gemeinsamem Ziel. »Nachträgliche Überlegungen sind recht sinnlos«, schreibt Eggebrecht in seiner Autobiographie, »und doch wage ich die Vermutung, daß unser ›Roter Block‹ ein Beispiel dafür gab, wie das braune Unheil möglicherweise hätte abgewendet werden können.« Nein, lieber Axel Eggebrecht, diese nachträglichen Überlegungen sind nicht sinnlos. Liefern sie denn nicht auch ein Beispiel dafür, was heute not tut: ein Demokratischer Block gegen den, der uns in unsere Löcher zurückjagen will?

Dafür brauchen wir Ihre »spornende und vorantreibende Kraft«, dafür brauchen wir den zornigen alten Mann Axel Eggebrecht.

Über Emile Zola

Germinal

1979

Seine Gegner, die »Pächter der erhabnen Gedanken«, etablierte Kritiker und Berufsästheten, im Verbund mit Kapitaleignern und Bergwerkspächtern, warfen Zola vor, »in Schmutz und Abschaum« zu wühlen, sein Stil sei »eintönig, trocken und unpersönlich« und – das Schlimmste – er stelle »die Kunst in den Dienst der Propaganda«. »Sagen wir es doch rundheraus«, tobte der *Figaro*, »Germinal ist ein sozialistischer Roman von der allerverabscheuungswürdigsten Sorte.« – Und in einer weiteren Zolas *Germinal* gewidmeten Besprechung wendet der *Figaro* ein Verfahren an, mit dem die jeweils Herrschenden und ihre Verwalter lästige Kritiker zu erledigen versuchen. Indem sie ihnen die Kompetenz absprechen: »Die meisten der von Zola erfundenen Charaktere haben mit dem wirklichen Bergmann so wenig gemeinsam, wie die Erleuchteten in öffentlichen Versammlungen mit dem fleißigen und ehrbaren Arbeiter unserer Städte.«

Worin bestehen die besonderen Verdienste dieses 1885 erschienenen Bergwerkromans, daß er den entlarvten Kultur- und Kapitalwächtern der damaligen Zeit derartig den Schaum vors Mäul treibt und den Kultusminister veranlaßt, eine Bühnenfassung des Romans zu zensieren und dann dennoch nicht zur Aufführung freizugeben?

Zola verläßt sich nicht auf seine eigene Zufälligkeit und Inspiration, er scheut nicht den Schmutz der Epoche, sondern er setzt sich ihm bewußt aus. Er fährt ins Revier und nimmt monatelang am Leben der Bergleute teil, lebt in ihren engen Behausungen zur Untermiete, weiß bald, was Hunger ist, wie Silikose schon die Lungen von mitarbeitenden Kindern zerfrißt und wie 35jährige – von der Fronarbeit ausgelaugt – Greise sind. Er fährt mit unter Tage ein und lernt die mörderischen, ausschließlich dem Profit unterworfenen Arbeitsbedingungen vor Ort kennen.

Wie auf Tonband hält er alles unmittelbar fest, Chronist der Arbeit und Protokolleur der Arbeiterklasse. Als einer der meistgelesenen Autoren seiner Zeit weigerte er sich früh genug, den ihm gebührenden Dichterdenkmalssockel zu erklimmen. Er sei »nur ein Sozialforscher« – »meinetwegen ein Kopist der Wirklichkeit«, stellte er unmißverständlich klar, um die Auseinandersetzung über sein Werk gleich auf die Sache, um die es ging, zu lenken.

Er verleugnete weder Standort noch Parteilichkeit. »Ich bin der Eure«, versicherte er seine Solidarität den Erniedrigten und Ausgebeuteten seiner Zeit. Er erkannte auch, daß sein Dokumentarroman nicht nur »darstellen, sondern auch mit verändern helfen solle.« – Dennoch beschönigt er nichts, schafft keine »naturalistisch-idealisierten« Arbeiterhelden, und die Arbeiterklasse kommt nicht als »Dame ohne Unterleib« daher. Seine Hauptpersonen, Antihelden, sind nicht die besonderen Menschen mit ihren gehätschelten außergewöhnlichen Gefühlen, es sind die Jedermänner und Namenlosen, die ansonsten in der Literatur (nicht nur) seiner Zeit allenfalls als Randfiguren existieren. Zolas »teilnehmende Beobachtung« vor Ort, die ihn engagiert und kämpferisch macht, ist für ihn der Ausgangspunkt. Er komponiert aus diesem Rohstoff die Entwicklungsgeschichte eines einzigen Jahres, ein Viertel seines Reportageromans widmet Zola allein den ersten 24 Stunden.

Zolas Sprache – da unterscheidet er sich grundlegend von seinem Freund und literarischen Gegner Flaubert – ist auch für jedermann verständlich. Er hat eine Ausdrucksform (und damit auch eine Gesellschaftsklasse) literaturfähig gemacht, die als »Gossensprache« diffamiert und aus der öffentlichen Diskussion verbannt war.

Als ich den über 600seitigen Roman *Germinal* jetzt noch mal gelesen habe, war ich erstaunt, wie aktuell er in vielem geblieben ist und damit weit über ein historisches Sittengemälde hinausgeht. Trotz Abschaffung der Kinderarbeit, Arbeitsschutzgesetzen, erhöhter Arbeitssicherheit, lohntariflichen Absicherungen und gewerkschaftlichem Einfluß: Einzelne Grundmotive sind geblieben. Auch wenn die Polizei hier nicht mehr auf Streikende schießt und Hunger und Unterernährung überwunden sind, der Grundkonflikt zwischen Kapital und Arbeit besteht weiter.

Wer die Fortsetzung von *Germinal* in unserem Land zu unserer Zeit lesen will, nehme sich Max von der Grüns *Männer in zweifacher Nacht* und *Irrlicht und Feuer* vor. Er hat selber unter Tage gearbeitet, ist von Zola beeinflußt, und die wütenden Angriffe und Prozesse der entlarvten Bergwerksgesellschaft nehmen sich – zum Teil wörtlich – wie eine Persiflage auf die Zolas *Germinal* zuteil gewordenen Reaktionen aus.

Auch Upton Sinclair war in den zwanziger Jahren mit seinem Erstling *The Jungle* (jetzt wieder deutsch als *Der Sumpf* erschienen), einem Roman über die Chikagoer Schlachthäuser, später in *König Kohle*, Nachfolger von Zolas realistischer Beschreibungsmethode und der Wahl des Milieus. Auch er hatte sich vor Ort umgesehen und war bis in die mörderischen Produktionsstätten der amerikanischen Fleischverarbeitungsindustrie heimlich vorgedrungen. Seine Anklage versuchten die Verantwortlichen und die ihnen verpflichtete Presse ähnlich zu erledigen wie zu Zeiten *Germinals*. *»Muckracker«*, Dreckaufwirbler, war der Titel, mit dem ihn seine Gegner abstempeln wollten. Heute, nach der »Watergate«-Enthüllung, ist diese Bezeichnung zu einem Ehrentitel im amerikanischen Journalismus geworden, und der französische Kultusminister Goblet ist den Franzosen – von Zola vorhergesehen – allenfalls noch als der in Erinnerung, der einst *Germinal* der Zensur unterwarf. So geht's einem, meine Herren Kulturminister Maier aus Bayern und Herzog aus Baden-Württemberg, von denen dereinst nichts in Erinnerung bleibt, außer: daß sie die Lesebücher von Texten unerwünschter Autoren gesäubert haben.

Über Molma Viezzer

Vorwort zu
Wenn man mir erlaubt zu sprechen...

Das Zeugnis der Domitila,
einer Frau aus den Minen Boliviens
1980

Die Leidensgeschichte, Anklageschrift und Kampfanleitung der bolivianischen Minenarbeiterfrau Domitila Barrios de Chungara hat mich so betroffen gemacht, daß ich nach mehrmaligen Schreibansätzen, so etwas wie ein Vorwort voranzustellen, aufgegeben hatte: Die Unfähigkeit, diesem durch und durch stimmigen und durchlittenen Zeugnis etwas auch nur annähernd Adäquates voranzustellen, zeigt, wie weit weg diese so typische Ausbeutungsfront in der »Dritten Welt« doch für uns zu sein scheint.
»Zu gut 60% lebt Bolivien vom Zinn«, liest man in unseren Geographiebüchern in den Schulen. Domitila veranschaulicht, um welchen Preis für den Minenarbeiter: Er stirbt am Zinn-Abbau, denn er wird im Durchschnitt 35 Jahre alt. Während er in die von spanischen Eroberern ausgeplünderten Silberminen neue Schächte treibt, geht er an Silikose und verfaulten Lungen zugrunde, damit die Welt billiges Zinn verbrauchen kann. Das Blech enthält Zinn, und das Zinn ist nichts wert. Die Minenarbeiter verdienen ein paar Mark am Tag und arbeiten wie Tiere. Ein halbes Dutzend Personen setzt den Zinn-Preis fest. Die USA kaufen den größten Teil des Zinns, der auf der Erde verarbeitet wird. Jedes zweite Kind, das in der Minenzone zur Welt kommt, stirbt, bevor es ein Jahr alt geworden ist. An Hunger, Infektionen oder auch anläßlich gelegentlicher Massaker des Militärs, die ganze Dörfer streikender Minenarbeiter bombardierten.

Ein Kind von Domitila wird kurz vor der Geburt noch im Mutterleib zertreten, als sie im Gefängnis gefoltert wird.
Domitila ist Sprecherin eines Hausfrauenkomitees. Sie beschreibt neben den unsäglichen Leiden und Niederlagen auch die durch List, Organisationstalent und Unerschrockenheit erkämpften Teilerfolge.
Gerade wieder lesen wir in den Zeitungen, daß ein unter Leitung von Bergarbeiterfrauen organisierter Massenhungerstreik in Bolivien den Diktator Banzer zu einer Generalamnestie aus den Minen gezwungen hat. Domitila war eine der »Rädelsführerinnen«. Ein holländischer Kollege, der mit Domitila noch vor drei Monaten gesprochen hat, berichtet, wie die bolivianische Regierung versucht hat, Domitila durch Korruptionsangebote auf ihre Seite zu ziehen oder wenigstens zu neutralisieren. Ihr wurde nach dem Erscheinen ihres Buches im Ausland eine komfortable Wohnung in der Hauptstadt La Paz angeboten. Domitila verzichtete. Sie lebt und kämpft weiter in den Elendshütten des Bergarbeiterzentrums »Siglo XX« (20. Jahrhundert).
Man hat gesagt, daß das Scheitern von Ché Guevara und seinen Befreiungskämpfern eine Frage des verfrühten Zeitpunkts war. Ché und 200 Guerilleros haben in der Gegend gekämpft, in der Domitila heute mit anderen Mitteln weiterkämpft. Sie selbst war mit anderen Genossen gefangengenommen, verschleppt und mißhandelt worden, weil man aus ihr die Namen von Vertrauensleuten der Befreiungskämpfer herauspressen wollte. Sie hat nicht geredet.
Jetzt redet sie: in einer Sprache, die so eindringlich, überzeugend und mitreißend ist wie nur ganz wenige literarische Dokumente. Eine gesprochene Literatur, die mithelfen kann, Taten anzuregen und einzuleiten.
Es gibt Stellen in Domitilas Zeugnis, die bei einem faschistenfreundlichen bayrischen Gericht durchaus mithilfe des § 88a zum Verbot des Buches herhalten könnten. Nehmen wir an, auf

Antrag eines Politikers wie F.-J. Strauß, der eine Terrordiktatur wie die beschriebene anläßlich seiner Chile-Bekenntnisreise ja in einen Hort der Freiheit umzumünzen versuchte. Wenn Domitila zum Beispiel beschreibt, wie sie mit dem Hausfrauenkomitee Folterspezialisten des CIA, die »Green Barrets«, diese »Meisterverbrecher« (Domilita) als Geiseln nimmt und so verhindert, daß sie dem Zorn der Männer überlassen bleiben, um durch den Austausch gefangene Minenarbeiter frei zu bekommen. Oder in einem weiteren Fall von Gegengewalt und Notwehr um Leben und Tod eine von den USA in die Minenquartiere entsandte »Künstler«-Truppe der »moralischen Aufrüstung« so lange nicht zurückgelassen wird, bis die Regierung Medikamente schickt und das Krankenhaus den Minenarbeitern wieder öffnet.

Bolivien gilt als Entwicklungsland. Vom technischen Standard her gesehen ist das sicher zutreffend. (Obwohl die Abbaugeräte unter Tage oft die modernsten und effektivsten sind, blieben das Lüftungssystem und die Arbeitsbedingungen seit Jahrzehnten unverändert.)

Domitila leistet jedoch eine andere Form der Entwicklungshilfe an uns »Unterentwickelten«: in Sachen politisches Engagement und Solidarität. Sie lehrt uns, wie technischer Fortschritt um seiner selbst willen und ohne in den Dienst des Volkes gestellt zu sein bereits Rückschritt und Unterdrückung bedeutet. Die Militärregierung läßt 5000 Fernsehapparate an die Mineros verteilen, nicht ohne ihnen zuvor die erkämpften und arbeitereigenen oder von linken Priestern mitgeleiteten Rundfunksender zu zerschlagen. Domitila über die neue Mickey-Mouse-Kultur:

»Wir sind nicht gegen den Fortschritt. Doch, wir wollen den Fortschritt für unser Land, aber was geschieht mit dem Fernsehen? Das Fernsehen wird vom Staat umgelenkt. Und von da aus macht uns der Staat zur Schnecke. Von den Mineros sagt er: die Verrückten, diese Faulpelze, diese Roten, diese was weiß ich nicht alles. Und wir haben kein Fernsehprogramm, in dem wir ihnen antworten können. Wir hatten nur unsere Radios. Um diese letzte Stimme zum Schweigen zu bringen, haben sie die Sender zu Kleinholz gemacht. Was ist mit denen geschehen, die ihr Fernsehen bekommen haben? Wobei hat ihnen das Fernsehen geholfen? Unsere Radios haben, wenn auch in einer groben Sprache, wild, wie sie sagen – über uns gesprochen. Über unsere Probleme und unsere Lage. Aber dieses Fernsehen, das sie uns geben und in dem sie zu uns sprechen und uns eine Welt zeigen, die nicht die unsrige ist, Welten, die wir nie erreichen können, ... wozu ist dieses Fernsehen gut? Um uns noch unglücklicher und uns noch bedauernswerter zu machen.«

Domitilas Einschätzung der revolutionären Studenten ist von Sympathie, jedoch gleichzeitig skeptischer Erfahrung bestimmt und auch auf unsere Situation ansatzweise übertragbar: »Und immer, wenn die Studenten sich erheben, beginnt die Regierung, die zu unterdrücken, die die Bewegung geleitet haben. Aber immer treiben die Studenten uns an, wenn wir unsere Beschwerden vorbringen, und sind da mit ihrer Solidarität, wenn wir streiken, Manifeste verfassen oder wenn unsere Genossen eingekerkert werden. Aber ich bin mir auch bewußt, daß viele Jugendliche, die uns unterstützen und die gute *Revolutionäre zu sein* scheinen, nicht mehr dabei sind, wenn sie ins Berufsleben eintreten.

Jetzt hört man jenen Studenten nicht mehr, der sagte: »Das Gewehr, das unsere Väter liegenlassen, werden wir, ihre Söhne, aufnehmen, weil wir, die Politik, Wirtschaft und Recht studiert haben, wissen, wie sie das Volk betrügen, wir wissen, wie die Lungen unserer Väter von der Silikose zerstört sind.« Und dieses und jenes. Die Universität verläßt ein Doktor, ein Anwalt, findet eine Stelle, und schon ist der Revolutionär verschwunden. Davor müssen wir uns in acht nehmen ...«

Für Heinrich Böll zum 65. Geburtstag

am 21. 12. 1982

Lieber Heinrich,
so soll es an Deinem Geburtstag sein:
Der Musikzug der Bundeswehr spielt »Brüder, zur Sonne zur Freiheit«. Ein Kriegsdienstverweigerer dirigiert, und alle Soldaten haben ungeachtet ihrer Ränge – bis hin zum General – zur Unterstreichung ihrer friedlichen Absichten die Waffen und Uniformen mit Rang- und Ehrenzeichen abgelegt. Ein Alträucher kommt, ruft: »Lumpen, Eisen, Papier« und sammelt alles ein.
Das ranghöchste bundesdeutsche Episkopat erscheint – untergehakt und tanzt – die Röcke gerafft – Can Can. Das Geburtstagskind wendet sich, peinlich berührt, ab und gebietet Einhalt. Da tanzen die Kardinäle Ringelreihn, stellen sich gegenseitig ein Bein und schlagen Purzelbäume.
Ein Generalbevollmächtigter (Stellvertreter) Gottes erscheint mit einer beim höchsten Gericht soeben erwirkten Einstweiligen Verfügung, durch die es bei Vermeidung einer Geldstrafe von, im Einzelfall bis zu 500000 DM (ersatzweise 2 Jahre Haft), im Namen Christi der CSU/CDU künftighin untersagt ist, sein urheberrechtlich geschütztes Zeichen »C« weiterhin zur Tarnung und aus Gewinnstreben heraus mißbräuchlich zu benutzen.
(Die Partei wird umbenannt in »URS« = Union für die Rechte der Stärkeren.)

In diesem Sinne
herzlich Dein Günter

Über Friedrich Engels:

Die Lage der arbeitenden Klasse in England

1983

Die Urteile, die seit dem Erscheinen der Schrift »Die Lage der arbeitenden Klasse in England« im Jahre 1845 abgegeben wurden, reichen von »eines der besten Werke der sozialistischen Weltliteratur« (so Lenin) bis »Modell« soziologischer Analyse (in einer Bibliographie der Unesco 1955). Ein positives Echo fand das Buch schon bei seinen Rezensenten im Deutschland des Vormärz, denn seine Formulierungen waren unverblümt.

Engels spricht, im Anschluß an Äußerungen der englischen Arbeiterbewegung, vom »sozialen Mord«: Dieser Tatbestand ist erfüllt, wenn Tausende von Menschen, vom Kleinkind bis zum vergreisten Vierzigjährigen, Arbeits- und Lebensbedingungen zum Opfer fallen, die nicht einmal das Existenzminimum sichern. Und Engels kennt auch den Täter: die Bourgeoisie des Inselreichs, liberal, dem freien Handel verpflichtet und in der ersten Hälfte des 19. Jahrhunderts damit beschäftigt, mit Hilfe neu erfundener Maschinen (dem mechanischen Webstuhl, der Eisenbahn) und einer verarmten Bevölkerung England zur industriellen Metropole der Welt zu machen.

Eine Anklageschrift. Für Sozialwissenschaftler, die sich darauf beschränken, überleitende Kommentare zwischen Statistiken und Tabellen zu verfassen, dürfte sie viel zu »unwissenschaftlich«, zu wenig »objektiv« und zu »unausgewogen« sein. Engels stellt sich nämlich schon äußerlich, in seiner Widmung »An die arbeitenden Klassen Großbritanniens«, auf die Seite seines

Studienobjekts – unverzeihlich für einen Soziologen, zumal einen heutigen, der zwar computergerecht arbeiten mag, dem aber trotz umfangreichen Datenmaterials die gesellschaftliche Dynamik, die sich in den untersuchten Erscheinungen nur wie in Momentaufnahmen manifestiert, verborgen bleibt. Was Engels lieferte, war weitaus mehr als die damals verbreiteten Berichte über das Leben der Armen. Anklang beim lesenden Publikum fanden nämlich die Elendsschilderungen der sogenannten Pauperismusliteratur, deren bekanntester Vertreter Charles Dickens war. Ihre christlich-humanitär gesinnten Verfasser wollten die Mißstände beseitigen, aber nicht deren Ursachen. Sie erblickten, um einen Satz aus Marx' Proudhon-Kritik zu variieren, »im Elend nur das Elend, ohne die revolutionäre umstürzende Seite darin« zu erkennen.

England gilt noch heute als Mutterland des industriellen Kapitalismus. In englischen Fabriken wurden zuerst im großen Maßstab Maschinen eingesetzt, im Vergleich mit heute primitiv anmutende Apparaturen, gleichwohl sehr effektiv. Es konnte mehr in kürzerer Zeit produziert werden, die maschinell hergestellten Produkte waren konkurrenzlos billig. Die Waren aus der Textilbranche, der damaligen Schlüsselindustrie, überschwemmten den Markt und schlugen die hauptsächlich durch Handarbeit verfertigten Produkte aus dem Feld.

Tausende kleiner Spinnereien und Webereien, meist Familienbetriebe, die auf dem Lande verstreut waren, hatten keine Arbeit mehr. Da etwa zur selben Zeit auch die Pachtzinsen für ihre kleinbäuerlich bewirtschafteten Äcker stiegen, verloren die Menschen hier ihre Existenzgrundlage. Die verarmende Landbevölkerung war für die neuen Fabriken ein einziges Arbeitskräftepotential. Wie Magneten zogen die rasch expandierenden Industriestädte die hungernden Menschen an. Und die nahmen jede Arbeit an, wenn sie überhaupt nur welche hatten.

Die Schilderungen, die Engels von den Lebens- und Arbeitsbe-

dingungen der proletarisierten Bevölkerung gibt, sind unvorstellbar für die Verhältnisse in den heutigen Industrieländern; sie erinnern an diejenigen in Ländern der Dritten Welt: »Man gelangt über ein holpriges Ufer, zwischen Pfählen und Waschleinen hindurch in dies Chaos kleiner, einstöckiger und einstubiger Hütten, von denen die meisten ohne allen künstlichen Fußboden sind – Küche, Wohn- und Schlafzimmer, alles vereinigt. In einem solchen Loche, das kaum sechs Fuß lang und fünf breit war, sah ich zwei Betten – und was für Bettstellen und Betten – die nebst einer Treppe und einem Herd gerade hinreichten, um das ganze Zimmer zu füllen. ... Vor den Türen überall Schutt und Unrat.« Jede Hygienevorsorge fehlte. Es gab keine Brunnen, keine Toiletten, nur meist offene Abtritte, keine andere Möglichkeit, als die Abfälle auf die engen, verschlammten Gassen zu werfen. In solchen Gegenden traten die periodisch wiederkehrenden Cholera- und Thyphusepidemien besonders heftig auf. Engels schreibt, daß 1840 etwa 57 Prozent der Arbeiterkinder aus den Elendsvierteln von Manchester vor Vollendung des fünften Lebensjahrs starben.
Der krasse Gegensatz von Armut und Reichtum, hervorgerufen durch eine ungebremste und rücksichtslose kapitalistische Entwicklung, hatte für Engels und dann für Marx Modellcharakter. Wenn die Arbeit von Friedrich Engels eine historische Wirkung hat, dann vor allem die, der ökonomischen und revolutionären Theorie von Marx die ersten empirischen Voraussetzungen geliefert zu haben. Ganze Passagen des »Kommunistischen Manifests« von 1848 lesen sich wie Zusammenfassungen der wichtigsten Aussagen von Engels' Schrift.
Die Geschichtlichkeit des Buches erwies sich nicht nur darin, daß es »den Stempel der Jugend des Verfassers« trug, wie Engels im Vorwort zur zweiten deutschen Auflage 1892 bemerkte. Vor allem verschwanden die rohen Ausbeutungsmethoden, seitdem nach der Wirtschaftskrise von 1847 die englische Industrie einen unvergleichlichen Aufschwung erlebte. Der Welt-

markt entstand, und den beherrschten wie Monopolisten die englischen Industriellen. Von dieser Entwicklung profitierten nicht zuletzt die Arbeiter: Die Löhne stiegen, der 10-Stunden-Tag wurde eingeführt, die Gewerkschaften waren als Tarifpartner anerkannt, und auch die Lohnverhältnisse besserten sich.

Trotz der unvermeidlichen Historisierung bietet das Buch von Engels dem heutigen Leser einiges an aktuellen Parallelen. So war ich überrascht zu erfahren, daß die Einwanderer aus Irland in der englischen Industrie eine Stellung hatten wie die türkischen in der bundesdeutschen. Die Iren mußten jede Dreckarbeit zu niedrigsten Löhnen annehmen, wohnten beziehungsweise hausten in Kellern, standen kulturell »unter« den englischen Arbeitern, waren von anderem Temperament, beinahe »südländisch«.

Schließlich hat der Text eine weitere Aktualität: Waren damals Spinnmaschinen und mechanische Webstühle »Jobkiller«, so sind dies heute Computer und Mikroelektronik. Die Industrialisierung führte zur Umstrukturierung der ganzen Gesellschaft, einhergehend mit Massenverelendung, Auswanderungsbewegungen, unter dem politischen Vorzeichen des Wirtschaftsliberalismus. Welche Folgen die heutige »Automatisierung« hat, ist noch nicht abzusehen. Allerdings kündigt das Wiederaufleben der »Angebotsökonomie«, des Neo-Liberalismus vom Schlage Reagan, Thatcher, Lambsdorff die Richtung an, die man einzuschlagen gewillt ist. Zu solch kapitalistischen Problemlösungen, ausgetragen auf dem Rücken der Arbeitslosen und der Besitzer eines Arbeitsplatzes, die Angst vor Entlassung haben und sich deshalb jede Verschlechterung ihrer Arbeitsbedingungen gefallen lassen, dazu liefert das Buch von Engels Anschauungsmaterial.

Die *Bild*-Störung wird fortgesetzt

Vorwort zu Berger, Nied, Veit.
Wenn Bild lügt, kämpft dagegen
1983

Die *Bild*-Auflage, die nach anfänglichen Erfolgen durch Aufklärungs- und Boykottaktionen einen deutlichen Rückgang verspürte, steigt wieder an.

Einer der schlimmsten Rufmörder des Nachkriegsjournalismus, der langjährige *Bild*-Chefredakteur Peter Boenisch, der Worte und Schlagzeilen wie Schlagstöcke und Mordwerkzeuge zu handhaben wußte, bis sie sich in physischer Gewalt entluden (s. z. B. das Attentat auf Rudi Dutschke, verübt von einem getreuen *Bild*-Leser), jener potentielle Schreibtischmörder mit Herrenmenschenallüren, dessen akademische Bildung sich darin verriet, daß er in seinen Kreisen *Bild*-Leser »Primitivos« nannte und mir anschließend mit falschen eidesstattlichen Erklärungen vergeblich verbieten lassen wollte, dies zu veröffentlichen, dieser gelernte millionenfache Fälscher und Wiederholungstäter, der tausendfach in das Intimleben ungeschützter Einzelner einbrechen ließ und wehrlose Vertreter von Minderheiten an den Pranger stellt, diese mit Verdienstorden dekorierte Zierde unserer Gesellschaft ist heute offizielles Sprachrohr der Regierung.

(Eine seiner ersten noch nicht offiziellen Amtshandlungen bestand darin, im Wahlkampf für seinen Kanzler Beihilfe zum Wahlbetrug zu leisten, indem er die »*Bild*-schafft-Lehrstellen-Aktion« in das Kanzler-Versprechen »Jeder arbeitswillige Jugendliche wird eine Lehrstelle erhalten« ummünzte.)

War also alles umsonst?

Ich glaube nicht. Ich habe zwar lernen müssen, daß man mit geistigen Mitteln die materielle Gewalt eines Milliardenkonzerns nicht aus den Angeln heben kann, schon aber erschüttern, so daß Risse sichtbar werden. Ein Manipulationskonzern, der, als sein Millionen-Lügenblatt in der Öffentlichkeit immer mehr in Verruf geriet, die Spitzen der jetzigen Regierung zur Brust nahm und in Werbeanzeigen »Warum ich *Bild* lese« und »Was ich mit *Bild* erlebt habe« als Propagandisten den Kopf hinhalten ließ; ein Konzern, der keine Lobby braucht, weil er die Repräsentanten dieses Staates längst in der Tasche hat, so ein Konzern ist auch in weiteren fünf oder zehn Jahren nicht von der *Bild*-Fläche verschwunden.
Was wurde erreicht?
Es hat sich in der Bevölkerung herumgesprochen, daß und wie *Bild* verhetzt, lügt und betrügt.
Keiner kann mehr sagen, er habe von allem nichts gewußt. Viele lesen *Bild* zwar noch, aber zunehmend mit schlechtem Gewissen. Gewerkschaftszeitungen – vor allem die der IG Metall – haben in Millionenauflage über die systematischen Fälschungen von *Bild* berichtet. Auch normale Tageszeitungen haben anläßlich der zahlreichen Anti-*Bild*-Veranstaltungen häufig nicht geschwiegen. Die Anti-*Bild*-Bücher sind in über 1,5 Millionen Auflagenhöhe verbreitet, Sonderausgaben der IG Metall dabei und diverse nicht autorisierte Raubdrucke darunter. Das Aufklärungsblatt gegen *Bild* »KILLT« wurde ebenfalls millionenfach in Umlauf gebracht: vor und in Betrieben, in Vororten, über Briefkastenaktionen und über Direktverteilung in Fußgängerzonen.
Der von mir gegründete und unterhaltene Rechtshilfefonds für *Bild*-Geschädigte (c/o Verlag Kiepenheuer & Witsch, Rondorfer Str. 5, 5000 Köln 51) wird regelmäßig in Anspruch genommen. Bisher wurde in weit über 100 Fällen von den erfahrensten Presseanwälten Beratung und Rechtsschutz erteilt, Gegendarstellungen, Unterlassungen und auch Schadensersatzgelder bis

im einzelnen zu über 100000 DM durchgesetzt. Auch Behördenvertreter und Polizeibeamte empfehlen hin und wieder den Rechtshilfefonds. Es hat sich herumgesprochen.

Und Interviews mit noch aktiven *Bild*-Redakteuren belegen, daß *Bild* in Bedrängnis ist: »Mit dem Nachwuchs gibt es Schwierigkeiten. Obwohl die gut zahlen, weit mehr als andere, Schmutzzulage heißt das unter der Hand, tun die sich schwer.«

»Seit *Bild* angeschossen wird, ziehen sich viele Informanten zurück. Selbst aus der Show-Branche. Der Dreck von *Bild* färbt ab.« – »Das Blatt ist vorsichtiger geworden, ja fast ängstlich. Da fangen schon Büroleiter an, nach Aktenzeichen zu fragen. Wenn die Geschichte zu dünn wird, dann heißt es eben Susanne B. aus Frankfurt, und da gibt es viele.«

Gegen-*Bild*-Stellen haben sich inzwischen unter anderem in Berlin, Bremen, Bielefeld, Essen, Frankfurt, Hamburg und Augsburg etabliert.

Über 300000 Bundesbürger haben einen Boykott-Aufruf gegen den Springer-Verlag unterschrieben. Viele Gewerkschaftler und SPD-Politiker geben *Bild* keine Interviews mehr.

Mit dem vorliegenden Buch wird meine Arbeit von Freunden und engagierten Mitstreitern selbständig fortgesetzt und erweitert. Bereits in *Zeugen der Anklage* wurden regelmäßig erscheinende »Schwarzbücher« angekündigt, die »zu jeweils aktuellen Anlässen die *Bild*-Beschreibung weiter fortsetzen«. Diese Anlässe sind leider nach wie vor da. Die *Bild*-Störungen sind in vollem Gange. Jeder ist aufgefordert, mitzuarbeiten, Ideen und Argumente einzubringen und auch im Bekannten- und Familienkreis *Bild*-Süchtige von ihrem Stoff abzubringen.

»Meine Träume werden jetzt kontrolliert«, beklagte sich Axel Springer anläßlich der anwachsenden Anti-*Bild*-Kampagne. Sorgen wir dafür, daß es mit der Zeit über zunehmende *Bild*-Störungen doch noch zu einem *Bild*-Ausfall kommen wird.

Vorwort zu Paul Geiersbach

Wie Mutlu Öztürk schwimmen lernen mußte

1983

Das Alt- wie das Neugriechische hat für Ausländer, Fremder und Gast ein und denselben Begriff: »Xenos«. Und wer die herzliche Gastfreundschaft als Tourist in Griechenland oder in der Türkei selber erleben durfte, weiß, daß es sich da nicht um ein verlogenes leeres Wortspiel handelt wie bei unserer Wortschöpfung »*Gastarbeiter*«.

Die Deutschen haben ihre pervers/bürokratische Tradition bei der Schaffung neuer freundlicher Begriffe, die kaschieren sollen, was dieses Land »Fremden« (im Deutschen gleichbedeutend mit »bedrohlich«) alles angetan hat und heute noch antut. »Schutzhaft« war im Dritten Reich einer dieser fürs Ausland neugeschaffenen Euphemismen zur Umschreibung von Folter, KZ und Mord.

Die 4,5 Millionen Ausländer (1,5 Millionen Türken darunter) kamen nicht als Eindringlinge oder Invasoren, wir haben sie angeworben und angelockt mit Versprechungen. Sie sind längst keine Minderheit, keine Randgruppe mehr, und viele leben bei uns schon in der zweiten oder sogar dritten Generation. Die Heimat ihrer Väter ist für sie oft schon die Fremde. Von den hierzulande Lebenden ist jeder zwölfte ein Ausländer, von den Arbeitenden jeder zehnte, von den Lernenden schon jeder fünfte. Bei jedem vierten Kind, das derzeit bei uns geboren wird, ist mindestens ein Elternteil Ausländer.

Falls es Vorurteile ihnen gegenüber gibt, so haben sie ihre Tradition. Bejahen doch noch heute über 45% der bundesdeut-

schen Bevölkerung laut einer Unesco-Umfrage das faschistische Vorurteil: »*Ganz egal, was für eine Erziehung und Ausbildung der Mensch hat, Blut und Rasse bestimmen oft sein Verhalten.*«
Über 40 % – in allen Alters- und Bildungsschichten gleichermaßen – der von der Unesco befragten Bundesbürger meinten, die »Juden seien weniger ehrliche Geschäftsleute als die Deutschen«, und 26 % gaben immer noch an, sie hielten die Juden insgesamt für »habgierig«. Einen Gastarbeiter als Arbeitskollegen lehnten nur 4 % grundsätzlich ab, als Nachbarn schon 10,3 %, als Freund 18 %, als Vorgesetzten 45 % und als Schwiegersohn 57 % der befragten Bundesbürger. Mehr als zwei Drittel der Bundesbürger wollen, daß die Ausländer und ihre Familien die Bundesrepublik sobald wie möglich verlassen. Und über 50 % der Deutschen fühlen sich von den im Lande lebenden Türken sogar »bedroht«.
Die altbekannte Sündenbockfunktion in der altbewährten deutschen Hackordnung. Der Haß und die Verachtung, die in den sechziger Jahren vor allem gegen die Italiener geschürt wurden, trifft nun voll die noch ärmeren und kulturell »fremderen« türkischen Arbeitsemigranten.
Vor diesem Hintergrund ist Paul Geiersbachs Geschichte um Mutlu Öztürk zu sehen. Geiersbach gelingt es, den Fall des türkischen Jugendlichen so eindringlich und authentisch wie engagiert parteinehmend darzustellen.
Die Geschichte entwickelt und formt sich im wesentlichen über das Selbstzeugnis der in ihr agierenden Personen – abgelegt in der ihnen eigenen Sprache. Schon diese Sprache hält als solche jeder kritischen Analyse, die den Autor als Geschichtenschreiber unter dem Markenzeichen der authentischen »Fallstudie« oder »Sozialreportage« entlarven will, ohne Einschränkung stand. Aber auch, was die Substanz des Berichts betrifft: Da ist keine Hand erkennbar, die absichtsvoll gestaltet, formt, eine reißerische »Geschichte« erzählen will oder auch tatsächlich Geschehenes ins Fiktionale überhöht.

Und dennoch liest sich das Buch spannend wie ein Abenteuerroman unserer Zeit und macht betroffen wie ein Stück bester engagierter Literatur. Geiersbach kommentiert und interpretiert die Darstellungen seiner Hauptperson so gut wie nicht. Er hält sich als Forscher und Interpret, so weit es geht, heraus, unterstellt sich als Medium voll seiner Hauptperson. So hat sein Zeugenbericht auch nichts von der oft peinlich karitativ-voyeuristischen Betrachtungsweise mancher Sozialschilderungen über Menschen aus Randgruppen. Das heißt nicht, daß er sich – wie mancher Cheftheoretiker unter den Soziologen – einem Insektenforscher gleich zu seinen Versuchsobjekten herabläßt, um besonders seltene Exemplare mit seinem Wissenschaftsinstrumentarium aufzuspießen. Geiersbach agiert und fühlt und leidet *mit* seiner Hauptperson. Ohne bevormundend ins Geschehen einzugreifen, leistet er manche Hilfestellung: Behördengänge, Arbeitssuche, klärende Familiengespräche und so fort. Er ist ganz nah dabei, und so ist die Dichte und Vielfalt an Realität den meisten »Forschungsberichten« und literarischen Dokumentationen überlegen; und nebenbei leistet der Autor zugleich auch überzeugende menschliche Hilfe, läßt also die »Beforschten« mit ihren Problemen nicht im Stich.

»Meine Arbeit«, so schreibt Geiersbach im Vorwort zu seinem ersten Buch *, »weicht in ihrem formalen Konzept gänzlich von der zumindest in Deutschland gängigen soziologischen Forschungspraxis ab. Entsprechungen gibt es zur amerikanischen Soziologie und Sozialanthropologie. So zum Beispiel zu Oscar Lewis' ›Kinder von Sanchez‹. Im Gegensatz zu Lewis lasse ich ›meine‹ Personen aber nicht nur erzählen (das gesprochene Wort schien mir als alleinige Erfahrungsquelle unzureichend), ich begleite sie auch über einen langen Zeitraum hinweg durch

* in: P. Geiersbach: *Bruder, muß zusammen Zwiebel und Wasser essen!* Eine türkische Familie in Deutschland, Bonn 1982, Verlag J. H. W. Dietz Nachf., S. 7.

ihre Lebenswelt und teile dem Leser meine Beobachtungen dazu detailgetreu mit. Ich verzichte zudem darauf (wie bei Lewis geschehen), den handelnden Personen hochgestochene soziologische und psychologische Reflexionen in den Mund zu legen. Ich ›verschönere‹ und straffe auch ihre Sprache nicht. Ich bilde sie wortgetreu so ab, wie sie sich in dem Gespräch mit mir entfaltete.«

Indem Geiersbach also seiner Hauptperson weder die Worte in den Mund legt noch sie zum Handlungsträger oder Erfüllungsgehilfen eigener Erkenntnisse degradiert, werden zahlreiche Klischeevorstellungen über Ausländer aufgebrochen. In einzelnen Passagen kommt eine höchst politische wie plastische Sprachkraft von Mutlu Öztürk zum Tragen. Wo der Soziologe von einem »Kulturschock« sprechen würde (Mutlu, bis zum neunten Lebensjahr in der Türkei bei einem Onkel aufgewachsen, kommt plötzlich zu seinem Vater in die Bundesrepublik), lautet die Beschreibung seiner eigenen Empfindungen: »Das war für mich genauso, wenn man tiefgefroren ist und wacht plötzlich in 'ne andere Zeit auf ...«

Von den zahlreichen Büchern und Forschungsberichten über ausländische Arbeiter in der Bundesrepublik, die in den letzten Jahren erschienen sind und von denen ich etwa an die 20 gelesen habe, hat mir persönlich Paul Geiersbachs Zeugnis und Zeugenbericht von und über Mutlu Öztürk die meisten neuen Erkenntnisse gebracht und eigene Vorurteile erschüttert. Ein aufklärerisches Buch, das betroffen macht und Diskussionen auslösen wird und das nicht nur für die bestimmt ist, die in der Ausländerarbeit engagiert sind.

Vorwort zu Jörg Heimbrecht Das Milliardending

1984

Ich kenne Jörg Heimbrecht seit seiner Arbeit als Chemiker im Projektbereich Kriegsforschung des Verbandes Deutscher Studentenschaften (VDS) 1969/70. Wir veranstalteten damals Umfragen, um herauszufinden, ob a) die Bundeswehr entgegen alliierten Kontrollratsbeschlüssen chemische bzw. biologische Kampfstoffe bezieht und lagert; b) deutsche Firmen und Wissenschaftler an der Erforschung, Herstellung und Lieferung chemischer bzw. bakteriologischer Massenvernichtungsmittel direkt oder indirekt beteiligt sind. Auch damals bedienten wir uns einer unkonventionellen Befragungsmethode, um die Lügenfassade offizieller Darstellungen zu durchdringen.* Zu den Angerufenen gehörte auch der damalige Prokurist der Hamburger Chemiefirma Stoltzenberg, der mir, dem »Mitarbeiter« des Bundeswehrbeschaffungsamts, Einzelheiten über die Produktion und Lieferung von chemischen Kampfstoffen an die Bundeswehr mitteilte. Die Veröffentlichung der Umfrageergebnisse wurde seitens der bloßgestellten Personen und Institutionen, vor allem des Verteidigungsministeriums, mit heftigen Dementis beantwortet – die sich dann neun Jahre später als Zwecklügen erwiesen. Am 6. September 1979 starb in Hamburg ein Kind, das mit Sprengstoff vom Gelände der inzwischen »stillgelegten« Chemiefirma Stoltzenberg herumgebastelt

* Günter Wallraff und Jörg Heimbrecht riefen unter fingierten Namen die Verantwortlichen an.

hatte. Suchtrupps fanden dort anschließend chemische Vernichtungsmittel in einer Menge, die ausgereicht hätte, nicht nur Hamburg auszulöschen.
Was damals ablief, wird sich auch bei diesem neuen Befragungsexperiment wiederholen: Alle, von Energieunternehmen über Wirtschaftsfördergesellschaften bis hin zu Ministerialräten und Ministern, werden es so nicht mehr wahrhaben wollen, was in diesem Buch niedergelegt und anhand des Schriftverkehrs nachgewiesen ist.
Trotz unterschiedlicher politischer Entwicklung haben Jörg Heimbrecht und ich anläßlich dieses neuen Lehrstücks wieder zu einer Gemeinsamkeit in der Arbeit und in der Methode gefunden. Am Anfang ging es lediglich darum, nachzuweisen, daß den Großbetrieben und Konzernen Strom, Gas und Wasser mit zum Teil erheblichen Preisnachlässen geliefert werden – auf Kosten der privaten Kleinverbraucher, die diese Praktiken mitbezahlen müssen. Erst im Verlauf der Untersuchung hat sich für den Autor die Möglichkeit eröffnet, in die Zentralen der Entscheidungsträger vorzudringen, die über die Vergabe von Steuergeldern in Milliardenhöhe befinden und Freibriefe zur Vergiftung der Umwelt ausstellen.
Voraussetzung für den »Erfolg« dieses Lehrstücks war es, sich vorübergehend auf die Rituale und Spielregeln der Herrschenden einzulassen. Um sich Eintritt bei den ministerialen Höflingen der Konzerne zu verschaffen, waren Titel wichtig, die Protzerei mit einer aufgesetzten, phrasenhaften Fachterminologie. Die Sekretärin, die hochgestellte Anrufer am Telefon »hungern« ließ, gehörte genauso dazu wie die üblichen läppischen Statussymbole (dezente dunkle Anzüge, ein 50000-Marks-Mercedes zum »Vorfahren« usw.). Dazu dann eine genügend große Portion Unverfrorenheit, um einen »Leitfaden« zur Unternehmerpsychologie, vom BDI herausgegeben, in die Praxis umzusetzen. Darin heißt es:
»Es wäre eine Illusion zu glauben, Politik könnte ohne Macht-

ausübung auf der Grundlage eines Konsens mit allen Beteiligten gemacht werden... Verhaltenssicherheit ist... überwiegend an die Etablierung einer geordneten Welt von vereinfachten Bildern, Vorstellungen und Images gebunden. Ihre Attraktivität bestimmt Zuneigung oder Abneigung.«

Für den Autor bedeutete das, von Anfang an den Gesprächspartnern aus den ministeriellen Chefetagen klarzumachen, wer am längeren Hebel sitzt: nicht die »Volksvertreter« und die auf ihre Verfassungs- und Gesetzestreue vereidigten Beamten, sondern die – in diesem Fall – von einem imaginären Chemiekonzern beauftragten Strohmänner. Der Herr-im-Hause-Standpunkt mußte so deutlich vorgetragen werden, daß auf der Gegenseite erst gar keine Zweifel aufkommen konnten.

Das gelang perfekt. Die Methode, der sich Jörg Heimbrecht bediente, erinnert an den arbeitslosen Schuster Wilhelm Voigt, der in einer Hauptmann-Uniform in das Rathaus von Köpenick marschierte und die Stadtkasse requirierte. Carl Zuckmayer gab seinem Schauspiel über dieses Schelmenstück den Untertitel »Ein deutsches Märchen«.

Der automatische Kniefall vor Uniformen aller Art funktioniert immer noch. Und nicht nur die Pförtner in den Ministerien waren mit Mercedes und Samsonite-Köfferchen zu übertölpeln. Da es einen solchen Fall noch nicht gegeben hat, gab es auch keinen Sicherheitsmechanismus, der verhindern konnte, daß ein Kommunist mit Hilfe von ein paar Briefen und Telefonaten sowie einer Visitenkarte bis in das Büro eines Wirtschaftsministers gelangen konnte.

Das wird zweifellos geändert werden, aber bis dahin bleibt Unsicherheit. Man darf davon ausgehen, daß jeder Großkonzern, der sich demnächst wieder mal über Strohmänner an einen Standort herantastet, wahrscheinlich in den Verdacht gerät, nicht »echt« zu sein, zumindest in der ersten Zeit nach dieser Buchveröffentlichung.

Der Autor hat es vermieden, seine Gesprächspartner als verabscheuungswürdige Schurken vorzuführen. Er zeigt sie als konsequent Handelnde. Allerdings ist ihr Spielraum so schmal und von vorhergehenden Entscheidungen so eingeschränkt, daß sie bereits erpreßbare Handlanger des Großkapitals sind. Ein prägnantes Beispiel dafür gibt der »Beauftragte für Wirtschaftsförderung der Stadt Peine«, der als früherer Manager in der »freien Wirtschaft« deren Praktiken kennt und durchschaut hat. Er weiß, daß die Konzerne die Bedingungen für Industrieansiedlungen diktieren – und nicht die Kommunen bzw. Länder, die dafür Areale zur Verfügung stellen:

»Die Schizophrenie liegt einfach darin, daß die Anbietermärkte für neue Arbeitsplätze schrumpfen, und genau davon profitieren Sie ja. Sollte man auch ruhig ausnutzen, ganz klar.«

Ebenso klar ist, daß er dem vorgeblichen »Unternehmensberater«, dem Autor dieses Buches, ein Angebot in Millionenhöhe ankündigt für den Fall, daß der »Auftraggeber« dauerhafte Arbeitsplätze in Peine schafft. Auch dieser Mann handelt »verantwortungsbewußt«, wenn er anbietet, die kleine »Flick-Gemeindekasse« für private »Zuwendungen« zu öffnen. Aber wer mit Hilfe von Schmiergeldern die Entscheidung für die Industrieansiedlung in seiner Kommune erkaufen will, ist nicht mehr souveräner Verhandlungspartner, sondern abhängig von der Industrie, ihr vollkommen ausgeliefert. Dahinter steckt nur jener typische Zynismus, der sich der Tragweite seines zweifelhaften Tuns durchaus bewußt ist.

Dieser Einzelfall ist übertragbar auf den gesamten Staat, der schon längst gekauft, korrumpiert, erpreßt und erpreßbar gemacht worden ist – von den eigentlichen Staatssouveränen, den Großkonzernen. Es ist daher nur folgerichtig, wenn die Regierungen in Bund und Ländern nur solche Entscheidungen treffen, die den Interessen der Großindustrie dienen. In dieser Hinsicht liest sich das Buch wie ein Lehrstück »Stamokap für Anfänger«. Was alle wußten, daß nämlich ohne staatliche Finanzspritzen die sogenannte freie Marktwirtschaft nicht funktioniert, wird hier veranschaulicht. Diejenigen unter den Regierenden, die diese Verhältnisse zu Ende denken und auch noch öffentlich zur Sprache bringen, werden unweigerlich von den »realistischen Kräften« in den Parteien abgelöst, von denen, die sich den Ansprüchen des Großkapitals bedingungslos unterwerfen. Beispiel dafür ist die Karriere des ehemaligen Hamburger Regierungschefs Hans-Ulrich Klose, eines zunächst konservativen Sozialdemokraten, der seinen eigenen Sturz einleitete, als er die Rolle des Staates so beschrieb, wie sie ist: ein »Reparaturbetrieb des Kapitalismus«. Klose wußte, wovon er redet. Die 1200 Arbeitsplätze beim Aluminiumwerk VAW kosten den Hamburger Staat und seine Bürger jährlich 60 Millionen Mark. Das sind 50000 Mark pro Mann pro Arbeitsplatz an Subventionen – mehr als die Summe der gezahlten Löhne.

In vielen Gemeinden an der Tagesordnung ist deren Erpreßbarkeit über die Gewerbesteuern. Großkonzerne, denen gewinnbeeinträchtigende Auflagen über die Emission schadstoffbelasteter Abgase gemacht werden sollen, reagieren mit Ankündigungen wie beispielsweise:

»Wenn Wesel Schwierigkeiten macht, dann alter Standort Voerde. Dann bekommt Wesel die Emissionen, jedoch keine Steuern!« (aus: Wallraff/Hagen: *Was wollt ihr denn, ihr lebt ja noch.* Chronik einer Industrieansiedlung. Reinbek 1973, S. 71 – Aktennotiz einer Konzernbeauftragten zu einem Artikel über die STEAG-Ansiedlung im Weseler Raum und Proteste dagegen.)

Das grüne Mäntelchen, das sich mittlerweile auch etablierte Parteien zu Wahlkampfzwecken umhängen, kann, wie dieses Buch deutlich macht, nicht verschleiern, daß die Industrie keineswegs den Staat »überlistet«, wenn sie Flüsse und die Atmosphäre mit Giftstoffen überlastet. Im Gegenteil: Die Verschmutzung unserer Umwelt erfolgt in aller Regel im Rahmen bestehender Vorschriften, die nach den Vorgaben der Industrie ausgerichtet sind, wie die Beispiele Kohlekraftwerk Buschhaus oder Einführung von Katalysatoren zeigen. Diese Anpassung von Rechtsvorschriften an die Bedürfnisse der Industrie heißt »marktwirtschaftliche Lösung«. In Schleswig-Holstein hat man dieser »marktwirtschaftlichen Lösung« der Umweltprobleme noch eine besondere Note gegeben. Dort haben Industrieansiedler im Raum Brunsbüttel das Recht auf eine »Verschmutzungskapazität« erhalten, die den Anfall von Abfallprodukten aus eigener Produktion übersteigt. Dieses Mehr an genehmigter Umweltvergiftung dürfen die Konzerne dann an neue Industrieansiedler verkaufen. Umständliche Genehmigungsverfahren entfallen, und Umweltschützer scheitern mit ihrem Widerspruch an der »Rechtslage«.

Die »Volksvertreter« behaupten derweil, ein »Gleichgewicht zwischen Ökonomie und Ökologie« anzustreben, und das sieht in der Praxis so aus, daß es nicht um die Verringerung der aggressiven Schadstoffbelastung geht, sondern darum, wie Grüne, Umweltschützer, Bürgerinitiativen usw. am besten hinters Licht geführt werden können. Anläßlich einer Ortsbesichtigung sagte beispielsweise ein »Zuständiger« aus der Hamburger Wirtschaftsbehörde dem Autor:

»Sehen Sie da hinten. Da stand im letzten Jahr noch ein wunderschöner alter Wald. Den haben wir abgeholzt, bevor die Grünen etwas gemerkt haben.«

Trotz der Schwierigkeiten, die der Senat mit der GAL hat, versicherte er, daß »seit der Wenderede von Bürgermeister Dohnanyi vor dem Überseeclub ... in der SPD die realistischen Kräfte am Werk« seien. Realistisch wie sein niedersächsischer Kollege, der bei einem Gesprächstermin die Bemerkung macht.

»Je größer die Chemiebude, um so größer sind zunächst einmal die Widerstände, die wir bisher immer in geeigneter Form bereinigt haben. Aber ich gebe zu, der Widerstand dagegen wächst immer stärker. Und man muß schon 'ne Menge tun, um die Jungs zufriedenzustellen.«

Der letzte Satz verrät eine Mentalität, die nur darauf aus ist, diejenigen auszutricksen, die auf die Folgen der Umweltvergiftung hinweisen und dagegen ankämpfen. Die Großkonzerne werden auch noch aufgefordert, Schadstoffe ungeklärt und ungefiltert an die Umwelt abzugeben, damit nur der Zuschlag für die Industrieansiedlung erteilt wird. Die Folgen – Krebs, genetische Schäden, Lungenkrankheiten – werden hingenommen, die Verantwortlichkeit wird verschleiert. Die Schuldigen sind nicht namhaft zu machen oder, wenn es mal gelingt, wie im Fall Stoltzenberg, »zurechnungsunfähig«. Staatsanwälte, die anläßlich konkreter Fälle gegen Einzeltäter ermitteln müssen, laufen gegen Gummiwände. Oder sie verfolgen die Opfer, wie beim Tod des Kindes in Hamburg. Da wurde gegen die Eltern ermittelt wegen Verletzung der Aufsichtspflicht.

Die Recherchen des Autors machen einmal mehr deutlich, was von der offiziellen Argumentation zu halten ist, wonach Wirtschaftswachstum Arbeitsplätze bringt und Umweltverschmutzung der Preis des Wachstums ist. Die Konzerne, die durch ihre Strohmänner nach geeigneten Standorten suchen lassen, benutzen Arbeitsplatzargumente lediglich, um Ministerien und Gemeinden zu ködern und möglichst hohe Subventionen herauszuschlagen. Dem Autor wurden ein Hochseehafen, ein Flughafen für Jets, Grund und Boden zum Nulltarif, billige Arbeitskräfte, die nicht zu Streiks neigen, kostenlose Ausbildung qualifizierter Arbeiter, eine fertige Infrastruktur frei Haus (Strom-, Gas-, Wasserzuleitungen, Straßen, Schienen usw.) versprochen, ohne daß nur eine einzige Gegenleistung garantiert war. Schon der Fall Reynolds hat bewiesen, daß dieses Verfahren üblich ist. Anfang der 70er Jahre erbeutete dieser Aluminium-Multi Millionensubventionen mit der vagen Zusage, 8000 Arbeitsplätze einzurichten. Daraus wurden dann ein paar hundert für ein paar Jahre.

Was die Subventionspraktiken angeht, so bestehen hier eindeutige EG-Richtlinien mit beschränkendem Charakter, ebenfalls gesetzliche Vorschriften – die, wie einer der Gesprächspartner unumwunden zugibt, »dazu da sind, umgangen zu werden«.
Der Autor, der ohne diese Tarnung und List nie hinter die Kulissen offizieller Verlautbarungen zur Wirtschafts- und Umweltpolitik hätte schauen können – das beweist eine parallel veranstaltete Umfrage –, ist durch seine Recherchen aber auch an Repräsentanten dieses Staates geraten, die Problembewußtsein, Skepsis und Verantwortlichkeit zeigten. Solch ein positives Beispiel war die einzige Frau unter den »leitenden Herren«, die Projektleiterin der »Gesellschaft für Wirtschaftsförderung in Nordrhein-Westfalen mbH«, Frau Holtermann. Sie wies darauf hin, welche Folgen der Konkurrenzkampf der Gemeinden um Arbeitsplätze hat.
Sie berichtete von einem Betrieb, der fünf Unternehmensberatungsgesellschaften beauftragt habe: »Die haben viel kaputtgemacht. Sind einfach von Kommune zu Kommune gegangen, sie haben 30 Standorte untersucht und haben die gegeneinander ausgespielt und die Zuwendungen hochgeschraubt.«
Mit Hilfe der vorgeblichen »Beraterfirma« gelangte der Autor in einen gesellschaftlichen Bereich, der sich öffentlich-rechtlich nennt und in dem dennoch sehr private Geschäfte gemacht werden, die der Kontrolle entzogen sind, obwohl es dort um unser Geld geht – Geld, das nötig wäre, um die bisherigen Umweltschäden beseitigen zu helfen. Geld auch, das zur Beseitigung sozialer Nöte und der Arbeitslosigkeit zur Verfügung stehen müßte. Statt dessen werden Steuergelder in privat angeeignete Gewinne verwandelt.
Nach meinen Erfahrungen kann ich mir vorstellen, mit welchen Verfolgungen Autor und Verlag zu rechnen haben. Man wird wieder einmal mit geheuchelter Empörung über die »verwerflichen« Recherchiermethoden herfallen, um von den erschreckenden Tatbeständen abzulenken. Man wird versuchen – was

in diesem Land lange Tradition hat –, über die Parteimitgliedschaft des Autors sein Anliegen und die von ihm zutage geförderten Fakten vergessen zu machen. Die Betroffenen werden einen Prozeßkrieg erwägen. In der Vergangenheit ist man in ähnlichen Fällen auch vor Meineiden für schnelle einstweilige Verfügungen nicht zurückgeschreckt.

Daß es zu solchen Reaktionen kommen wird, hat der Autor von Anfang an einkalkuliert und deshalb Wert darauf gelegt, daß ihm seine Gesprächspartner die mündlich vorgebrachten Offerten in schriftlicher Form nachlieferten.

Die Leichtigkeit und Souveränität, mit der er seine Staats- und Betriebsinspektion durchgeführt hat, sollte auch andere ermutigen, mit ähnlichen Mitteln in solche der Öffentlichkeit vorenthaltenen Geheimwelten einzudringen.

Mein Lesebuch

1984

Ich vermochte nur wenig. Aber die Herrschenden saßen ohne mich sicherer, das hoffte ich.

Bertolt Brecht

1.

Den Herrschenden auf die Schliche kommen, sie provozieren, ihnen ins Wort fallen – meine Art Engagement wurde ausgelöst und begleitet von Büchern, die mich nicht in die »Welt der Literatur« entführten, sondern mir die Welt zeigten.

2.

Ich glaube nicht, daß Literatur die gesellschaftliche Wirklichkeit auf direktem Wege verändert. Es gibt zwar einige Beispiele für Bücher, die eine direkte Wirkung ausübten: Harriet Beecher-Stowes *Onkel Toms Hütte*, ein Roman, der die Sklaverei in den Südstaaten der USA anprangerte; Upton Sinclairs *Der Sumpf* (1906)*, in dem die Zustände in den Schlachthöfen von Chicago beschrieben werden; Carl Credés Drama über den Abtreibungsparagraphen 218, das in der Weimarer Republik Demonstrationen von Arbeiterfrauen zur Folge hatte. Diese Texte fielen auf fruchtbaren Boden, sie waren der »Funke, der das Pulverfaß entzündete« (Brecht). Der eigentliche Grund für

* Der Roman erschien 1980 in einer Neuübersetzung unter dem Titel *Der Dschungel*.

ihre Wirkung war, daß sie dem bereits vorhandenen Bewußtsein über empörende gesellschaftliche Mißstände die klare Sprache gaben. Aber sie haben dieses Bewußtsein nicht erst initiiert.

Solche Bücher oder Theaterstücke – heute kommen Fernsehspiele und -berichte oder Filme hinzu – sind Ausnahmen von der Regel. Gewöhnlich kann Literatur nur den Boden für Veränderungen vorbereiten. Sie ist Beschleunigerteilchen, Katalysator, und ihre Sprengkraft zeigt sich oft erst viele Jahre später. Sie kann wohl auf gesellschaftliche Zustände aufmerksam machen, aber auch das nicht immer auf direktem Wege. Egon Erwin Kisch hat einmal gesagt, daß ein versteinertes Herz nur auf Umwegen aufgerüttelt werden könne. Wie er das verstanden hat, zeigt eine Anekdote aus dem Spanischen Bürgerkrieg, die Willi Bredel erzählt hat. Im Sommer 1937 war Kisch von einer amerikanischen Zeitung aufgefordert worden, etwas über das eingeschlossene Madrid zu schreiben, »was die amerikanischen Zeitungsleser rühren sollte«. Kisch überlegte daraufhin, ob er nicht über die Tiere im Zoo von Madrid berichten sollte, die »beim Aufheulen herankommender Granaten wie Kinder wimmernd in die äußersten Ecken ihrer Käfige krochen«. Er ging davon aus, daß »keinen Amerikaner die Todesqual der Bevölkerung von Madrid« betroffen machen würde, getötete Tiere aber würden zumindest die Tierschutzvereine mobilisieren, und vielleicht »falle auch für die Madrider Bevölkerung etwas ab«.

In einem anderen Beispiel, der Reportage »Die Häuser und Paläste von Madrid«, benutzt er ein anderes Mittel, um die Leser wachzurütteln. Er beschreibt die Auswirkungen des Bürgerkriegs auf die Hauptstadt, das ganze Kriegselend, indem er die Zerstörung von Häusern und Stadtteilen, von Palästen und historischen Bauwerken schildert, die viele Leser als Denkmäler europäischer Kultur kennen. Zur besseren Veranschaulichung kommt er auf folgenden Vergleich:

»Wenn die zu Ruinen gewordenen Häuser nebeneinanderstünden, so ergäben sie eine Stadt, groß und volkreich wie Hannover. Dieses Hannover ist zerstört. Da dieses Hannover aber auf eine Stadt wie Hamburg aufgeteilt war, lebt Hamburg weiter mit allem Alltag und allem Festtag.«

Die Leser können sich bei der Lektüre ausmalen, wie es um ihre Stadt, ob größer oder kleiner als Hannover, um ihre Wohnung, ja um sie selbst bestellt wäre, wenn sie von einem solchen Krieg heimgesucht würden.

Der Bezug zur eigenen gesellschaftlichen Wirklichkeit, die Hinweise auf Ähnlichkeiten des Gelesenen oder Geschehenen mit der hiesigen Umwelt, das spielt heute eine vielleicht noch wichtigere Rolle – angesichts der täglichen Bilderflut aus dem Fernsehen, die auf Dauer unempfindlich macht für die Leiden der Menschen. Berichte von exotischen Kriegsschauplätzen interessieren nur die wenigsten. Aber wenn die Hochhäuser von Beirut – diese typische Skyline westlicher Stadtkultur – jeden Tag von Granaten und Bomben getroffen werden, dann sind mehr Menschen beunruhigt als sonst: Der Vergleich mit westdeutschen Innenstädten drängt sich, vermittelt durch die suggestive Kraft der Bilder, förmlich auf. Allerdings haben sich die Zuschauer auch an diese Berichte schnell gewöhnt.

3.

Nicht jede Literatur zielt auf Handeln, auf die Veränderung des Bestehenden. Aber es ist ein bedeutender Unterschied, ob sie anerkannt, museumsreif und damit folgenlos ist – oder ob sie sich der Vereinnahmung durch die jeweils herrschende Kultur sperrt: weil sie unbequeme Wahrheiten verbreitet, hinter die Kulissen schaut, auf Unrecht und Mißstände aufmerksam macht und vor Unterdrückung und Verfolgung nicht kapituliert.

Sicher sind Goethes *Faust*, Mörikes Gedichte oder neuere Klassiker wichtig. Aber sie zählen mehr zur repräsentativen bzw. zur Erbauungsliteratur, und ihre Autoren sind regelmäßig Anlaß für Festansprachen, wissenschaftliche Kolloquien und Klassikerausgaben. Das ist Literatur für die Feierlichkeiten, die die Herrschenden, ihre Kulturpäpste und -verwalter begehen, um zu demonstrieren, daß auch sie Kultur haben – zumindest um diesen Anschein zu erwecken. Oder sie dient einfach zu dekorativen Zwecken in der bürgerlichen Wohnstube.

Etliche Klassiker, die zu ihrer Zeit verfolgt wurden – Schiller mag als ein Beispiel dafür stehen –, sind durch ihre Aufnahme ins Repertoire der jeweils herrschenden »Weihrauch«-Kultur regelrecht mundtot gemacht worden. Etliche wurden – wie Gerhart Hauptmann – gegen diejenigen Schriftsteller ausgespielt, die das NS-Regime »entartet« genannt hat. In einem Land, das einen Teil der Literatur totgeschwiegen, verdrängt und »vergessen« hat, wird dem Klassiker immer auch Alibifunktion zugewiesen. Die Texte vieler Autoren – Kleist oder Hölderlin – konnten mißbraucht werden, sie boten keinen Widerstand dagegen. Andere wurden von den Nazis hochgejubelt – wie Will Vesper oder Hans Grimm – und sind mittlerweile, zu Recht, in Vergessenheit geraten. Die unterdrückte oder ins Ausland verjagte Literatur hingegen ist auch heute noch weitgehend unbekannt. Viele der 1933 verbrannten Werke sind noch immer nicht neu aufgelegt worden oder nur in minimalen Auflagen. Die damals ausgebürgerten Autoren, deren Bücher sich nach 1945 nicht haben durchsetzen können, sind nach wie vor Opfer der Bücherverbrennung. Der Bruch mit der Nazi-Vergangenheit wurde nur von einem Teil der Literatur vollzogen; manche Autoren sahen sich sehr bald wiederum Diffamierungen ausgesetzt und galten, klammheimlich oder offen, als »staatsgefährdend«, selbst wenn sie Grass, Hochhuth oder Böll hießen. Ich erinnere hier nur an das jüngste Beispiel, an die Hetzkampagne anläßlich der »Terroristen«-Fahndungen in den 70er Jahren.

Während dieses Land in Sonntagsreden der »freiheitlichste

Staat auf deutschem Boden« genannt wird, werden Texte kritischer Autoren aus Lesebüchern wieder entfernt, und das nicht nur in Bayern. Mich erinnert das an die Zeit, als ich wegen meiner Aktion im Griechenland der Obristen eingesperrt war. Die Bücher eines Alexander Solschenizyn wurden mir nicht ausgehändigt mit der Begründung, daß es sich um einen sowjetischen Schriftsteller handele, mithin um kommunistische Literatur. Das ist schon grotesk angesichts der Tatsache, daß sich Solschenizyn im Westen von reaktionären Kreisen hat vereinnahmen lassen. Aber in faschistischen Regimen ist Literatur ohnehin per se verdächtig; Büchern wird von vornherein unterstellt, sie seien zersetzend.
Es gibt allerdings auch Länder, in denen der Literatur und Kunst ein ganz anderer Rang zugemessen wird. In Nicaragua, wo die Phantasie mit an der Macht ist, sitzen Schriftsteller und Künstler in der Regierung und beteiligen sich am Aufbau einer neuen Gesellschaft. In Frankreich genießen Autoren ein solch hohes Ansehen, daß es sich ein Jean-Paul Sartre leisten konnte, für eine verbotene maoistische Organisation Flugblätter zu verteilen, ohne deswegen belangt zu werden. De Gaulles Kommentar zu Sartres Aktivitäten: »Einen Voltaire sperrt man nicht ein.«

4.

Literatur kann auf die verschiedenste Weise zur Bewußtmachung der gesellschaftlichen Zustände beitragen. Die Listen eines Schwejk gegen erdrückende Übermacht haben mich genauso fasziniert wie die listenreichen Methoden, mit denen zum Beispiel Kisch oder Upton Sinclair unmenschliche Zustände erforschten und die Kenntnis darüber unters Volk brachten. Um die Wahrheit zu beschaffen, darzustellen und zu verbreiten, ist Respektlosigkeit nötig gegenüber den literarischen, vor allem den gesellschaftlichen Regeln. Die Aufforderung »Eintritt verboten!« gilt nicht für den Schriftsteller, der hinter die Kulissen von Großindustrie, Banken, Politik und Handel schauen will. Die Öffentlichkeit wird ja mit Bedacht von diesen Bereichen ferngehalten und mit belanglosen Einzelheiten, offiziellen Presseverlautbarungen und so weiter abgespeist. Autoren, die in die wie »Privatsphären« abgeschirmten Produktionsstätten eindrangen, um dort Öffentlichkeit herzustellen, waren immer mein Vorbild.

Die Darstellung der gesellschaftlichen Wirklichkeit kann sehr verschieden aussehen; sie kann von der Reportage bis zum Roman, zum Fiktionalen, reichen, die Mißstände und die dafür verantwortlichen Personen beim Namen nennen oder sie verschlüsselt wiedergeben, die Ereignisse, Schauplätze und Personen in eine andere Zeit, in ein anderes Land verlegen, aber so, daß die Leser trotzdem wissen, worum es geht. Solche Listen können wichtig sein, wenn es gilt, betroffene Menschen, Informanten oder den Autor und sein Publikum vor den Übergriffen der Staatsmacht zu schützen. Im Nazi-Deutschland genügte bereits eine Aufführung des *Wilhelm Tell*, um die Zuschauer, wenn sie Zeuge des Attentats auf den Landvogt Geßler wurden, zu Beifallsstürmen hinzureißen.

Wichtig ist, daß die Darstellung der gesellschaftlichen Wirklichkeit genau ist, damit klar wird, daß sie nicht erfunden sein kann. Für mich hat realistische Literatur noch immer die größere und durchschlagendere Aussagekraft und Wirkungsmöglichkeit, sie ist für die Mehrheit der Bevölkerung verständlich, nachvollziehbar und führt eher zu Konsequenzen als die Phantasie des Dichters – und ist oft auch phantastischer als diese. Daher kann auch »gefundene Literatur« – ein Text- oder Redeausschnitt, ein Zitat, eine Zeitungsannonce und dergleichen – die Wirklichkeit enthüllen. Meist genügt es, die entscheidenden Sätze, die gewöhnlich im Wortschwall untergehen, deutlich genug der Öffentlichkeit zu präsentieren. Die Dementis, Richtigstellungen und Ermahnungen, man habe da etwas aus dem Zusammenhang gerissen, beweisen die Nützlichkeit dieser

Verfahrensweise. Und sie ist durchaus legitim. Jener norddeutsche Ministerpräsident*, der vor ein paar Jahren einmal die Folter als probates Mittel zur Wahrheitsfindung bezeichnete, hat ja letztlich keine Fehlleistung begangen, sondern nur seine demokratische Maske fallen gelassen.

Auch in anderen Fällen ist die Wirklichkeit literarisch nicht zu überbieten. Autoren, die mit satirischen Mitteln zum Beispiel einen Politiker kritisieren wollen, befinden sich zuweilen in einem Dilemma – dann nämlich, wenn sich eben dieser Politiker bereits durch seine eigenen Fernsehauftritte lächerlich macht. Hier könnte die literarische Satire die Wirklichkeit nur wiederholen.

Gewöhnlich sind gerade Satire und Ironie eine starke Waffe der Unterdrückten gegen ihre Beherrscher. Sie können verunsichern, die Mächtigen zu selbstentlarvenden unbedachten Reaktionen provozieren, und sie legen immer auch nahe, den solchermaßen kritisierten Personen mit Respektlosigkeit zu begegnen. Das ist eine der wesentlichen Voraussetzungen, um die gesellschaftlichen Verhältnisse nicht mehr als unveränderlich zu sehen. Literatur, die auf diese Weise den Willen zur Veränderung aufstachelt, ist an der Bildung politischen Bewußtseins und Denkens beteiligt. Wer erst einmal erkannt hat, daß die jeweiligen Herrschaften nicht jene Respektpersonen sind, als die sie sich selber gerne herausstellen, wird eher den Mut aufbringen, seine bisherige unterwürfige Haltung aufzugeben und Widerspruch anzumelden, wo dies angezeigt ist – auf der Betriebsversammlung, auf Wahlkundgebungen, auf der Straße, als Sprecher einer gewerkschaftlichen Gruppe, als Mitglied einer Bürgerinitiative, als Leserbriefschreiber usw.

* Ernst Albrecht in seinem Buch: *Der Staat – Idee und Wirklichkeit. Grundzüge einer Staatsphilosophie*, Stuttgart 1976.

5.
Die Auswahl dieses Bandes kann nur subjektiv und sehr persönlich sein. Sicherlich tut sie vielen Autoren Unrecht, wenn sie sie nicht mit berücksichtigt. Im Vordergrund stehen Texte oder Auszüge aus Texten, die mich selber beeinflußt haben, ohne die ich vielleicht nicht zu meiner Art Engagement gekommen wäre. Sie haben mir geholfen, in die Literatur einzudringen, und die Bildung meines politischen Bewußtseins gefördert.
Ohne die Kurzgeschichten und Satiren des frühen Böll und ohne das Manifest von Wolfgang Borchert hätte ich vielleicht nicht den Kriegsdienst verweigert. Hier genügte die engagierte Haltung eines Deutschlehrers, der nach den Erlebnissen im Zweiten Weltkrieg vom Lehrplan abwich, um die Aufarbeitung des Krieges und des Nationalsozialismus zu vermitteln. Ohne die aussichtslose Verzweiflung der Opfer des NS-Regimes, erfahren durch die Lektüre von Büchern, wäre es vielleicht nicht zu meiner Aktion im faschistischen Griechenland gekommen.
Um an die Schrecken der ja nur scheinbar bewältigten, nie wieder »gutzumachenden« Nazi-Vergangenheit zu erinnern, habe ich Texten dazu einen etwas breiteren Raum gegeben, besonders den dokumentarischen. Wie notwendig und überfällig es ist, sich mit dieser Vergangenheit aktiv auseinanderzusetzen, wird aus verschiedenen Hinweisen deutlich: Jugendliche, die weder in der Schule noch im Elternhaus über das NS-Regime informiert werden, benutzen, um ihre Auflehnung gegen die Erwachsenen, ihren Protest zu unterstreichen, teilweise Symbole der Nazis, ohne sich über deren Stellenwert im klaren zu sein. Regelmäßig erleben Filme und Bücher (zum Beispiel Memoiren) über die Nazi-Zeit ihren Boom – nicht etwa jene, die tatsächlich aufklären, Verbindungen zur Gegenwart herstellen, etwa über Personen, die damals Richter oder Industrielle waren und bis heute hohe Positionen innehaben; vielmehr jene, die zur Verharmlosung beitragen. Politiker, die auf der einen Seite ihre Verbundenheit mit dem jüdischen Volk unterstreichen, durch

finanzielle Schuld-Freikauf-Aktionen, Staatsbesuche in Israel oder Beteuerungen gegenüber jüdischen Gemeinden, etwas gegen den Neo-Nazismus zu unternehmen, bleiben untätig, wenn eben jene Alt- und Jung-Nazis in aller Öffentlichkeit von der »Auschwitz-Lüge« sprechen; sie meinen, wie beispielsweise Strauß, das deutsche Volk habe durch seine wirtschaftlichen Leistungen seine Vergangenheit bewältigt; oder sie halten sich, wie Kohl, für zu jung und daher für nicht mehr verantwortlich. Aber gerade jene Politiker, die auf zynische oder naiv-dümmliche Weise die Nazi-Zeit für erledigt befinden, verwenden gegenüber Arbeitnehmern aus der Türkei und deren Familien oder gegenüber Frauen, die sich nicht zu Gebärmaschinen reduzieren lassen wollen, fast dieselben rassistischen Argumente, wie sie die Nazis propagiert hatten. Ob von der »Überfremdung« durch Ausländer die Rede ist oder ob eine Gesetzesänderung initiiert wird, um Schwangerschaftsunterbrechungen nach der sozialen Notlagenindikation mehr oder minder unmöglich zu machen – in all dem ist die »braune« Vergangenheit höchst lebendig.
Zu den Texten, die auf die Kontinuität der »unseligen Vergangenheit« hinweisen, gehören sowohl das Buch von Lea Fleischman, *Dies ist nicht mein Land*, als auch die Gerichtsreportagen von Peggy Parnass, die die Bundesrepublik nicht verlassen hat, statt dessen von der alltäglichen Unterdrückung berichtet, wie sie in den Gerichtssälen sichtbar wird.

6.

Es gibt Situationen, in denen durch bestimmte Ereignisse und ihre jeweiligen Umstände die Wahrheit fast automatisch ans Tageslicht kommt und gesellschaftliche Verhältnisse deutlich sichtbar werden – zuweilen muß dem nachgeholfen werden, indem man gezielt provoziert bzw. die Dinge beim Namen nennt.
Ein Ort, nicht nur der Wahrheitsfindung, sondern auch der

Selbstdarstellung der bürgerlichen Gesellschaft ist das Gericht. Nicht umsonst haben Dramatiker wie Kleist Gerichtsszenen als Darstellungsform gewählt. Da gibt es den Richter aus der Weimarer Republik, der im Konflikt zwischen dem Buchstaben des Gesetzes und seiner Karriere diese nicht zu opfern bereit ist und einen angeklagten Vertreter der herrschenden Klasse mit freispricht. Zwischenrufer in einem Demonstrationsprozeß werden mit Ordnungsstrafen belegt, während NS-Verbrecher, bei denen es sich auf Grund öffentlicher Empörung nicht vermeiden ließ, sie doch noch vor Gericht zu stellen, mit medizinischen Gutachten für vernehmungsunfähig erklärt werden – später winkt ihnen sehr oft Haftverschonung, wovon kleine Gauner, erst recht Gefangene, die zum Beispiel *einen* Menschen im Affekt getötet haben, nur träumen können. Nicht ein einziger Nazi-Richter, der »Rasseschandeurteile« und politische Sprüche unter der menschenverachtenden NS-Rechtsprechung fällte, wurde dafür in unserer »freiheitlich-demokratischen Rechtsordnung« zur Rechenschaft gezogen. In ganz wenigen Fällen benutzten die Angeklagten ihrerseits das Gericht als Tribüne der Anklage gegen das herrschende Regime – so der Kommunist Dimitroff, der im Zusammenhang mit dem Reichstagsbrand verhaftet wurde und dem die Nazis einen Prozeß wegen Hochverrats machten. Ein weiteres historisches Beispiel ist die Rede des Jakobiners Danton vor dem französischen Revolutionstribunal, woraus Georg Büchner in seinem Stück *Dantons Tod* zitiert.

Ganz anders ist die Qualität der gerichtlichen Aktivitäten von Fritz Teufel und seinen Mitangeklagten aus der Berliner linken Szene: Mit ihren Clownerien provozierten sie, im Sinne der antiautoritären »begrenzten Regelverletzung«, das Gericht, seinen wahren Charakter zu offenbaren.

Auf wieder anderem Niveau bewegt sich Peter Weiss' Dramatisierung des Frankfurter Auschwitz-Prozesses. Sie ist mehr als nur eine »Ermittlung«, sie ruft die Vergangenheit in Form eines griechischen Schauspiels in die Gegenwart, wobei sich alle beteiligen können. Die Aufführung des Stücks in der DDR-Volkskammer sucht noch bis heute ihre westdeutsche Parallele.

7.

Literatur stellt nicht nur die Wirklichkeit dar und trägt nicht nur zu ihrer Erkenntnis und zu einem politischen, auf Veränderung zielenden Bewußtsein bei. Sie ist immer auch ein Teil dieser Wirklichkeit selbst – Zensur, Bücherverbote und -verbrennungen, Verfolgungen von Autoren und so weiter legen davon Zeugnis ab. Zuweilen ist Literatur auch Auslöser von Aktionen, was ich eingangs schon erwähnt habe, oder ein wichtiges Moment von Handlungen, ja selbst Handlung, deren Ziel es ist, Verhältnisse deutlich zu machen.
Büchners *Hessischer Landbote* stellt keineswegs nur dar, wie die Zustände im Großherzogtum Hessen 1834 aussahen. Er löste gleich umfangreiche polizeiliche Aktivitäten aus, und Büchner mußte schleunigst das Land verlassen. Enthüllungen, meine eigenen eingeschlossen (etwa über *Bild*), riefen auch immer sofort die Gerichte auf den Plan. Das mindeste ist, daß die angepaßte Journaille über die Autoren herfällt und sie verreißt. Die Briefe von Winfried Bornemann, ob an Strauß oder an das Bundesverteidigungsministerium, und die Antworten darauf – oder die aufgezeichneten Telefonate von Horst Tomaier mit persönlichen Referenten und anderen »zuständigen« Persönlichkeiten sind selber Aktionen. Sie wenden Listen an, die in der Tradition von Till Eulenspiegel stehen.
Sich verkleiden, sich dumm stellen – all diese Mittel sind beileibe nicht spezifisch literarisch. Oft handelt es sich um letzte Mittel, der Unterdrückung zu widerstehen oder sie zu überleben. Die nie »literaturfähig« gewordenen Schildbürger stellten ihre Dummheit zur Schau, um vom Dreißigjährigen Krieg verschont zu werden. Hašeks Schwejk verlangt auf derart »unge-

schickte« Weise, an die Front zu dürfen, daß er zunächst einmal zum Blödian und damit für »wehruntauglich« deklariert wird.

Die Wirklichkeit, die den Stoff für solche Komik lieferte, war vor allem während des Nazi-Regimes blutiger Ernst. Mit falschen Papieren, mit Verkleidungen aller Art, suchten viele, sich dem Zugriff der Gestapo und dem sicheren Tod im KZ zu entziehen. Die Odyssee des amerikanischen Seemanns in B. Travens »Totenschiff« – sein Paß war ihm abhanden gekommen – nimmt auf einer mehr abenteuerlichen Ebene das vorweg, was Flüchtlinge aus Nazi-Deutschland in Lissabon, Casablanca und anderen Auslaufhäfen in die USA durchmachten, als sie auf das ersehnte Visum warteten. Der richtige Paß, das richtige Visum waren der Schlüssel in die Freiheit, in ein Weiterleben-Können. Nicht anders ergeht es in der Bundesrepublik den Asylanten, deren Ausweisung und »Rückführung« ins Heimatland, ins dort herrschende Regime Folter und Tod bedeuten. Das Grundrecht auf politisches Asyl, initiiert von denen, die zwischen 1933 und 1945 nur aufgrund von Asylgewährung überlebten, wird gerade von denjenigen Politikern eingeschränkt, die ihre eifrige »Pflichterfüllung« unter den Nazis für eine besonders lobenswerte Tugend halten. Für diese vermeintlich »besseren« Deutschen ist ein Politiker wie Willy Brandt noch heute verdächtig, weil er »abgehauen« war und im Exil gar noch unter falschem Namen gegen die Nazis kämpfte.

8.

Literatur, wie ich sie hier beschrieben habe, kann vielerlei Folgen haben. Meine eigenen Bücher waren für nicht wenige Leser der Anlaß, überhaupt zum Lesen von – realistischer – Literatur zu kommen. Viele sind über die *Bild*-Bücher angeregt worden, Bölls *Die verlorene Ehre der Katharina Blum* zu lesen, oft als Alternative zu Konsalik, Simmel und Co. Manche schrieben mir, daß sie die geschilderten Zustände nicht für möglich gehalten hatten – mit Folgen bis zu ihrer Berufswahl (es kam vor, daß einzelne dann soziale Berufe wählten), für ein politisches Engagement, zumindest für ihr Wahlverhalten. Zuweilen ging die Anregung über das Weiterlesen und die Entdeckung der jeweils eigenen Verhältnisse hinaus, und aus Lesern wurden selber Schreiber. In der »Literatur der Arbeitswelt«, in der sogenannten Erfahrungsliteratur – hier hat das bürgerliche Feuilleton schnell eine Schublade gefunden – sprechen die Betroffenen selber, brauchen sie nicht mehr den Schriftsteller, der von außen kommt und seine Sprache »ausleiht«.

Literatur, die sich nicht selbst genügt, will eingreifen in die Wirklichkeit, will verändern, ein Stück vorantraumen. Literatur kann in diesem Sinne durchaus Schrittmacher-Funktion haben.

Ich bin überzeugt, daß Literatur in der Lage ist, bei der Verwirklichung gesellschaftlicher Veränderungen mitzuwirken, Entwicklungen mit einzuleiten, zu beschleunigen oder auch bremsen zu helfen. Zwar langsam und nicht berechenbar, beeinflußt die Literatur zusammen mit anderen verändernden Tendenzen langfristig die Gesellschaft. Nicht immer nur zum Guten hin. Auch fehlende Literatur kann zu Veränderungen führen.

Dankesrede zur Verleihung der Carl-von-Ossietzky-Medaille

am 10. 12. 1984

Verehrte Anwesende, liebe Freunde, ich bitte um Verständnis, wenn ich jetzt hier keine ausgewogene, ausformulierte Festrede zustande bringe, sondern mir erlaube, einige Gedanken ins unreine zu sprechen, weil ich diesen Rahmen zur Zeit gar nicht gewohnt bin. Ich befinde mich nämlich voll in einer neuen Rolle, die ich auch ziemlich nötig habe nach dieser langen, gröbsten Schmutzrolle in der *Bild*-Zeitung. Ich habe es geschafft, mich inzwischen daraus zu lösen und seit langer Zeit mir wieder die Gesellschaft, die Wirklichkeit, von unten anzueignen, wieder dazuzugehören, nehme mir dazu sehr viel Zeit und bin – vielleicht im doppelten Sinne – in den letzten Zügen. Von daher mußte ich mich für den heutigen Tag etwas zurückverwandeln.

Die Verleihung dieser Carl-von-Ossietzky-Medaille ist für mich eine ganz besondere Ehrung und Verpflichtung für meine weitere Arbeit, weil Ossietzkys Widerstandskampf gegen die Zerstörung der Weimarer Republik durch die Nazis ein Beispiel dafür ist, wie Leben und Werk eines Schriftstellers nicht auseinanderklaffen oder sich gar widersprechen, sondern eine Einheit bilden, in der die schriftliche Äußerung eine Basis und Entsprechung in der persönlichen Integrität und letzten Konsequenz hat.

Carl von Ossietzky hat anläßlich seines Haftantritts 1932 nach einem Willkür-Urteil des Leipziger Reichsgerichts wegen angeblichen Landesverrats geschrieben: »Ich gehe nicht aus

Gründen der Loyalität ins Gefängnis, sondern weil ich als Eingesperrter am unbequemsten bin.« Diese Haltung mag der Grund dafür gewesen sein, daß er auf die Möglichkeit einer Emigration ins Ausland auch dann noch verzichtete, als bereits abzusehen war, daß die Nazis ihn inhaftieren würden. Das Gefängnis war für ihn die letzte Möglichkeit eines verzweifelten Widerstandes gegen die brutal herrschende Übermacht. Er hat so als lebende Mahnung im KZ Esterwegen dazu beigetragen, das Gewissen in der Weltöffentlichkeit mit wachzurütteln. Diejenigen, die Carl von Ossietzky seinerzeit als Nihilisten, Nestbeschmutzer und Landesverräter diffamierten, haben geistige Söhne hinterlassen, die bereits heute wieder von »entarteter Kunst« sprechen – so Strauß vor nicht langer Zeit, dieser Möchtegern-Faschist, für den hoffentlich die Zeit nie reif sein wird.
Dazu gehört auch ein Bundeskanzler, der soeben in den USA in seiner staatstragenden Biederkeit bekannte, daß für ihn und seine Kreise der 8. Mai 1945 – also der Tag der Befreiung vom Faschismus – der, so Kohl wörtlich, »schwärzeste Tag in der deutschen Geschichte gewesen« sei und nicht etwa die Machtergreifung der Nazis oder der Beginn des Eroberungskrieges. Solche Formulierungen werden in diesem Lande weitgehend hingenommen. Es gibt zwar eine kritisch-liberale Presse, die sich aufregt, aber die gesamte große Öffentlichkeit geht zur Tagesordnung über, man hat sich an das Ungeheuerliche längst gewöhnt wie Blinde an die Dunkelheit. Es hat eine perverse Sprachregelung stattgefunden, sie ist in unseren Köpfen.
Auch ich ertappe mich manchmal dabei, Begriffe zu gebrauchen, die eigentlich an Ungeheuerlichkeit längst außerhalb der Diskussion stehen sollten. Ein Begriff zum Beispiel, mit dem wir alle groß geworden sind, mit dem wir leben: »Wiedergutmachung«. Ein so ungeheuerlicher Begriff – eines der größten Verbrechen in der Menschheitsgeschichte soll mit lumpigen Märkern freigekauft werden.

Oder ein weiteres Politikerzitat, ebenfalls Strauß, der es ja immer wieder sehr deutlich auf den Punkt bringt, wo andere seiner Kreise etwas mehr drumherum reden, der es sich leisten konnte zu sagen: »Ein Volk, das diese wirtschaftlichen Leistungen vollbracht hat, hat es nicht nötig, sich ständig an Auschwitz erinnern lassen zu müssen.« Zu den Konkursverwaltern des Faschismus zählen auch führende Vertreter, teils gewollt, teils ungewollt, einer Partei, die seit eh und je alte Nazis bis hin zu Kriegsverbrechern wie Globke, Oberländer oder Filbinger in ihren Reihen feierte. Es war ja nicht einmal eine Duldung, sie hatten ja Spitzenpositionen, und sie galten als die Ersten und Vornehmsten in ihren Kreisen. In einer Goebbels alle Ehre machenden Demagogie versuchen sie zur Zeit wieder, eine Partei wie die Grünen, die von ihrer Herkunft, ihren Strukturen und ihren politischen Zielen einer Nazi-Partei wirklich am allerweitesten entfernt steht, als neue Nazis zu diffamieren. Die Generalangriffe ihres Generalsekretärs zielen darauf, im Sinne einer Geschichtsklitterei Begriffe umzubiegen und ins Gegenteil zu verkehren. Der Pazifismus der 30er Jahre habe – so sagte er kürzlich im Bundestag, gegen Willy Brandt gerichtet und gegen die gesamte Friedensbewegung – zu Auschwitz geführt. In dieser semantischen Kriegserklärung werden die Täter nicht nur einfach verschwiegen und damit entlastet, sondern die Opfer für ihre Verfolgung und Vernichtung letztlich mitverantwortlich gemacht. Diese Begriffsverwirrung kann nur in einem Land funktionieren, in einem von Anfang an von der CDU-CSU tief geprägten Staat, wo lange Zeit an den Schulen eine Auseinandersetzung mit der Nazi-Vergangenheit versäumt bzw. unterbunden wurde.

Es ist bezeichnend, daß die Oldenburger Universität, wo sich fast die Gesamtheit des Lehrkörpers und der Studenten seit Jahren für die Namensgebung »Carl von Ossietzky« einsetzen, nach wie vor von der CDU-Regierung daran gehindert wird, sie wird dafür diffamiert. Ja, daß sogar anläßlich der Anbringung

des Namens vor etlichen Jahren Hundertschaften der Polizei eingesetzt wurden, die Demonstranten niederknüppelten.
Bereits 1929 stellte Tucholsky fest: »Die Zahl der deutschen Kriegerdenkmäler zur Zahl der deutschen Heine-Denkmäler verhält sich hierzulande wie die Macht zum Geist.« Während dieses Land in Sonntagsreden der freiheitlichste Staat auf deutschem Boden genannt wird, werden Beiträge kritischer Autoren aus Lesebüchern wieder entfernt, und das nicht nur in Bayern. Mit dem Großreinemachen werden inzwischen auch Texte von mir – laufend übrigens – in Bayern und in den CDU-regierten Bundesländern wieder aus Schulbüchern entfernt. Ich muß zugeben, es ehrt mich, wenn ich zusammen mit anderen, von mir sehr geschätzten Kollegen wie Erich Fried, Hubert Fichte, Wolf Biermann und sogar im Einzelfall auch Heinrich Heine verbannt werde.
Der Frankfurter Hirschgraben-Verlag teilte beunruhigten Lehrern vor kurzem mit, die die Industrie-Reportagen in der Neuauflage des Lesebuches vermißten, er hätte sich dazu entschlossen, meine Reportagen aus den Industriebetrieben herauszunehmen, weil die dort geschilderten Arbeitsbedingungen nicht mehr aktuell seien. Die Aktualität seines Unterrichtswerks hat der Verlag dann aufgebessert, indem er statt dessen die Lebenserfahrungen eines Landarbeiters aus dem vorigen Jahrhundert abdruckte.
Diese Paradoxie erinnert mich ein wenig an die Zeit, als ich wegen meiner Aktion im Griechenland der Obristen eingesperrt war. Dort wurden mir zum Beispiel die Bücher eines Alexander Solschenizyn nicht ausgehändigt mit der Begründung, daß es sich ja um einen sowjetischen Schriftsteller handele, mithin um kommunistische Literatur. In faschistischen Regimen ist Literatur ohnehin per se verdächtig. Büchern wird von vornherein unterstellt, sie seien staatsfeindlich und zersetzend.
Es gibt allerdings auch Länder, in denen der Literatur und Kunst ein höherer Rang zugemessen wird. In Nicaragua, wo die Phan-

tasie mit an der Macht ist, sitzen Schriftsteller und Künstler in der Regierung und beteiligen sich am Aufbau einer neuen Gesellschaft. Ich nahm die Gelegenheit wahr – meine jetzt laufende Arbeit habe ich dafür unterbrochen, weil die Invasionsgefahr immer bedrohlicher wurde –, mich im Land selbst umzusehen, bin dort mit einem Dolmetscher ungehindert herumgereist und konnte auch in die bereits von US-Söldnern aufgerollten Grenzgebiete, wo ständig Terroranschläge stattfinden. Ich lernte ein undogmatisches, sozialistisches System kennen, wo Selbstkritik institutionalisiert ist, wo ein Personenkult ausgeschaltet ist, wo Fehler offen zugegeben werden und wo aus den Fehlern früherer Revolutionen in einer veränderten neuen Zeit gelernt zu werden scheint.

Um nur mal ein ganz persönliches Erlebnis zu schildern: Als ich zurückreiste, verabschiedete gerade der dortige Innenminister Thomas Borge, der letzte lebende Kämpfer aus dem jahrelangen Untergrundkampf gegen eine der mörderischsten Diktaturen, seinen besten Freund, einen der größten Schriftsteller Lateinamerikas, Eduardo Galeano, und es war ein ganz persönlicher Abschied, ohne Leibgarde, ohne Zeremonie, ohne Klimbim, und ein sehr herzlicher Abschied. Thomas Borge selbst schreibt auch Gedichte, er ist ein bekannter Schriftsteller. Ich habe mit ihm lange gesprochen, man kann sich mit ihm über Literatur unterhalten, er kennt Böll, er kennt Sartre und andere westliche Autoren. Man muß sich das einmal übertragen auf unsere Situation vorstellen. Es wäre bei uns undenkbar, nicht? Kann sich jemand vorstellen, daß unser Innenminister einen kritischen Autor auch nur kennt, geschweige denn, sich von ihm verabschiedet? Ich muß mich korrigieren, er kennt unter Umständen schon seine kritischen Autoren, wahrscheinlich dann aus den Tonbandprotokollen von abgehörten Telefongesprächen. Ich selbst werde zur Zeit auch wieder abgehört, das ist der vierte Lauschangriff, der diesmal noch nicht öffentlich bekannt wurde, aber ich könnte es unter Beweis stellen.

Ossietzky hat 1927 einmal geschrieben: »Man mag uns verurteilen, heute, morgen, übermorgen. Wir werden es hinnehmen, aber unser Stolz wird sein, nicht gebessert, sondern nur energischer, schärfer, dichter und zäher zu werden.« Ich wünsche mir, daß die jahrelangen zermürbenden und nervenaufreibenden Prozesse des Springer-Konzerns auch bei mir letztlich zu einer derartigen Konsequenz führen werden.
Ich möchte eine kleine Replik zu dem ganzen Problem dieser Prozeßauseinandersetzungen machen: Am Anfang hatte ich mir das doch nicht so zeitraubend vorgestellt. Ich dachte, ich lege dieses Ergebnis meiner Arbeit vor, den *Aufmacher*, und wende mich dann auch bald neuen Themen zu. Mir wurde dieser Prozeßkrieg aufgezwungen, es ist kein produktiver Beruf, Prozeßschriftsteller über die Jahre zu sein. Man ist manchmal in der Situation, daß man fast aufgeben möchte. Aber die Ermutigung war auch sehr groß, ich merkte irgendwann, ich hatte doch viel mehr im Rücken als ein Springer. Gut, der hat seine ganzen Druckmaschinen, Produktionsmittel und Massenblätter, aber er muß doch wohl ein sehr einsamer Mann sein. Ich merkte an dem Zuspruch gerade von Arbeitern, auch zum Teil von verirrten und verwirrten *Bild*-Lesern, daß ich verstanden wurde. Es gab Boykott-Aktionen über Gewerkschaften, wo Hunderttausende von ehemaligen *Bild*-Lesern unterschrieben, das Blatt nicht weiter zu lesen. Sicher, es ist nicht dabei geblieben, weil sie zum Teil nicht die freie Wahl haben, es ist oft ein Verhältnis, das ein Drogensüchtiger seinem Stoff gegenüber hat; er weiß, daß es ihm schadet, aber er ist so in seinen inneren Kreislauf eingegangen, er kommt nicht mehr davon weg, die niedersten Instinkte werden angesprochen. Bei einer zermürbenden, geisttötenden Arbeit ist es eine Sache, der man immer wieder erliegt.
Wie hier schon angedeutet wurde, ist die Auflage heute wieder steigend; dieser Milliarden-Konzern konnte durch verstärkte Werbung, durch alle möglichen imagebildenden Maßnahmen, die ganzen befreundeten CDU-Politiker nahm man sich zur

Brust, damit sie für *Bild* ihren Kopf hinhielten und erklärten, warum sie *Bild* lasen, die Auflage wieder erhöhen. Ich glaube aber, daß meine Arbeit eines erreicht hat – es kann heute keiner mehr so tun, als habe er von allem nichts gewußt. Es hat sich herumgesprochen, was dieses Blatt anrichtet, wie Menschen in den Selbstmord getrieben wurden, wie Existenzen vernichtet wurden. Und auch Gerichte sind sensibler geworden. Ich habe aus den Honoraren einen Rechtshilfe-Fonds gegründet, wo jeder kostenlos die besten Anwälte zur Verfügung gestellt bekommt, der von diesem Rufmordblatt geschädigt wird. Und es sind in über hundert Prozessen auch Schadenersatz-Forderungen bis in Höhen über 100000 Mark erstritten worden und Gegendarstellungen, Widerrufe usw. erfolgt. Dies sind zwar kleine Erfolge, aber sie sprechen sich herum und machen Mut – gerade denjenigen, die sonst meinen, sie kämen nicht zu ihrem Recht. Zudem hat in letzter Instanz der Bundesgerichtshof 1981 meine Arbeitsmethode und ihre schriftstellerische Auswertung unter der Voraussetzung gebilligt, daß es um gewichtige Mißstände gehe, deren Offenlegung für die Allgemeinheit von besonderem Interesse sei – übrigens wurde auch vom Bundesgerichtshof noch festgestellt: Da es sich bei der *Bild*-Zeitung um Meinungsmanipulation größeren Ausmaßes handele und, so wörtlich, »... um eine Fehlentwicklung im deutschen Journalismus«, müsse diese Methode gerechtfertigt werden. Das Recht der Öffentlichkeit, über diese Mißstände informiert zu werden, müsse über die wirtschaftlichen Interessen des Verlegers gestellt werden – daraufhin hat, wie es Uwe Wesel schon von seinem wissenschaftlichen Standpunkt aus darlegte, der Springer-Verlag beim Bundesverfassungsgericht Verfassungsbeschwerde eingelegt. Sie kauften sich den allerbesten dafür zuständigen Juristen, Professor Lerche aus München, den ich nicht hätte bezahlen können. Ich hätte ihn mir auch nicht genommen, da er als konservativ bekannt war, allerdings Gerichte sehr beeindruckte. Fast zwei Jahre brauchten die obersten Richter, bis sie ihren Spruch fällten. Ich hatte mit schlimmen Folgen für meine weitere Arbeit gerechnet, eventuell sogar mit einem Berufsverbot, und für diesen Fall geplant, neue Bücher vom Ausland aus zu veröffentlichen. Immerhin ließ die politische Situation nach der Bonner Wende genug befürchten, und der Vorsitzende des mit der Entscheidung befaßten Senats, der frühere baden-württembergische Innenminister Herzog, hatte sich schon mit der Einführung der Chemischen Keule sowie einem Gesetzentwurf einen Namen gemacht, wonach Demonstranten in seinem Bundesland ihren eigenen Abtransport durch die Polizei bezahlen sollten. Bis zuletzt zeigte die siebenjährige Prozeßgeschichte auch den großen Einfluß des Springer-Verlages. Der von Springer gekaufte Jurist konnte sich dann aber doch nicht durchsetzen. Er versuchte, das Buch weitgehend zu zensieren. Er wurde aber von einem sehr liberalen Kollegen, dem Verfassungsrichter Simon, gebremst, und es gab ein langes Ringen und sehr ausführliche Diskussionen, die immer wieder vertagt wurden. Letzlich gab es eine Patt-Situation, und man hat sich dann wohl auf einen Kompromiß geeinigt.

Nebenerscheinungen des Prozesses und dieser ganzen Springer-Prozeßstrategie: Mein Karlsruher Anwalt, der den Erfolg vor dem Bundesgerichtshof miterstritten hatte, vertritt inzwischen als Anwalt den Springer-Konzern, unter anderem in Prozessen gegen den *Bild*-Rechtshilfefonds, der versucht, Opfern des Lügen- und Verleumdungsblattes zu helfen. Nachdem der Hamburger Richter Engelschall in der ersten Instanz sämtliche Verbotsurteile für den Springer-Konzern gefällt hatte – er sprach ständig von einem sogenannten *Tatbestand des Einschleichens*, den findet man in keinem Gesetzbuch, es war eine sehr kühne Interpretation des Grundgesetzes –, nachdem er also diese Springer-Urteile gefällt hatte, wurde unmittelbar darauf seine einzige Tochter als *Bild*-Redakteurin eingestellt und ist heute noch dort tätig. Die verkürzte Urteilswiedergabe durch die Pressestelle des Bundesverfassungsgerichts benutzte

Bild, um sich unter der Überschrift »Sieg der Pressefreiheit« als Gewinner des Prozesses zu feiern. Tatsächlich bekam der Springer-Verlag nur in einem von fünf strittigen Punkten recht: Den Ablauf einer durchschnittlichen Redaktionskonferenz hätte ich nicht schildern und veröffentlichen dürfen, es sei denn, ich hätte, über die alltäglichen Rufmorde des Blattes, über die gewöhnliche Verletzung der Gefühle seiner Leser, das Schüren von Haß gegen Minderheiten und die »normale« Herstellung und Verbreitung von Tatsachenverdrehung und Lügen hinaus, die Planung einer kriminellen Tat, wie etwa eines Einbruchs, um so intime Informationen über einzelne Bürger zu beschaffen, aufgedeckt. So war es ja im Frankfurter »Vampir-Fall« auch geschehen.
Hier liegt die wesentliche Bedeutung des Karlsruher Richterspruchs, nicht nur für meine eigene Arbeit, sondern auch für die aller Kollegen, die sich wie ich der Wirklichkeit in einem bestimmten gesellschaftlichen Bereich aussetzen und darüber berichten wollen. Nach diesem einzigen Punkt, in dem ich unterlegen bin, gilt die Enthüllung von Sensationen als legal und rechtmäßig, während die Aufdeckung von alltäglichem Unrecht, von gewöhnlichen Mißständen, die in das Leben eines jeden Menschen eingreifen, der öffentlichen Erörterung weitgehend entzogen bleiben sollen. Das Gericht hat besonders solche Bereiche unter verfassungsrechtlichen Schutz gestellt, wo, wie bei der *Bild*-Redaktionskonferenz, Entscheidungen über ein Millionenpublikum getroffen werden. Seiner Tendenz nach schließt das Urteil genau dort die Öffentlichkeit aus, wo es um die Herrschaftsinteressen oberster Machtgruppen geht. Als vertraulich und vor widerrechtlicher Indiskretion schützenswert gelten demnach zum Beispiel Aufsichtsratsgremien, in denen – das kann man sich ausmalen oder hypothetisch vorstellen – die Standorte von Atom-Kraftwerken oder Phosgenlagern bestimmt werden, die im sogenannten Störfall über Tausende von Menschenleben Tod bringen können. Nicht für die Öffent-

lichkeit wären demnach auch die sogenannten Spitzengespräche zwischen Regierungsmitgliedern und Unternehmensmanagern, in denen es um viele Millionen Mark Steuergelder geht, die als Subventionen die freie Marktwirtschaft flotthalten sollen. Geld, das dann im Sozial- oder Kultur-Etat fehlt. Und erst recht in den Schlafzimmer-Bereich unserer Republik gehören nach diesem Urteil jene Intimitäten, wie sie zwischen einem von Brauchitsch und den Flick-Spenden-Kassierern ausgetauscht wurden, falls es mit meiner Methode bewiesen worden wäre.

Vielleicht zum Schluß noch kurz ein paar Gedanken über meine Arbeitsmethode, die meine Gegner auch gern als »Einschleichen« bezeichnen. Diese Methode hat sich lange entwikkelt. Ich war gezwungen, aus der anfänglichen Not diese sogenannte Untugend zu machen. Am Anfang meiner Arbeit konnte ich mich noch unter meinem richtigen Namen einstellen lassen. Die ersten Angriffe von Arbeitgeberseite, die nach den Veröffentlichungen meiner *Industriereportagen* in Gewerkschaftszeitungen kamen, warfen mir noch mangelnden Überblick und fehlende Erfahrung und mein jugendliches Alter vor. Ich war damals 21 Jahre alt, als ich damit begann. Nun, inzwischen bin ich älter und an Erfahrung reicher geworden. An meiner Grundhaltung hat sich nichts geändert. Es wäre mir heute noch lieber, weiter unter meiner normalen Identität solche Rollen zu übernehmen, mir das Recht herauszunehmen, was für andere bedrückende alltägliche Pflicht ist. Aber seitdem mir dieses Recht genommen worden ist, bis hin zu Steckbriefen in Personalbüros von Großunternehmen, über den »Unternehmer-Warndienst« verbreitet, ist mir nur die Möglichkeit der Tarnung oder, um im Jargon meiner Gegner zu bleiben, das sogenannte »Einschleichen« geblieben.

In etwas demokratischeren Gesellschaftsformen scheint dieses Recht auch für kritische Autoren zu gelten. So hat zum Beispiel in Schweden der Kollege Jöran Palm in einem der größten

Elektrokonzerne seines Landes offiziell monatelang arbeiten können, obwohl bekannt war, daß er darüber ein sehr kritisches Buch zu schreiben beabsichtigte. Ich selber muß mir leider zu diesem Zweck immer wieder andere Identitätspapiere ausborgen. Ich werde übrigens dazu nachhaltig aufgefordert, es kommen immer wieder Kollegen aus Betrieben, die gerade eine Fortbildung machen oder als Arbeiter ein Studium aufnehmen und mich darauf hinweisen, welche Mißstände, Illegalitäten in ihrem Arbeitsbereich herrschen, mir ihr Vorwissen mit auf den Weg geben, oft schon Tagebücher, Dokumente geben und mir dann sogar anbieten – und das ist ein enormer Vertrauensbeweis, weil sie wissen, es kann Prozesse geben –, ihre Arbeitspapiere und auch ihre Ausweise solange selbst zu gebrauchen, sozusagen in ihre Rolle auch als Rechtsperson zu schlüpfen.
Wie wichtig Papiere sind, hat schon Brecht in den *Flüchtlingsgesprächen* erkannt: »Der Paß ist der edelste Teil von einem Menschen. Er kommt auch nicht auf so einfache Weise zustande wie ein Mensch. Ein Mensch kann überall zustande kommen, auf die leichtsinnigste Art und ohne gescheiten Grund. Aber ein Paß niemals. Dafür wird er auch anerkannt, wenn er gut ist, während ein Mensch noch so gut sein kann und doch nicht anerkannt wird.«
In einigen Fällen hat meine Arbeit dazu beitragen können, die angeprangerten Mißstände anschließend mit abstellen zu helfen oder auch verbessern zu helfen. Es gab Fälle, wo sich in Betrieben, in denen keine Gewerkschaft geduldet war, anschließend offensiv Betriebsräte gründeten, in den Benteler-Werken, Schloß Neuhaus, auch im Gerling-Konzern, wo eine Jugendvertretung zustande kam, wo örtliche Behörden ihrer Aufsichtspflicht gerecht wurden, obwohl sie sich zuvor an gewisse Großkonzerne nicht so heranwagten oder nur nach vorheriger Anmeldung, und dann bekommt man ja auch etwas anderes zu sehen. Es kam vor, daß die örtliche Presse, die sich bis dahin mehr oder weniger wohlwollend ihrem Großanzeigen-

kunden gegenüber verhalten hatte, sich auch anschließen und ihn etwas kritischer beurteilen mußte, nachdem es mir gelungen war, eine regionale Öffentlichkeit herzustellen und sehr viel über so einen Konzern geredet wurde. Gewerbeaufsichtsbeamte kamen dann nicht mehr daran vorbei, einem solchen Konzern Kontrollbesuche abzustatten. Ansonsten darf man sich allerdings nicht allzuviel vormachen: bei Ford zum Beispiel laufen heute die Fließbänder noch schneller als zu meiner Zeit. Auch *Bild* hat – wie schon gesagt – heute wieder steigende Auflagen. Jetzt, wo viele mit dem Groschen rechnen müssen, ist das Blatt für sie ja dann auch eine billige Zeitung.

Vor allem die Hans-Esser-Rolle bei *Bild* hat mich in Situationen gebracht, in denen ich die totale Selbstverleugnung, die ich auf mich nehmen mußte, kaum noch aushielt. Das war eine Schmutzrolle, in der ich nicht mehr *ich* sagen konnte. Ohne mich aus der Verantwortung stehlen zu wollen, muß ich anmerken, daß ich angesichts der sich verschlimmernden Zustände als einzelner sehr oft überfordert bin. Andere sind aufgefordert, sich der Mühe zu unterziehen, die Zustände an sich selbst zu erfahren. Ich habe keinerlei Alleinvertretungsanspruch, kein Patent auf meine Arbeitsmethode, ich bin erleichtert, wenn andere in ihren Bereichen die Arbeit, die ich angefangen habe, ausbauen und verbreiten helfen. Dabei rate ich jedem Jüngeren, der damit beginnen sollte, das am besten innerhalb einer Gruppe zu tun.

Im Rückblick auf meine Arbeit ist mir noch einmal deutlich geworden, daß die besten Reportagen oft dann entstehen, wenn man eine Rolle über einen sehr langen Zeitraum durchhält, wenn man in sie hineinwächst wie in eine zweite Haut und zum Beispiel auch abends die Tarnkappe nicht einfach ablegen kann.

Diese Methode, die bei den Soziologen – da übrigens rechtlich viel weniger umstritten, die Wissenschaft hat in diesem Land immer noch einen sehr hohen Rang – »teilnehmende Beobachtung« genannt wird, ich würde sie in meinem Fall lieber »agierende Teilnahme« nennen, hat übrigens ihre Tradition: Diderot wandte sie schon vor mehr als 200 Jahren an, Egon Erwin Kisch beruft sich ebenfalls darauf. In seinem Essay über die sozialen Aufgaben der Reportage schreibt er: »Das entscheidende Verdienst der Encyclopédie Française sind nicht ihre historischen und philosophischen Artikel, sondern die Erforschungen der Gegenwart, die Denis Diderot unter Verkleidung, Ausreden und Einschleichungen in den Gewerbebetrieben seiner Zeit angestellt hat.«

Es ist typisch, daß der Begriff des Einschleichens heute von denen negativ und in denunziatorischer Absicht gebraucht wird, die ihre eigenen, mit Unrecht erworbenen Privilegien außerhalb jeglicher Diskussion und Kontrolle stellen wollen, oder von deren Statthaltern, Hofschreibern, die ihre Geschäfte besorgen. Solche Vorwürfe gegen meine Arbeitsmethode kommen aber nie von Vertretern der Unterdrückten und ausgebeuteten Schichten. Ich habe noch nie von einem Arbeiter gehört: »Das ist aber unfair, was du tust, das tut man doch nicht!« Weil man ihm gegenüber eigentlich immer vom Machtstandpunkt aus unfair handelt und er sich in einer permanenten Notwehrsituation befindet. In der Springer-Kampagne wurden Begriffe gegen mich verwendet wie »Einschleicher«, »Trickbetrüger«, »Psychopath« oder wie auch immer. Besonders originell in *Bild*: »Bleiches Fanatiker-Antlitz, von Höhensonne vermenschlicht«, sehr aufschlußreich, was nach dieser Definition überhaupt erst den Menschen ausmacht – oder die damalige Strauß-Etikettierung »Untergrundkommunist«, die meinem Namen in *Bild* dutzende Male fast wie ein Titel vorangestellt wurde und die dann auch bei verhetzten *Bild*-Lesern auf fruchtbaren Boden fielen: kurz darauf, nachdem es in *Bild* in einer Serie mehrmals verwendet wurde, warf man mir die Fensterscheiben ein, klingelte nachts Sturm. Es hat sich allerdings auch wieder gegeben, weil *Bild*-Leser ja

auch sehr vergeßliche Leute sind, die von einem Feindbild zum anderen gehetzt werden.
Die Wendezeit wird auch daran deutlich, daß die Diffamierungen gegen meine Arbeit in letzter Zeit zugenommen haben. Trotz Nicht-Zugehörigkeit zu einer kommunistischen Partei wurde ich mehrfach an Veranstaltungsorten von Vertretern der Jungen Union mit Transparenten empfangen wie zum Beispiel: »Kommunisten raus aus unserer Stadt«, »Wallraff raus aus unserer Stadt«. Vielleicht lassen sich solche autoritätsfixierten Menschen, wenn sie von so einer Preisverleihung erfahren, doch etwas anders stimmen. Ich gebe zu, daß dieser Preis auch in dieser Hinsicht für mich eine gewisse Schutzfunktion haben könnte.
Ich danke Ihnen für die Aufmerksamkeit und bedanke mich noch einmal ganz herzlich für diesen Preis, der mir gerade, wenn meine neue Arbeit fertig ist – so glaube ich – vielleicht etwas helfen wird. Herzlichen Dank.

Vorwort zu Heinz G. Schmidt
Der neue Sklavenmarkt

1985

Das Foto einer lächelnden schwarzen Frau. Daneben folgender Text:

»Jetzt noch mehr Arbeitskraft für Ihre DM. Für nur 1,– US-Dollar arbeitet sie gerne für Sie acht Stunden, und viele, viele hundert ihrer geschickten Freundinnen warten auf Sie.

Sie haben außerdem: Steuer- und Zollfreiheit – freien Transfer – gute Luftfrachtverbindungen – ruhiges Arbeitsklima – naher US-Markt.«

Mit diesem Inserat warb ein »Haiti- and Third World Investment-Bureau« in einer angesehenen westdeutschen Wirtschaftszeitung für Investitionen auf Haiti.

Die Ausplünderung der sogenannten Dritten Welt, der Länder Afrikas, Asiens und Lateinamerikas, hat sich nie auf die dort vorgefundenen Rohstoffe beschränkt. Schon während der »Kolonialzeit« haben Engländer und Franzosen, Holländer, Spanier und Portugiesen die einheimische Bevölkerung auf ihren riesigen Plantagen als Billigstarbeitskräfte ausgebeutet. Sie haben die Menschen dort mehr und mehr ihrer Kultur, ihrer Sprache und ihrer Tradition beraubt, indem sie ihnen die »Werte« des angeblich überlegenen »christlichen Abendlandes« aufzwangen.

Dieselben Nationen, die damals für sich bürgerliche Freiheiten zu reklamieren begannen, deportierten Millionen von Schwarzafrikanern in die Karibik und in die USA. Als Sklaven waren diese Menschen rechtlich dem Vieh gleichgestellt. Wie Vieh

wurden sie gekauft und verkauft. Die schwarzen US-Amerikaner selber sind es, die heute den Weißen vorrechnen, wie diese ihnen ihre kulturelle und soziale Identität zerstört haben.
Das Ende der Sklaverei in den USA ist weniger der politischen und militärischen Intervention der »Nordstaaten« zuzuschreiben, sondern mehr der simplen Tatsache, daß die neu erfundenen Baumwollpflückmaschinen preisgünstiger waren als Sklaven. Aber da waren noch die Menschenrechte, die in der amerikanischen Unabhängigkeitserklärung und in der Verfassung niedergeschrieben worden waren. Daß die in die Südstaaten verschleppten Schwarzafrikaner von den Menschenrechten ausgenommen wurden, war den zunehmend mächtigeren Industriebossen des Nordens ein willkommener Anlaß, im Süden die eigenen ökonomischen Interessen durchzusetzen. Die Ächtung der Sklaverei war somit in vielem ideologische Fassade; und wie sehr ihre Befreiung nur nominell war, haben die Schwarzen in den folgenden Jahrzehnten in den Großstädten des Nordens bitter erfahren müssen, wo sie nach wie vor als drittklassige Menschen galten.
Wenn es heute noch immer Sklaverei gibt – oder, wie manche glauben, wieder gibt –, dann liegt das sicher auch daran, daß ihre Ächtung nur vordergründig war: Die damalige Form der Sklaverei wurde von der wirtschaftlichen Entwicklung überflüssig gemacht. »Moderne« Formen sind an ihre Stelle getreten. Wie sich ja auch der Imperialismus der traditionellen Industriestaaten von den offen raubwirtschaftlichen Methoden abgewandt hat. Die ehemaligen »Kolonien« wurden in die politische Unabhängigkeit geschickt, ohne es auf wirtschaftlicher Ebene werden zu können. Daß die Verarmung des Südens voranschreitet, ist schon allein an der Verschuldung der Länder Lateinamerikas, Afrikas und Asiens ablesbar. Aber die alte weltwirtschaftliche Arbeitsteilung – im Süden Rohstoffgewinnung, im Norden industrielle Produktion – wird durch ein anderes System abgelöst: Multinationale Konzerne lagern arbeitsin-

tensive Fabrikationsstätten aus den Industrieländern aus und wählen als Standorte gerade solche Regionen, in denen zum materiellen Elend der »arbeitsfähigen« Bevölkerung politische Verhältnisse kommen, die maximale Gewinne garantieren: keine Gewerkschaften, keine Streiks, keine Streitigkeiten wegen skandalöser Arbeitsbedingungen usw. In der hiesigen Berichterstattung über derartige »entwicklungspolitische« Projekte wird immer wieder herausgestellt, wie gut es doch die Menschen hätten, die dort einen Arbeitsplatz fänden und denen es weitaus besser gehe als ihren Landsleuten, die in den Slums bleiben müßten.

Daß nicht nur Billigarbeitskräfte die Konzerne motivieren, in »Dritte-Welt-Ländern« zu investieren, sondern auch die Tatsache, daß ihnen dort keine kostensteigernden Auflagen zur Betriebssicherheit und zur Verringerung von Emmissionen gemacht werden, hat in jüngster Zeit die Umweltkatastrophe im indischen Bhopal demonstriert. Und es ist davon auszugehen, daß mit zunehmenden Restriktionen in den traditionellen Industrieländern lebensgefährliche Produktionseinheiten mehr und mehr »ausgelagert« werden, ob es sich um Pestizide, um Dioxin oder ähnlich tödliche Zwischen- und Endprodukte handelt. Jede ökologische Argumentation, die nur nationalstaatlich denkt, arbeitet dieser Entwicklung letztlich zu.

Die Menschenverachtung, die sich in solchen imperialistischen Ausplünderungsstrategien ausdrückt, hat ihre Wurzeln im ökonomischen System des Kapitalismus, mithin in den traditionellen Industriegesellschaften des Nordens. Deren Durchrationalisierung nach den Verwertungsinteressen des Kapitals hat die Disziplinierung der Menschen nach den nachgefragten Leistungsnormen und anderen Produktionstugenden gefördert und einen Menschentypus hervorgebracht, der sich seiner eigenen Selbstentfremdung nicht bewußt ist. Ein Ergebnis dieser Entwicklung ist die weitverbreitete Isolation und Beziehungsunfähigkeit.

Der Rassismus, wie er in den Fallbeispielen dieses Buches zum Ausdruck kommt, gedeiht unter diesen Voraussetzungen besonders gut. Ursprünglich hatte er – neben nationalistischen Ideologien – die Funktion, die Klassengegensätze innerhalb der bürgerlichen Gesellschaft zu verschleiern. Die Nazis hatten den Rassismus des 19. Jahrhunderts nur übernommen und ihn auf die Spitze getrieben; auch die dazugehörige »Herrenmenschen«-Ideologie war nicht ihre Erfindung. Schon in dieser Zeit wuchs er über seine Aufgabe hinaus, den Klassenhaß der durch die Weltwirtschaftskrise verelendeten Proletarier umzulenken auf die Juden. Gerade das Kleinbürgertum fand in der »Herrenmenschen«-Ideologie eine Kompensation für den rapiden wirtschaftlichen Abstieg, der in der Inflation nach dem Ersten Weltkrieg begonnen hatte.
Die Doppelfunktion des Rassismus – Verschleierung der Klassengegensätze, Kompensation der eigenen sozialen Misere – wirkt auch heute noch. Gerade in der gegenwärtigen wirtschaftlichen Lage verstehen es die Herrschenden wieder einmal, die eigentlichen Ursachen von Arbeitslosigkeit und Abbau der staatlichen Sozialleistungen zu vernebeln, indem sie auf die türkischen Arbeiter verweisen lassen und darauf, daß diese für ihre zahlreichen Kinder das ihnen angeblich nicht zustehende Kindergeld abkassieren.
Mancherlei Tourismus ist eine moderne Spielart des Rassismus. Denn nunmehr können sich devisenstarke Urlauber in Afrika, Südostasien, in der Karibik und andernorts als »Herrenmenschen« aufspielen. Wie Heinz G. Schmidt in seinem Bericht aufzeigt, hat der Ferntourismus eine weitere Variante der Ausplünderung der »Dritte-Welt-Länder« eröffnet. Es geht nicht mehr um die Ausbeutung der Arbeitskraft von Menschen, die aufgrund ihrer sozialen Not keine andere Möglichkeit haben, als in den Billigfabriken der Multis zu arbeiten. Jetzt werden die Menschen selbst zu Waren, genauer: die Körper afrikanischer, asiatischer und lateinamerikanischer Frauen.

Daß schwarze Frauen von ihren weißen Besitzern auf den US-Plantagen sexuell mißbraucht wurden, war damals eher eine Randerscheinung. Diese Art »Gebrauch« steht heute im Mittelpunkt. Und die Verhältnisse arbeiten jetzt den Touristikmanagern zu, die »Bumsbomber« für Bordellbesuche in Thailand chartern, den internationalen mafiosen Zuhälterorganisationen, die farbige Frauen und Kinder in die Massagesalons und Bordelle von Frankfurt und Berlin »importieren«, den »Heiratsvermittlern«, die philippinische Frauen an beziehungs- und eheunfähige deutsche Männer verhökern. Denn den betroffenen Frauen erscheint die Aussicht, aus ihrem Elend herauszukommen und in Deutschland ein besseres Leben zu führen, zunächst als Verlockung. Begünstigt wird dies auch durch die sozialen Strukturen, denen sie entstammen: Um ihre Großfamilie finanziell unterstützen zu können, folgen sie selbst abstrusen Versprechungen und gelangen so in die Sexindustrie oder auf den hiesigen »Heiratsmarkt«. In Wirklichkeit sind denn auch diese Frauen »Wirtschaftsflüchtlinge«, genauso wie die Asylbewerber, die der zunehmenden materiellen Verelendung und Hungersnot zu Hause durch die Flucht in ein Industrieland zu entkommen trachten.

Daß in diesem Zusammenhang von einem Sklavenmarkt gesprochen werden kann, hat verschiedene Gründe. Ein Großteil der als Prostituierte arbeitenden Frauen lebt hier illegal; damit sind sie der Willkür ihrer Zuhälter völlig ausgeliefert. Aufgrund der sprachlichen Barrieren und sehr restriktiver ausländerrechtlicher Bestimmungen haben sie keine Möglichkeit auszubrechen; meist verlieren sie auch die Kraft dazu. Da sie – im wörtlichen Sinne – hinter verschlossenen Türen und Fenstern leben müssen, bleibt das, was mit ihnen getrieben wird, der Öffentlichkeit verborgen.

Als Sklavenhalter sind auch jene Männer zu bezeichnen, die sich eine Ausländerin »kaufen«, sie heiraten und dann wie ein Haustier halten, an dem sie ihre viehischen Bedürfnisse nach

Lust und Laune austoben. Die betreffenden Fallbeispiele in diesem Buch machen allzu deutlich, daß hier der »normale« Rassismus und Sexismus überschritten wird und daß die Verhaltensweisen, die manche Männer offenbaren, nur noch mit den Begriffen der Psychopathologie beschrieben werden können. Mich erinnerten einige Stellen an Berichte aus den Konzentrationslagern des NS-Regimes, wo ebenfalls lammfromme Kleinbürger zu sadistischen Bestien wurden.
Um wenigstens die schlimmsten Mißstände zu beseitigen, muß die Männerkumpanei zwischen den legalen und illegalen Frauenhändlern einerseits und den Ausländer- und anderen Behörden andererseits beendet werden. Es geht nicht an, daß der gerichtliche Nachweis von Menschenhandel unterlaufen wird, indem die einzigen Tatzeugen, nämlich die betroffenen Frauen, »abgeschoben« werden.
Allerdings reicht es nicht, den in- und ausländischen Sklavenhändlern das Handwerk zu legen. Der Kampf gegen die »moderne« Form des Menschenhandels bleibt ohne Erfolg, wenn er nicht zugleich gegen die ökonomischen und ideologischen Wurzeln geführt wird: gegen eine Weltwirtschaftsordnung, die den Süden immer mehr der materiellen Verelendung überläßt; gegen einen Rassismus, der Menschen aus anderen Kulturen benutzt, um soziale und psychische Deformationen zu Karikaturen des Größenwahnsinns umzumünzen.

Kein Abschied von Heinrich Böll

Rede anläßlich der Hommage für Heinrich Böll in Köln am 27. September 1985

Ich kann mir für Heinrich Böll keine Abschiedsrede einfallen lassen – keinen wohlgesetzten Anfang und keinen würdigen Abschluß finden. Es liegt daran: Er ist für mich nicht wirklich tot. Er ist in seinen Gedanken, Werken und Taten noch so lebendig wie kaum ein anderer Autor. Er läßt uns nicht in Ruhe und sperrt sich, vorschnell eingeordnet, klassifiziert und für jedermann verfügbar und damit auch mißbraucht zu werden. Er wird dieser Gesellschaft – so wie sie beschaffen ist – noch lange nicht den Gefallen tun, als Klassiker zu festlichen Anlässen in Dienst genommen werden zu können; in einer Welt, die – so Böll – »nach Ausbeutung stinkt«.
Was wäre die Bundesrepublik ohne Heinrich Böll? Sie wäre geistig noch ärmer. Man muß sich erinnern: Zu Adenauers Zeiten deckte Böll das Zusammenspiel von Kapital und Klerus auf. Unter Druck gesetzt, begann sich der Katholizismus von Fossilem und Erstarrtem zu lösen. Ohne Böll wäre die katholische Amtskirche heute eine noch bedrohlichere und mächtigere Institution – auch außerhalb Bayerns. Hätte diese Kirche auch nur etwas von der praktizierenden Nächstenliebe und urchristlichen »Fürchtet-euch-nicht«-Demut eines Heinrich Böll – sie könnte wieder Zuflucht werden.
Ohne Böll wäre die Kriegsdienstverweigerung mit noch mehr Repressalien verbunden. Der extreme Zivilist hat mit dazu beigetragen, Verweigerung zu einem selbstverständlichen Recht zu machen.

Böll war es, der meinen Weg als Autor entscheidend beeinflußt hat. Ohne seine frühen Werke, die uns ein Deutschlehrer nahebrachte, der als Freiwilliger in den letzten Krieg ging und als Pazifist zurückkehrte, wäre es bei mir wahrscheinlich nicht zu der Konsequenz gekommen, den Kriegsdienst zu verweigern, auch innerhalb der Truppe. Um durchzuhalten, führte ich Tagebuch: meine ersten Schreibversuche. Von Geschichte hatte ich wenig Ahnung. Böll vermittelte mir Geschichtsbewußtsein anhand meiner eigenen Aufzeichnungen. Heinrich Böll hat dann zu meinem Bundeswehr-Tagebuch auch das Vorwort geschrieben. So wurde ich dank seiner Hilfe zum Schriftsteller.
Böll ermutigte. Er förderte, beriet und unterstützte Kollegen – ohne davon Aufhebens zu machen. Seine Hilfe war nie demonstrativ, sie war immer persönlich. Und von gleich zu gleich.
So hat allein die Tatsache, daß es Böll gab, Mut gemacht. Auch wenn man ihn lange nicht gesehen hatte und wußte, wie überfordert und vereinnahmt er war, wie wenig er noch zu sich selbst kam, wie er Anlaufstelle war für Verfolgte und Verzweifelte, für Emigranten und Asylanten, wie er dabei als Institution auch mißbraucht wurde – es entlastete und beruhigte oft andere, zu wissen, daß Böll aktiv geworden war.
Er hat sein dauerndes Zur-Verfügung-Stehen selbst einmal so definiert: Für ihn seien »die sieben Tugenden der Barmherzigkeit« eine Selbstverständlichkeit. Nämlich: die Hungernden sättigen, die Durstigen tränken, die Kranken trösten, die Toten beerdigen, die Nackten bekleiden, die Gefangenen besuchen, die Fremden beherbergen.
Böll schlug vor, »eine Art Litanei-Anhang zu machen und zu sagen: Die Hungernden sättigen, die Fremden beherbergen, auch wenn es ›chilenische Kommunisten‹ sind, auch wenn es ›sowjetische Dissidenten‹ sind«; und auf unsere jetzige Situation im Sinne von Böll übertragen: auch wenn es türkische Gastarbeiter sind, auch wenn es pakistanische Asylanten sind. Menschlichkeit und Hilfe waren für ihn unteilbar. Er war im

Gegensatz zu seinen Kritikern auf keinem Auge blind. In einer Gesellschaft, die so total auf Konsum und Egoismus aufgebaut ist, einer reinen Leistungsgesellschaft, wird der Rang und Wert des Menschen ausschließlich daran gemessen, was er besitzt oder leistet, und nicht an dem, was er erleidet. In so einer Gesellschaft, in der die Tugenden der Barmherzigkeit geradezu als Untugend gelten, bleibt diese Aufgabe aber letztlich an wenigen hängen, und zu diesen wenigen gehörte Böll.

Die Tatsache allein, daß es ihn gab, bedeutete oft schon Schutz, Wärme, Hilfe. Ich kann mir vorstellen, daß allein seine geistige Nähe gewisse staatliche Institutionen etwas bremste oder Medien, die einen sonst vielleicht schon vernichtet hätten, noch etwas in Schach hielt. Die Tatsache, daß es ihn nicht mehr gibt, macht nun viele schutzloser und vogelfrei, rückt sie wieder stärker ins Visier der jeweiligen Jagdgesellschaft.

Böll war dabei von einer Güte, die selbst denen zugute kam, die eigentlich seine Feinde waren. Er glaubte an und hoffte bis zuletzt auch auf die Entwicklung, die Änderungsmöglichkeit und Lernfähigkeit seiner Gegner. Es gab zum Beispiel einen Bundespräsidenten, der ihn aus einer denunziatorischen Dummheit und Voreingenommenheit heraus verunglimpft hat, als er, damals noch Fraktionsvorsitzender, öffentlich erklärte: »Ich fordere die ganze Bevölkerung auf, sich von der Terrortätigkeit zu distanzieren, insbesondere auch den Dichter Heinrich Böll, der noch vor wenigen Monaten unter dem Pseudonym Katharina Blüm ein Buch geschrieben hat, das eine Rechtfertigung von Gewalt darstellt.«

Dennoch hat Böll diesem Mann nicht die Tür gewiesen, als er Jahre später einmal als einsamer Wanderer vor seinem Haus stand und darum bat, einkehren zu dürfen. Es war für Böll eine Selbstverständlichkeit, auch solche Menschen, in deren Geist schließlich auch die Haussuchungen bei Böll und seinen Familienmitgliedern stattfanden, willkommen zu heißen. Während er selber, als er 1972 in einer beispiellosen Hetzkampagne verfolgt wurde und in ganz Deutschland nach einem Forum suchte, in dem er auf die Angriffe antworten konnte, nicht einmal in Köln eine Möglichkeit fand, sondern lediglich in den Spalten einer liberalen Zeitung aus München. Wir wollen das hier in Köln nicht vergessen.

Die Tatsache, daß in dieser Gesellschaft so wenig Versöhnung, so wenig Verzeihen stattfindet, hat ihn dann in den letzten Jahren immer verzweifelter werden lassen. Er wurde zunehmend trauriger, trostloser, auch hoffnungsloser. Sonst spricht man ja immer davon, daß jemand sich im Alter läutert, daß er abgeklärter wird und sich dann mit vielem abfindet.

Bei Böll war es genau umgekehrt: Je älter er wurde, um so radikaler wurde er. Vielen blieb seine Radikalität fremd, diese Liebe und Menschlichkeit, die keinen Essay schreibt über »Menschenliebe und Humanismus«. Ein Kritiker hat in seinem letzten Roman *Frauen vor Flußlandschaft* einen Totalverriß der Bundesrepublik Deutschland gesehen. Das ist wohl wahr.

Heinrich Böll war der hierzulande nicht eben häufig vorkommende Erinnerungsarbeiter, der die Fähigkeit zu trauern vom Trümmerdeutschland der späten vierziger Jahre bis zum Mutlangener Raketendeutschland der frühen achtziger Jahre bewahrte.

In seinem letzten Rundfunkinterview erinnerte er sich: »Da kam Ende der vierziger Anfang der fünfziger Jahre der Kalte Krieg, die ersten Anzeichen der Remilitarisierung, oder sagen wir: Wiederbewaffnung. Und damit wurde ganz klar, daß die alten Kräfte der Industrie, die ja Hitler... finanziert hatten, nachweisbar, wie zum Beispiel Flick, ihr Geld an den KZs verdient hatten; daß diese alten Kräfte in der Wirtschaft stärker als im Militär wieder anfingen zu herrschen. Ich nenne das Beherrschung und nicht Regierung.«

In einer synthetischen Welt ohne Erinnerung ist alles dem Untergang geweiht, hat Böll gemeint. Zerstörung, Auslöschung von Erinnerung ist immer seine Angstvorstellung gewesen. Eine Menschheit ohne Erinnerung war für ihn der Alptraum der Geschichtslosigkeit. »Der gute Deutsche«, als der Böll im Ausland galt und als der er der Bundesrepublik einen Kredit verschaffte, den sie so gar nicht verdient hat, war Böll nicht zuletzt deshalb, weil er sich gegen diese Auslöschung von Erinnerung gewehrt hat. Er ist der »Moralist Böll« geworden, als in der Bundesrepublik kalte Machtvorstellungen über moralische Kriterien zu dominieren begannen. Man hat ihn dann in die Rolle des »Gewissens der Nation« gedrängt. Dagegen hat er sich gewehrt, weil da eine Heuchelei stattfand. Denn das kann ja eigentlich auch nur eine sehr gewissenlose Gesellschaft sich leisten, ihr »Gewissen« an einen einzelnen zu delegieren. Nur eine Gesellschaft, die sich selbst kein Gewissen mehr leistet, hat es nötig, einem einzigen Menschen diese Bürde aufzutragen; eine Gesellschaft, die meint, sie habe es wegen ihrer wirtschaftlichen Aufbauleistungen nicht mehr nötig, an Auschwitz erinnert zu werden (so Strauß).

Andererseits dann aber hat diese Rolle Böll so gern und hartnäckig ausgefüllt, daß es dieser Gesellschaft schon wieder lästig war –: Böll als das Gedächtnis der Nation. Da war er wunderbar altmodisch. Das, was längst nicht bewältigt war und ist, das wollte er nicht abgehakt wissen unter einem der entsetzlichsten Begriffe der Nachkriegszeit: der sogenannten Wiedergutmachung. Was da heißen sollte: sich mit der neuen harten Währung von einer nie zu tilgenden Schuld freikaufen.

Das war seine Überzeugung: daß man mit Geld eines der größten Verbrechen der Menschheitsgeschichte nicht tilgen kann wie einen Kredit bei einer Bank. Da hat er nie nachgegeben, das blieb sein Dauerthema: Über eines der schlimmsten Verbrechen kann ein Menschenleben nicht hinwegkommen. Und dafür hat er sich mit seinem Werk verbürgt.

Als er dann merkte, wie wenig er da aber bewirken konnte und oft im Ausland mehr verstanden wurde als im eigenen Land,

trotz hoher Auflagen, hat er sich von der bundesrepublikanischen Truppe entfernt.
Es war zum Beispiel in den letzten Jahren ein Traum von ihm, ein Land wie Nicaragua langfristig zu besuchen und sich dort in einem neuen Modell christlich-sozialistischer Prägung umzusehen, um so neue Phantasie zu entwickeln. Das war aufgrund seiner Krankheit nicht mehr möglich.
Heinrich Böll wirkte auf mich immer – selbst als er schon so krank war – wie einer der jüngsten Autoren, während manche jungen, allzufrüh vollendeten ehemaligen Heißsporne mir oft wie Greise erscheinen. Weil er es auch immer wieder schaffte, überraschend, zu Zeitpunkten, wo es keiner erwartete, das Unerwartete, Unbequeme und Störende offen beim Namen zu nennen. Er forderte: »Wer Augen hat, zu sehen, der sehe ... Der Blindekuh-Schriftsteller sieht nach innen, er baut sich eine Welt zurecht.« Er hat nie Ruhe gegeben, hat sich in dem Spielraum, den man ihm längst gestattete, nie bequem eingerichtet.
»Wir dürfen uns nicht fürchten, zu weit zu gehen«, hat er einmal gesagt, »und ich werde mir die Hoffnung auf diese *Utopie* nicht ausreden lassen.« Er verlagerte seine Utopien nie ins Jenseits, er benannte sie mit seiner schnörkellosen Klarsichtigkeit als – so Böll wörtlich –: »eine profitlose und klassenlose Gesellschaft«.
Es ist überhaupt interessant, daß es bei uns oft Ältere sind, die diese Unerschrockenheit besitzen, dieses Aufrührerische. So hat Böll zum Beispiel nie das Recht als Selbstzweck angesehen. Für ihn war etwa das staatliche Recht gleichzeitig im Keim immer auch schon das mögliche Unrecht, der Machtmißbrauch. Er hat bewußt Polizeiverordnungen und formales Recht gebrochen, um statt dessen Menschenrechte durchzusetzen. Das ging bis zur Fluchthilfe, als er einen Verfolgten, im Kofferraum seines Wagens versteckt, über Grenzen brachte.
Die Heuchelei vieler seiner Gegner bestand darin, daß sie ge-

nau wußten, daß Böll zum Beispiel vielen Schriftstellern in der Sowjetunion geholfen hat, worüber er selber nie sprach, auch um diesen bedrängten Autoren nicht zu schaden, und weil er nur helfen konnte, indem er das alles nicht an die große Glocke hing. Dann mußte er aber immer wieder erleben, daß man ihm vorwarf, daß Bücher von ihm in der Sowjetunion in hohen Auflagen erschienen, obwohl diejenigen, die ihm das vorwarfen, genau wußten, was er mit den Rubeln machte: nämlich verfolgte Autoren finanziell unterstützen.

Seit Heinrich Böll tot ist, erleben wir von seiten des Staates viel heuchlerische Pflichttrauer. Nach der Devise: Erst ein toter deutscher Dichter ist ein guter deutscher Dichter!

Erlauben Sie mir, zum Schluß noch kurz ein paar persönliche Gedanken mitzuteilen, wie sie mir am Todestag von Heinrich Böll kamen:

Dienstag, 16. Juli 1985

Heinrich Böll ist tot.
Es wird dunkler und kälter
mitten im Sommer.
Hein, du hast hingeschmissen,
Deine Venen und Nerven
waren nicht aus Stahl.
Du hast an allem gelitten
und geholfen, selbst da,
wo gnadenlose Jagd angesagt war.
Mit manchen Ehrungen, die Du über
Dich ergehen lassen mußtest,
haben sich Deine Ehrer
mehr Ehre angetan als Dir.
Und gegen Deine Lobredner von Staats seiten
und ein paar Aasgeier von der Kritikerzunft,
die Dich zu Lebzeiten
nicht mundtot machen konnten,
kannst Du Dich nun nicht mehr wehren.

Die Deine Werke nicht lesen,
werden Dir ein monumentales Denkmal setzen.
Sie wollen Dich und das Aufrührerische
Deiner Gedanken einmauern.
Hein, es gibt keinen,
der an Deine Stelle treten
und Dich ersetzen könnte.
Wir sind ärmer geworden.
Wir können von Dir lernen:
das Richtige auch zum nichtopportunen Zeitpunkt
zu sagen und zu tun.
An den Menschen und nicht an Institutionen zu glauben,
keiner starren Ideologie zu verfallen,
den jeweils Mächtigen zu mißtrauen.
Und wenn wieder Gleichschritt angesagt:
zu stolpern, um aus dem Tritt zu kommen.
Eher desertieren, als zu marschieren.
Widerstand leisten!
Nicht erst, wenn's zu spät ist,
in Diktaturen.
Leben und Werk nicht zu trennen
– so wie Du es vorgelebt –,
so bist Du nicht tot.

Predigt von unten

gehalten in der Johanniskirche Hannover-Wettbergen
am 1. Januar 1986

Liebe Freunde, liebe Christen,
liebe Gäste,
es gibt eine alte Tendenz, Gott *ganz oben* anzusiedeln: von den Hofpredigern König Davids über Friedrich Wilhelm bis zu den Helmuts von heute. Da singt man mit Vorliebe »Lobe den Herrn, der alles so herrlich regieret« oder »Großer Gott, wir loben Dich, Herr, wir preisen Deine Stärke«. Von da aus ist es dann oft nur noch ein kleiner Schritt zur eigenen »Politik der Stärke«. Und wenn dann solche Lieder vom »Herrn der Heerscharen« noch mit dem Ruf »Helm ab zum Gebet!« beim Zapfenstreich ertönen, dann kriegen die irdischen Herrn auch schon mal feuchte Augen.
Daneben – nein: dagegen – gibt es den uralten Versuch, Gott *ganz unten* zu suchen und zu finden.
Das beginnt mit der Geschichte vom Auszug der unterdrückten Hebräer aus der ägyptischen Sklaverei und ist mit der »Theologie der Befreiung« und der Praxis christlicher Basisgemeinden noch längst nicht zu Ende.
Gott *ganz unten,* das ist – richtig verstanden – auch der Kern der Weihnachtsbotschaft, die freilich in den letzten Tagen vor dem Fest – wie alle Jahre wieder – in der Schnulze »vom blonden Knaben im lockigen Haar« unterzugehen droht. Doch betrachten wir die nichtretuschierte Geschichte von der Krippe, von der zugigen Notunterkunft in Bethlehem. Da wird Jesus zwischen Ochs und Esel auf die kalte Erde geworfen. Die »Hirten

auf dem Felde« bekommen als erste die frohe Botschaft – die »kleinen Leute«, wie sie von den sogenannten Großen herablassend genannt werden. Und bei diesen »kleinen Leuten« ist Jesus konsequent sein Leben lang geblieben, bis dahin, als man seine Stimme zu ersticken suchte: am Kreuz auf Golgatha, dem Ort, der bekanntlich die Müllkippe Jerusalems war – *draußen vor der Stadt.*

Im Christus-Bekenntnis, das Paulus im Philipperbrief zitiert, heißt es: »Er entäußerte sich selbst und nahm die Gestalt eines Sklaven an ...« – nicht als vorübergehende Verkleidung, sondern mit vollständiger, lebenslanger Identifizierung, ohne irgendein Zurück zu den Privilegien einer sogenannten gesicherten Existenz! Jesus blieb lebenslang ohne Besitz und Sicherheit bei denen *ganz unten.*

Kommen wir zurück zu der Geschichte vom Auszug der Hebräer aus Ägypten, zum *Exodus.* Als wesentlicher Grund für den Exodus wird die unerträgliche *Arbeitsplatzsituation* in einem wirtschaftlich blühenden Land angeführt. Der Pharao erscheint als erfolgreicher Wirtschaftspolitiker, der in den fetten Jahren durch den Bau riesiger Vorratsspeicher für die mageren Jahre Vorsorge trifft.

Arbeit gibt es genug, auch für Gastarbeiter, die in Notzeiten nach Ägypten strömen. Sie nehmen schlechte Löhne und Mißhandlungen in Kauf, um zu überleben.

Zu diesen Gastarbeitern gehören auch Vorfahren des späteren Israel. Hebräer werden sie genannt, übrigens nicht nur sie, sondern auch Fremdarbeiter aus allen anderen Ländern. Hebräer ist ursprünglich eine Art Schimpfwort, das klang so ähnlich wie *Pack, Gesindel, Gesocks.* Es betraf Menschen, die weniger Rechte hatten als die einheimischen, speziell Ausländer, *Untermenschen, Kanaken,* wie manche bei uns sagen.

Solche Hebräer – wird uns erzählt – wollen eines Tages ein religiöses Fest feiern: Sonderurlaub also. Der Pharao reagiert darauf äußerst scharf.

Ich lese Ihnen das wörtlich aus dem Buch »Exodus«, dem »zweiten Buch Mose« vor: Es »... *befahl der Pharao den ägyptischen Aufsehern und den israelitischen Vorarbeitern: ›Liefert dem Volk kein Stroh mehr zur Herstellung der Ziegelsteine. Sie sollen es sich selbst suchen! Aber die Anzahl der Ziegelsteine, die täglich abzuliefern sind, muß dieselbe bleiben. Ihr dürft sie nicht verringern: denn die Israeliten sind faul, und nur deswegen schreien sie: »Wir wollen gehen und unserem Gott Opfer bringen. ›Die Leute müssen mehr Arbeit haben. Dann sind sie beschäftigt und werden nicht auf verführerische Reden hören.‹ Die Aufseher und Vorarbeiter gingen hin und gaben den Befehl an die Bevölkerung weiter ...*
So suchte das Volk im ganzen Land Ägypten Stroh zusammen. Die ägyptischen Aufseher trieben die Leute an: ›Ihr müßt genausoviel Ziegel herstellen wie früher, als euch noch Stroh geliefert wurde!‹ Zu den Vorarbeitern, die sie über die Israeliten eingesetzt hatten, sagten sie: ›Warum habt ihr heute nicht die vorgeschriebene Anzahl abgeliefert?‹ Und sie schlugen sie.
Da beschwerten sich die Vorarbeiter der Israeliten beim Pharao: ›Warum tust du uns das an? Man hat unseren Leuten kein Stroh geliefert, und doch sollen sie Ziegel herstellen. Sogar geschlagen hat man uns. Aber die Schuld liegt bei deinen eigenen Leuten!‹
Der Pharao antwortete: ›Faul seid ihr, ganz einfach faul. Deswegen wollt ihr auch, daß ich euch gehen lasse, um dem Herrn Opfer zu bringen. Macht, daß ihr wieder an eure Arbeit kommt! Stroh bekommt ihr nicht: aber die vorgeschriebene Anzahl Ziegel wird abgeliefert!‹
Da sahen sie, daß es keinen Ausweg gab; die Israeliten mußten die gleiche Menge Ziegel fertigstellen wie bisher.«
Eine sehr plastische Beschreibung dessen, was wir heute als »Akkordhetze« (mit all ihren schlimmen Folgen) kennen; und eine offen sozialkritische dazu. (Fast möchte ich sagen: Das hat ein ganz frühes Vorbild von mir geschrieben!)
Was hier geschildert wird, erleben Millionen Billiglohn-Arbei-

ter in der sogenannten Dritten Welt tagtäglich, in abgeschwächter Form aber auch bei uns. Und wenn dagegen protestiert wird, kommen von oben stets die alten Argumente: »Denen geht es zu gut, die sind nur zu faul«, oder bei uns: »Solln die doch zurück in ihre Heimatländer.«
Sie wissen, wie die alte Geschichte weitergeht: Durch göttliche Initiative werden die Hebräer aus ihrer unerträglichen Arbeitssituation im Land Ägypten herausgeholt. Dies gilt als das befreiende Urerlebnis, und hier wird Gott als Befreier entdeckt: nicht im Tempel Pharaos, nicht dort, wo die religiösen Diskussionen der Privilegierten stattfinden, sondern am Arbeitsplatz derer, die *ganz unten* malochen. – Übrigens habe ich beim Hineinvertiefen in die Schriften herausgefunden, daß »malochen« ein hebräisches Wort ist und soviel bedeutet wie: niedere Arbeiten verrichten, schuften.
Dieser überlieferte Bericht vom »Exodus« gehört zum Herzstück auch heutiger »Theologie der Befreiung«, die man besonders in Lateinamerika und Südafrika zu praktizieren versucht. Viele Dritte-Welt-Gruppen bei uns unterstützen das, aber die Menschen in der Dritten Welt erwarten von uns noch etwas ganz anderes. Darauf hat mich jetzt nach Erscheinen meines Buches die Regionalgruppe München der katholischen Initiative »Kirche von unten« aufmerksam gemacht. Sie schreiben, ich hätte hier in der Bundesrepublik etwas von dem getan, was man in Lateinamerika von uns erwartet. Und sie zitieren den brasilianischen Kardinal Lorscheider: »Habt ihr in Deutschland keine Unterdrückten? Ihr müßt anfangen, denen bei der Befreiung beizustehen, die bei euch unterdrückt sind. Wenn ihr die Befreiung bei euch erfahrt, dann könnt ihr uns damit die beste Solidarität erweisen.«
Meine Arbeit wird durch die Initiative »Kirche von unten« in den Zusammenhang der »Theologie« und vor allem der »Praxis der Befreiung« gestellt. Ich bin damit gern einverstanden. Das kann übrigens nur diejenigen wundern, die meine Demaskie-

rung katholischer Pfarrer in meinem Buch als Absage an die Kirche schlechthin mißverstanden haben. Ich habe in beiden Kirchen soziales Engagement erfahren, das ich respektabel finde: die langjährige Industriearbeit des evangelischen Pfarrers Symanowski und vieler, die es ihm gleichgetan haben; dann die Arbeit katholischer Arbeiterpriester in vielen Ländern der Welt – um nur zwei Beispiele zu nennen. Diese Arbeit ist ja leider in vielem von der Amtskirche behindert, zum Teil sogar verhindert worden; von einer Kirche, bei der allzusehr der Hierarchie-Kult im Vordergrund steht.

Und man hat immer wieder den Eindruck: Da, wo Gott autonom gesetzt wird, ins Jenseits verbannt wird, da, wo er vergötzt wird, dort kommen die Belange des Menschen zu kurz. Ich wünsche mir dann stets, daß man Christus von dort zurückholt – wenn er schon nicht von selbst kommt – und ihn wiederentdeckt als einen Menschen wie du und ich, nur eben als einen der radikalsten, der seinen Weg zu Ende gegangen ist und keinerlei Kompromisse eingegangen ist.

Was mich mit all diesen Christen verbindet, ist das, was man in der religiösen Sprache ganz schlicht »Nachfolge Christi« nennt. Ich habe das in meinem jüngsten Buch in der Gestalt des Ali so ausgedrückt: »Ich finde Leben und Werk Christi überzeugend!« Deshalb habe ich dem kirchenkritischen Kapitel dieses Buches auch mit voller Absicht und Überzeugung einen Satz Jesu Christi aus dem Matthäus-Evangelium vorangestellt, in dem es an entscheidender Stelle um Fremde und Obdachlose geht. Da sagt Christus: »Ich war fremd und obdachlos, und ihr habt mich aufgenommen. Wahrlich, ich sage euch: Was ihr einem unter den geringsten meiner Brüder getan habt, das habt ihr mir getan.« Dieser Satz ist leider oft im Sinne einer puren Aufforderung zur Mildtätigkeit mißverstanden worden.

Der von der Amtskirche disziplinierte katholische Theologe Adolf Holl hat in seinem Buch »Jesus in schlechter Gesellschaft« wohl treffender noch ausgedrückt, worauf es Jesus

Christus damals ankam: »Das Lied, das Jesus den Armen gesungen hat, kam *nicht von oben,* wo das Brot verteilt wird. Jesus hat eine bevorzugende Neigung für die Armen, die Ausgestoßenen. Er nimmt also Partei, schlägt sich auf eine sehr bestimmte Seite, sicher nicht die der Herren. Mit diesem *Zug nach unten* zu den Armen und Verachteten, zu den ›marginales‹ (wie man sie in Südamerika nennt), wird Jesus selber zu einer Randperson, zu einem *marginal man.*«
Nicht Mildtätigkeit von oben, sondern Identifizierung und praktische Solidarität führen zu wirklichen Befreiungserfahrungen. Solche Erfahrungen – darüber freue ich mich, dafür bin ich dankbar – sind offensichtlich auch durch meine Arbeit und mein Buch ausgelöst worden. Das zeigten mir an die 100 Briefe, die ich täglich bekomme, aber auch verstärkte Kontakte zu meinen früheren Arbeitskollegen.
»Tue deinen Mund auf für die Stummen« – heißt es in einer in den Kirchen oft zitierten Aufforderung aus den »Sprüchen Salomonis«. Auf unsere Zeit bezogen: Diejenigen, die am meisten zu sagen hätten, haben bei uns nichts zu sagen – ihnen muß man zum Sprechen verhelfen und Gehör verschaffen. Auf Dauer am wichtigsten ist jedoch, daß die Stummen selbst zu reden beginnen, entsprechend dem, was Jesus als tatsächliche Konsequenz der Verheißungen des Evangeliums ansah – und zwar nicht im wundergläubigen, vielmehr im sehr praktischen, sozialen Sinn: »Blinde sehen, Lahme gehen, Aussätzige werden rein, Taube hören.«
In diesem Sinne hat es mich ganz besonders gefreut, daß bislang eingeschüchterte türkische Kollegen jetzt anfangen, offen über ihre Probleme zu reden, Beschwerde zu führen, Anklage zu erheben, daß sie vor die Kameras treten. Auf den Veranstaltungen, die ich fast täglich mache, kommen sie ans Mikrofon; sie haben keine Angst mehr und reden über ihre Situation, auch wenn sie »Illegale« sind, und wissen: Es gibt den Schutz einer »schweigenden Mehrheit«. Auch bei Behörden findet man bis-

weilen so etwas wie soziale Phantasie, aus Bürokraten können Menschen werden.
Ich habe es zuletzt auf einer Veranstaltung in Tübingen erlebt, zu der sich mehr als 2500 Studenten versammelt hatten, daß 80 Prozent direkt Betroffene an das Mikrofon traten – vornehmlich Ausländer, Leiharbeiter, auch »Illegale« darunter – und zunächst stammelnd, dann immer befreiter über ihre Lebens- und Arbeitssituation sprachen und dabei getragen wurden von der Stimmung der Studenten. Ein junger Türke war darunter, der sagte, zum ersten Mal habe er den Mut, offen zu bekennen, daß er türkischer Nationalität sei, er habe sich bis dahin immer dafür geschämt.
Daß diese neue Verständigung zustande kommt, daß das Gewissen einer Nation sozusagen wachgerüttelt werden kann und daß die Minderheit, die Hasser mit ihren Türken-Witzen, welche oft den Juden-Witzen entlehnt sind, zur Zeit etwas beschämt ist, sich in die Ecke gestellt sieht, das ist – so glaube ich – ein guter Anfang. Aber dabei darf es nicht bleiben!
Vergessen wir nicht: Am Arbeitsplatz selbst muß sich Grundsätzliches ändern, wie damals in Ägypten, so heute hier bei uns. Ich freue mich darüber, daß zur Zeit verstärkt gegen illegale Leiharbeit vorgegangen wird, daß Gesetzesinitiativen in Gang kommen, daß Gewerkschafter aktiver werden. Eigentlich müßte ja der Protest gegen illegale Unternehmenspraktiken, gegen Hungerlöhne für Ausländer, gegen die Herrschaft des Geldes und des Kapitals Herzstück auch – und gerade! – kirchlicher Arbeit sein. Aber davon ist leider – wenn ich das richtig sehe – nur wenig zu spüren. Ich würde mich freuen, wenn meine Arbeit und mein Buch für diejenigen Verstärkung bedeuten würden, die in Industrie-Pfarrämtern, Schulen und Gemeinden näher an jene Basis herankommen wollen, die wirklich *ganz unten* ist.
Den Mund auftun für die Stummen hilft allein aber noch nicht, auch nicht das Reden der ehemals Stummen selbst. Praktische

Schritte müssen folgen, nicht nur einige kosmetische Verbesserungen schlechter Verhältnisse. Der alte Spruch vom »Mund auftun für die Stummen« endete mit der Aufforderung: »Schaffe Recht dem Elenden und Armen!«
Gerechte Verhältnisse schaffen – darum geht es! In der Geschichte vom »Exodus« war man zu der Erkenntnis gekommen, daß die Situation im Pyramidenstaat des Pharao nicht mehr zu verbessern war, daß man aus diesen Verhältnissen ganz heraus mußte. Eine Herausforderung auch an uns, uns nicht mit Vertröstungen und Reformen auf dem Papier abfinden und abspeisen zu lassen. Recht schaffen ist eine radikale Sache.
Wir dürfen uns nicht verlassen auf die Behörden, auf den Staat, auf unsere Politiker, wir müssen bei uns selbst anfangen, jeder in seiner Nachbarschaft, am Arbeitsplatz. Wir müssen auf den ausländischen Kollegen zugehen, der durch Sprachbarrieren gehemmt ist, verunsichert ist, in Isolation, einem Getto-Dasein sich befindet.
Jeder einzelne ist gefordert, die ersten Schritte zu tun, bei sich zu überprüfen: Wo gibt es Freundschaft mit Ausländern, wo kann man sich näherkommen, wo sich kennenlernen? Dies nicht etwa aus einer Haltung der Barmherzigkeit und Mildtätigkeit, sondern vielmehr auch aus einem ganz egoistischen Prinzip heraus: Man bereichert sein eigenes Leben, wenn man fremde Kulturen kennenlernt. Man kann auch erfahren, was sie der eigenen Kultur manchmal voraus haben, was sie einem geben können.
Gerade in letzter Zeit stellen sich verstärkt auch aktive Christen Ausländern zur Verfügung, die Schwierigkeiten mit Behörden haben, die ausgewiesen werden sollen. Man erlebt hierbei immer wieder, daß Behördenvertreter oft viel vorsichtiger werden, falls Deutsche – besonders wenn sie Amt und Ansehen haben – Ausländer zu Behörden begleiten.
Drohende Ausweisungen – das Ausländerrecht ist oft ein Gnadenrecht, kann so oder so ausgelegt werden! – können so doch

noch verhindert werden, Behördenvertreter dahingehend beeinflußt werden, sich an die bestehenden Gesetze zu halten oder sie sogar unter menschlichen Gesichtspunkten anzuwenden.

Wir haben das im Ruhrgebiet zuletzt häufiger erlebt, daß Gewerkschaftsfunktionäre aktiv wurden, daß Ausweisungen abgewendet werden konnten, daß Wohnungen geschaffen wurden, daß sogar in einzelnen Fällen Festeinstellungen erfolgen konnten.

Ich war vor kurzem mit einer Gruppe in Stuttgart – auch protestantische Christen dabei – beim Ausländeramt. Wir haben ein freundliches, vorweihnachtliches Go-in gemacht, haben den Leiter des Ausländeramtes zur Rede gestellt. Es ging um fünf Familien, die von der Ausweisung bedroht waren. Wir haben es leider nur in einem Fall geschafft, eine Ausweisung abzuwehren: ein sehr drastischer Fall, bei dem eine akute Selbstmordgefährdung eines Kindes vorlag – das Mädchen ging hier zur Schule, eine sehr gute Schülerin, eine Türkin; sie sprach kaum noch Türkisch, wie man es oft erlebt. Sie weigerte sich absolut, mit ihren Eltern zwangsweise in dieses fremde Heimatland abgeschoben zu werden. In diesem Falle konnte die Ausweisung verhindert werden. In zwei anderen Fällen konnte sie wenigstens bis zum Frühjahr aufgeschoben werden und mußte nicht jetzt in der kalten Jahreszeit erfolgen.

Es gibt in einzelnen Städten Initiativen der protestantischen Kirche, die – wie ich finde – nachahmenswert sind: Wenn es sich um drastische Härtefälle handelt, wo Menschenleben unter Umständen in Gefahr sind, auch bei Asylsuchenden, die aus politischen Gründen dann doch nicht anerkannt werden und denen Folter und Verfolgung drohen in ihren Heimatländern, in solchen Fällen versteckt man diese Menschen; diejenigen, die es sich leisten können, brechen formales Recht bewußt, um Menschenrechte durchzusetzen. Denn das Recht – zu Ende gedacht – ist immer auf seiten der Opfer, ist auf seiten der Schwä-

cheren und ist nicht nur das, was auf dem Papier steht. Die Durchsetzung von Menschenrechten kann oft nur durch bewußtes Brechen und Verletzen formaler Rechte und Polizeiverordnungen erfolgen.
Ich möchte einen Auszug aus einem der vielen Briefe, die ich täglich bekomme, vorstellen, weil es ein ganz typischer, ein normaler Fall ist. Ein türkischer Arbeiter hier aus der weiteren Umgebung schreibt: »Wir arbeiten in einer Firma, deren Arbeitnehmer fast ausschließlich aus ausländischen Arbeitnehmern – davon der größte Teil aus der Türkei – bestehen. Von diesen haben zwanzig Prozent eine Arbeitserlaubnis, und deren Verdienst beträgt sieben bis zehn Mark pro Stunde. Die anderen 80 Prozent werden von der Firma schwarz beschäftigt und bekommen als Stundenlohn zwischen fünf und sieben Mark. Obwohl wir Mitglied der Gewerkschaft sind und hier unsere Interessen geäußert haben, ist von seiten der Gewerkschaft noch nichts gegenüber der Firma unternommen worden. Da sowohl die Polizei, das Arbeitsamt als auch die Gewerkschaft weiß, daß bei dieser Firma Schwarzarbeiter beschäftigt werden, geschieht nichts. Da wir gerne unsere Situation an die Öffentlichkeit bringen wollen, fragen wir dich, ob du uns in dieser Angelegenheit helfen kannst.«
Er schlägt vor, daß ich mich noch einmal kurzfristig dort in die Rolle eines Ausländers begebe, um von innen her ihre Lage zu erleben. Vielleicht kann das aber auch einmal ein anderer tun. Ich erhebe keinen Alleinvertretungsanspruch, und das ist eine Methode der Teilnahme, der Herstellung von Betroffenheit, die auch viele andere übernehmen können.
Ich will aber auch noch eine weitere typische Reaktion mitteilen: Ich bekomme selbst nur wenige Drohbriefe, ich kann sagen: eins zu hundert. Nun gibt es zwar auch Briefe an das »Türkenschwein Günter Wallraff«, es gibt jedoch viele Briefe an einen mir bekannten engagierten Gewerkschafter, der gerade in letzter Zeit Ausweisungen verhindert, Festeinstellungen in

Duisburg durchgesetzt hat. Dieser bekommt außerdem zu jeder Tages- und Nachtzeit anonyme Anrufe.
In diesem Fall nun hat sich eine junge türkische Arbeiterin mit einem Leserbrief an die *Westdeutsche Allgemeine Zeitung* gewandt und geschrieben: »Ich lebe nun 15 Jahre in Deutschland, in dieser Zeit ist Deutschland meine Heimat geworden. Ich habe viele deutsche Freunde, die mich als Türkin genauso achten wie ich sie als Deutsche, aber immer wieder werde ich mit Menschen konfrontiert, die mir Verachtung und Haß entgegenbringen.« Und dann beruft sie sich noch auf das Buch *Ganz unten* und schreibt, es habe ihr geholfen, mit dem Haß und der Verachtung fertig zu werden. Dieser Leserbrief, den sie mit ihrer Adresse kennzeichnete, provozierte folgenden anonymen Drohbrief – das ist ein Drohbrief, wie ihn mir Ausländer, in gleichem Tenor abgefaßt, immer wieder zeigen; es gibt welche, die haben eine Schublade damit voll. (Es kocht noch; es ist zwar eine Minderheit, aber eine sehr aktive. Oft sind es die Brutalsten, die Wortführer, die Ellbogen-Menschen.)
Der Brief lautet: »Ihre Heimat ist die Türkei und nicht Deutschland. Diese deutschen Freunde sind alle Volksverräter. Ein deutscher Mann spricht nicht mit einer Türkin, ebenso eine Frau. Wir sind keine Herrenmenschen, aber ob Türkin oder Türke, dieses Volk gehört dahin, wo es hergekommen ist. In ihrem Land kannten sie weder Telefon noch Fernsehen. Sie wissen nicht einmal, wie alt sie sind. Ein Volk auf der untersten Stufe. Was alle Türken gut können, ob Mann oder Frau, ist, die Deutschen ausbeuten. Nichts arbeiten, aber viele Kinder in die Welt setzen, ist auch Arbeit auf Türkenart. Viele Kinder, viel Kindergeld auf Deutschlands Kosten. Noch einen Artikel in der Zeitung, und es gibt 100 Stockschläge auf den Arsch. Unsere Truppe findet alle, und raus mit dem Volk der Knoblauchfresser. Aber wie gesagt, vorher gibt es noch blaue Flekken an euerm Körper.«
So etwas ist leider keine Ausnahme, und auch da, wo es sich in

physischer Gewalt entlädt, ist es eigentlich immer nur Ausdruck einer ganz alltäglichen Gewalt, wie sie immer und überall – neben uns, unter uns – stattfindet. Und wenn diese alltägliche Gewalt überwunden ist, widerlegt ist, dann findet auch nicht mehr statt, was in Hamburg gerade wieder einen jungen Türken das Leben gekostet hat, der von verhetzten neofaschistischen jugendlichen Skinheads überfahren und dann zu Tode geprügelt wurde. Für jede solcher extremen Gewaltanwendungen finden sich Zigtausende alltäglicher Gewaltakte, bei denen keine Presse mobil wird, die wir selbst aufspüren müssen.
Ich möchte zum Schluß ein Gedicht vorstellen, das dem Ausdruck verleiht, was meine früheren Arbeitskollegen gespürt, gefühlt haben, nur so nicht in Worte fassen konnten. Ich habe dabei eigentlich nur Formulierungshilfe geleistet für die jungen Ausländer der zweiten Generation, die sich im Grunde als Deutsche fühlen, aber nicht akzeptiert, nicht aufgenommen werden. Vielleicht auch deshalb, weil sie sich vom Aussehen her noch unterscheiden, obwohl es unter ihnen welche gibt, die das retuschieren möchten und sich die Haare blond färben, um äußerlich nicht aufzufallen. Es gibt welche, die fast perfekt Deutsch sprechen und die, wenn sie sich am Telefon um eine Wohnung oder um eine Arbeit bemühen, zunächst durchaus Zusagen bekommen. Wenn sie dann auftauchen und ihr Äußeres sie als Ausländer verrät, dann heißt es: Ist schon vergeben.
Zur Zeit versuchen gerade die Bundesländer, die sich gern besonders christlich aufspielen, das Ausländerrecht am rigidesten, am schärfsten auszulegen. Ich bekomme die meisten Zuschriften aus Baden-Württemberg und Bayern, also den Ländern, die glauben, das C geradezu gepachtet zu haben. Man muß sich fragen: Wenn Christus heute leben würde, würde er dann nicht mit einer einstweiligen Verfügung »seiner« Partei untersagen, dieses C und seinen Namen aus Tarnungs- und Geschäftsgründen mißbräuchlich zu verwenden?

In diesen Ländern also fängt man jetzt an, mit dem Metermaß an die Wohnungen der Ausländer heranzugehen, man verlangt eine bestimmte Quadratmeterfläche, einen Mindestwohnraum, sonst droht man mit sofortiger Abschiebung. Früher, als die Arbeitsmarktlage noch anders aussah, hat keiner danach gefragt, hat man sie in Massenquartiere hineingestopft und reingepfercht – plötzlich aber entdeckt man, daß Menschen einen bestimmten Wohnraum brauchen, auch wenn sie in der Regel gar keine größeren Wohnungen finden. So kommt es vor, daß eine vierköpfige Familie ausgewiesen wird, weil ihre Wohnung 47 Quadratmeter hat und nicht, wie vorgeschrieben, 60.

Die Statistik besagt, daß junge Türken, junge Ausländer überhaupt, zu mehr als einem Drittel psychisch krank sind; daß sie mit psychosomatischen Erkrankungen reagieren, weil sie das meiste in sich hineinfressen, fast alles schlucken, weil sie es nicht wagen, etwas zurückzugeben.

Ich habe mich am Arbeitsplatz oft gefragt, warum nicht jede Woche einer von ihnen Amok läuft, bei dem, was sie zu ertragen haben. Die Kriminalstatistik zeigt, daß bei vergleichbaren Jahrgängen – ganz anders, als die Boulevardpresse uns glauben machen will – die Gewalttaten bei jungen Ausländern zahlenmäßig geringer sind als bei ihren deutschen Altersgenossen. Das liegt daran, daß sich jemand natürlich um so mehr gefallen läßt, je mehr er Angst haben muß, anderenfalls ausgewiesen zu werden. Beim geringsten Ausfälligwerden gibt es Ämter, die mit Abschiebung schnell bei der Hand sind.

Ich stelle Ihnen nun zum Schluß dieses Gedicht vor, das ich zusammen mit meinen ausländischen Kollegen formuliert habe:

1. Wir haben nichts
   und alles
   zu verlieren.
   Sie nehmen uns

das bißchen noch
vom Leben
und geben uns
den Rest.

2. Wir sind ihre Müllschlucker
ihre Fußabtreter
ihr Menschenschrott.

3. Solange wir uns alles gefallenlassen
kriegen wir keine Prügel
aber wehe, wir mucken auf
und sagen, was wir denken
oder fordern Rechte
dann zahlen sie es uns
doppelt und dreifach heim
und sagen, geht dahin
wo ihr hergekommen seid
aber da können
wir nicht hin zurück
da sind andere
an unserer Stelle
wir sind schon zu lange hier
unsere Sprache, Freude und Kraft
haben sie uns geraubt.
Und ihre Art zu leben
macht uns frieren
und die Heimat unserer Eltern
ist für uns die Fremde.

4. Sie hören uns nicht zu
auf unsere Fragen geben sie uns
keine Antworten.
Wir haben keinen Namen mehr
wir haben keine richtige Heimat
wir sind niemand
wir sind nichts.

5. Wir klagen euch an:
ihr habt uns
unsere Seele gestohlen.
Jetzt sind wir eure Roboter
seit Jahren ist Stromausfall
unsere Akkus sind leer.
Einige Ältere von uns
erinnern sich noch
wir waren einmal
Menschen.

Rede zur Verleihung des Courage-Ordens

am 19. 1. 1986

Liebe Närrinnen und Narren,
liebe Bürstädter und
liebe Anke Fuchs.

Ich danke. Ich bin stolz, daß ich diesen Orden bekommen habe. Ich habe mir das nicht lange überlegt, weil ich entdeckt habe, daß hier Karnevalisten als erste eine Tradition meiner Arbeit aufgespürt haben, bei der Literaturwissenschaftler sich sehr schwertun, die ihre Literatur immer sehr feierlich behandeln und unheimlich ernst nehmen. Hier haben Karnevalisten entdeckt, wo ich herkomme, wer mich auch mit antreibt und wer mir da zur Seite steht. Ich muß sagen, ich bin über diesen Orden erfreuter als über die Androhung, mich mit einem anderen Orden zu dekorieren. Vom Regierungspräsidenten in Köln wurde nämlich bei mir angefragt, ob ich bereit sei, das Bundesverdienstkreuz anzunehmen. Es hätte mehrere Vorschläge gegeben, und ich sollte meine weiteren Verdienste hier auch noch anmelden. Da habe ich vorbeugend abgelehnt und gesagt, bei dieser Wenderegierung würde ich das nicht als Ehre empfinden. Diesen Karnevalsorden empfinde ich als Ehre.

Als ich die Nachricht erhielt, daß ich Ihren Courage-Orden bekommen soll, habe ich mir erst mal überlegt, wofür soll denn überhaupt ausgerechnet ich damit ausgezeichnet werden. Abgesehen davon, daß ich mich erst mit dem Gedanken auch einmal anfreunden mußte, daß ich mich in der Gemeinschaft z. B. mit einem Ordensbruder wie Hans Dietrich Genscher wiederfinden würde. Aber so eine Kröte muß man schlucken. Oder auch Norbert Blüm, den ich von seiner Vergangenheit her schätze, als er in den Sozialausschüssen seiner Partei sehr aktiv war und zu einem der unruhigen Geister gehörte, so einer der kritischen Christen, vor denen ich großen Respekt habe. Aber der sich doch leider in letzter Zeit allzuweit von seiner gewerkschaftlichen Herkunft entfernt hat und sich voll in den Dienst der Arbeitgeberinteressen gestellt hat.

Wenn Sie mich jetzt ehren, dann sicherlich nicht, so nehme ich an, um diese Reihe fortzusetzen. Ich vermute vielmehr, daß Sie eine Tradition in meiner Arbeit entdeckt haben, die eher mit den Ursprüngen des Karnevals im Volk zu tun hat. Weniger mit der Tatsache, daß der Karneval häufig, in den Großstädten zumindest, wenn er offiziell gefeiert und verordnet wird, als eine Veranstaltung der Oberen verkommen kann, die sich dann alljährlich selber feiern und feiern lassen. Hier im Ort hat es ja auch Mißverständnisse gegeben. Es gab einen jungen Pfarrer, der, so befürchte ich, meine Arbeit gar nicht kennt oder sie nur unzulänglich kennt und nur von Reizworten her reagiert hat. Er hat mir einen Brief geschrieben, daß wir uns mal unterhalten sollten. Ich nehme dieses Angebot gerne wahr, weil ich finde, wenn man sich kennenlernt, wenn man wirklich miteinander redet, dann können Vorurteile abgebaut werden. Dann bin ich zuversichtlich, daß er auch eine sehr christliche Tradition in meiner Arbeit entdeckt, die nichts mit der Amtskirche hier zu tun hat. Hier in der Bundesrepublik bin ich früher als praktizierender Katholik, Mitglied der Amtskirche, irgendwann ausgetreten. Ich wäre in Holland sicherlich noch Mitglied, ich wäre auch in Lateinamerika Mitglied. Ich habe im übrigen von der protestantischen Kirche aus, die nicht so sehr diesen Jenseitsglauben drauf hat, die etwas sozialer engagiert ist, mehrere Veranstaltungen in großen Kirchen gehabt, in Berlin-Kreuzberg, wo sehr viele Ausländer sind, und habe dort mit Deutschen und Ausländern über dieses Problem diskutiert. Ich war auch eingeladen, zum Neujahrsgottesdienst 1986 in einer eher konservativen Gemeinde in Hannover die Predigt zu halten, und habe das als ganz normal und selbstverständlich empfunden.

Aber vielleicht hat dieser Geistliche hier mir auch krummgenommen, daß in meinem Buch diese Konfrontation mit katholischen Pfarrern stattfindet, wo ich als Türke Ali unbedingt katholisch werden will und simuliert habe, daß ich in der Türkei Gefängnis und Folter zu erwarten habe, und daß ich eine deutsche Braut habe, deren Eltern sehr konservativ, katholisch sind, die mich nur akzeptieren, wenn diese Hochzeit katholisch vorgenommen wird. Ich habe bei diesen Pfarrern nur mein eigenes Christusverständnis immer wieder vorgebracht. Das habe ich nicht geheuchelt, das kann man im Buch nachlesen, das ist mein eigenes. Das bin immer ich; wenn »Ich Ali« da auftaucht, dann ist Ich der Vorname und Ali der Nachname. In dem Fall mußte ich erleben, daß die meisten Pfarrer mich gar nicht wollten. Die wollten nicht so einen türkischen Malocher in ihrer Gemeinde haben. Obwohl ich alles wußte, was man kennen muß. Ich hatte von meiner Vergangenheit her nun alles drauf. Ich habe denen Gebete hergesagt, ich habe sogar Choräle gesungen, aber das nützte nichts. Ich habe dann einen jungen Pfarrer gefunden, der war strafversetzt, der hat urchristlich gehandelt und hat gesagt: Klar, du gehörst dazu. Wann sollen wir taufen? Morgen? Der hat sich im ursprünglichen Sinn christlich verhalten. Ich bekam später heraus, daß es ein Pole war, der einer Kirche angehört, die sich mit den Verfolgten identifiziert und auch häufig Verfolgte versteckt.

Im übrigen, wenn diese Pfarrer in meinem Kapitel oft Verhaltensweisen und Redewendungen an den Tag legen, die an eine Mischung aus Karl Valentin und Dieter Hildebrandt erinnern, dann ist das nicht mein Verdienst – das ist ihr eigenes ursprüngliches Selbstverständnis. Ich habe das nur hervorgelockt. Mir ist es nur gelungen, sie zum unverstellten Reagieren und Sprechen zu bringen. Ich vermute, wie gesagt, daß Sie eine Tradition in meiner Arbeit entdeckt haben, die mit den Ursprüngen des Karnevals im Volk zu tun hat und weniger mit der Tatsache, daß der Karneval zu einer Veranstaltung der Oberen geworden ist. Da vermute ich, daß Sie in der Figur aus meinem neuen Buch *Ganz unten* eine Traditionslinie wiederentdeckt haben, die z. B. auch zu Till Eulenspiegel führt. Hier ist ja auch das Symbol am Rednerpult wiederzufinden. Till Eulenspiegel hat mir bei der Arbeit immer wieder mal über die Schultern geguckt, er hat mir Ideen und Anregungen gegeben und mir manches erleichtert. Man kann nicht immer nur alles einstecken, alles schlucken, man muß es auch mal wieder zurückgeben, sonst verkümmert man, sonst geht man daran zugrunde. Aber auch Schwejk hat mir eine Orientierung gegeben, und der hat mir oft geholfen, mich gegen Demütigungen und Beleidigungen durchzusetzen und mich nicht allzusehr verhärten und erbittern zu lassen, sondern es den Verursachern zurückzugeben, auch wenn sie es zuerst mal nicht gemerkt haben. Wer sich diesen Ich Ali genau ansieht, der merkt, daß das ein Typ ist, der sich oft sehr närrisch verhält oder zumindest nicht ernst genommen wird, der behandelt wird wie jemand, der nicht dazugehört. Da kann er es sich leisten, alle Fragen zu stellen, auch die dümmsten Fragen, die sonst nicht erlaubt sind, in einer so erwachsenen, so formvollendeten, supergescheiten Gesellschaft.

Das war im übrigen das Befreiende in dieser Rolle. Ich konnte mir alle Fragen erlauben, die sich ein Erwachsener, ein Schriftsteller und Journalist, ein ernstgenommener Staatsbürger nie leisten kann. Ich konnte mir wie ein Kind die dümmsten Fragen erlauben, konnte die löchern mit meinen Fragen und mir wie ein Kind die Welt wieder neu aneignen. Ich bekam Antworten, die man sonst nie zu hören bekommt. Auch Schwejk hat sich dumm gestellt und lockte die Amts- und Respektspersonen seiner Zeit und seiner Umgebung aus der Alltagsvermummung.

Seine Respektlosigkeit ist so geschickt getarnt, daß der Polizist, der Amtsarzt, der Offizier nicht merken, wie sie aufs Glatteis geführt werden, wie sie sich selbst in ihren Sprüchen und Redensarten denunzieren. Im übrigen gibt es viele Kinder, die mir schreiben, viele elfjährige, zwölfjährige, 13jährige lesen schon das Buch. Diejenigen, die noch nicht angepaßt sind, die noch Hoffnung in diese Gesellschaft hineinlegen und die zu denen gehören, die vielleicht diese Gesellschaft auch zu besseren Möglichkeiten führen werden.
Ich lese mal einen Satz vor, den mir ein Schüler aus Itzehoe vor einigen Tagen schrieb. Er schreibt: »Hätten Sie in Ihrem Buch nur über Staub, Dreck, Qualm, lauernde Gefahren, im mörderischen Tempo malochende Sklaven, Lug, Betrug, dunkle Machenschaften usw. berichtet, so würden die Leser nach beendeter Lektüre vielleicht in eine niedergedrückte Stimmung verfallen und total depressiv werden. Es spricht ja wirklich wenig dafür, daß sich die desolaten Zustände grundlegend ändern. Aber Sie verstehen es, den Leser zum herzhaften Lachen zu bringen. Immer wieder erregen Sie mit Ihren witzigen Worten Heiterkeit, es ist mir vielleicht noch nie passiert, daß ich bei der Lektüre eines im Grunde genommen tiefernsten Buches etliche Male vor Lachen nicht weiterlesen konnte.«
Das nehmen mir einige Linke, aber auch einige Literaturkritiker krumm, daß gelacht werden kann. Ich finde aber, dieses Lachen von unten, das ist das Allerwichtigste, das hat eine ganz befreiende Wirkung. Das ist auch ein Widerstandspotential, das zu Veränderungen hinführt. Diese Art angewandter Ironie benutzt die Figur des Ich Ali. Viele ihrer Gesprächspartner aus den oberen Etagen der Gesellschaft lassen daraufhin ihre Maske fallen und offenbaren ihr inhumanes Denken. Was sie sonst, beispielsweise vor dem Mikrophon eines Reporters, niemals täten. Sie wirken aber oft auch unfreiwillig komisch, wenn sie ihr Herz ausschütten und ihre wahren Absichten und kleinkarierten Vorstellungen dem Ich Ali preis-

geben, von dem sie annehmen, daß er sie nicht versteht, dem sie nur Dummheit und Torheit unterstellen. Ich wurde wie ein Narr behandelt und konnte mich von daher auch närrisch verhalten. Mir schreiben übrigens viele aus anderen Minderheiten dieser Gesellschaft, z. B. Rollstuhlfahrer. Die sagen, auch ihnen gegenüber wird so gehandelt, auch sie werden von oben herab gedemütigt und nicht ernst genommen. Sie erkennen sich in der Figur wieder. Auch viele Hausfrauen schreiben mir, die in degradierenden Nebenberufen, Nebenjobs, Arbeiten machen, wo sie kaum noch Rechte haben.

Der Erfolg des Buches liegt nicht allein in der Ausländerproblematik. Viele Deutsche werden inzwischen genauso behandelt. Ich habe jetzt einige Male Begriffe gebraucht wie Maske, auch Tarnung, es käme noch Verkleidung hinzu. Das gibt es im Karneval, aber auch außerhalb. Die Alltagsmasken verraten und verbergen. Die Maskerade der Herrschenden im Fernsehalltag verschleiert ihre wirklichen Absichten. Sie maskieren ihre wahren Ziele, indem sie Moralität und Charakter zur Schau stellen. Rudi Dutschke hat das früher einmal Charaktermasken genannt. Sie maskieren ihre Einzelinteressen mit Wörtern wie Allgemeinwohl, Frieden und Freiheit, Ruhe und Ordnung. Es ist kein Wunder, daß z. B. Kabarettisten immer so große Lacherfolge ernten, wenn sie die Redeweisen und Reden von Politikern ganz einfach imitieren, gar nichts dazuerfinden, sondern sie nur nachsprechen und damit verdeutlichen und persiflieren und der Lächerlichkeit preisgeben. Unsere Politik ist im Moment unheimlich karnevalistisch. Wir erleben, daß die besten Kabarettisten sich gar nichts mehr auszudenken brauchen, das sind Stimmen-Imitatoren, die können den Strauß, den Schmidt oder den Kohl in einer so täuschenden Weise nachahmen, daß es die gleichen sein könnten, wenn man nicht genau hinsieht. Es hat da eine Sendung gegeben, die den Zorn von etlichen Politikern hervorgerufen hat.

Der Moderator Rosenbauer hatte sich etwas einfallen lassen,

was viele gar nicht als Satire durchschaut haben, ich übrigens auch nicht am Anfang. Als er da die Begegnung Reagan–Kohl vorwegnahm und durch Stimmenimitatoren ins Fernsehen hievte, glaubte es plötzlich die Fernsehbevölkerung. Die haben sich genauso kalauerhaft und läppisch, im Grunde genommen also entsetzlich unterhalten, wie Reagan und Kohl es dann nachher auch tatsächlich getan haben, als sie sich offiziell begegneten. Man sieht immer wieder, daß die Satire gar nicht so etwas Fiktives und Phantastisches ist, daß die Realität in vielem der Satire überlegen ist, sie einholt und oft überholt.
Auf der anderen Seite befinden sich dann die Masken der Unteren, und dieses Maskentreiben wird bei den Karnevalsvereinen mit dem Straßenkarneval belebt. Ich selbst lebe in Köln-Ehrenfeld, wo solch ein Straßenkarneval zu Hause ist. Der läßt sich nicht reglementieren, er ist respektlos, und niemand fragt vorher, was man zeigen darf oder nicht. Da kommt es schon mal zu Diskussionen und Auseinandersetzungen, wenn den leitenden Herren ein Vorschlag zum Kölner Rosenmontagszug nicht gefällt, der von einem der zahlreichen Karnevalsvereine gemacht worden ist. Die Maskerade des Straßenkarnevals persifliert die gesellschaftliche Rangordnung, wie sie sich in bestimmten Verkleidungen ausdrückt. Da taucht dann der Arbeiter als hoher staatlicher Würdenträger auf, die einfache Tippse als Fürstin aus den Klatschspalten der Regenbogenpresse, Kinder machen als Indianer oder Cowboys aus den Großstadtstraßen einen Asphaltdschungel, wo jeder gegen jeden kämpft. Diese Maskerade verdeutlicht die Verhältnisse. Sie liefert aber auch jene, deren Masken getragen werden, der Lächerlichkeit aus. Und das Lachen, das sie auslösen, befreit für einige Augenblicke von der Angst vor den ganz und gar nicht lächerlichen Bedrohungen unserer gesellschaftlichen Wirklichkeit. Diese Art der Maskerade hat unmittelbar damit zu tun, daß wir uns im Alltag vor unseren Mitmenschen maskieren, maskieren müssen, um uns unangreifbar zu machen, um uns zu schützen

vor den vermeintlichen Übergriffen der anderen. Da geht es um unsere ganz persönlichen Ängste und unsere Verletzlichkeiten. Und viele Menschen fiebern fast das ganze Jahr den paar tollen Tagen entgegen, um die Alltagsmaske gegen die Verkleidung einzutauschen, die ihr Inneres nach außen kehrt.

Nachdem sie mir den Courage-Orden zugesprochen haben, bin ich gefragt worden, ob das ein Orden mehr für mich, Günter Wallraff, oder für Ali sei, den ich eine Zeitlang gespielt habe, in dessen Rolle ich geschlüpft bin. Ich hoffe, daß damit auch die türkischen Kollegen und Arbeiter gemeint sind, ebenso ihre Familienangehörigen und ihre Kinder, die hier geboren und aufgewachsen sind und mehr und mehr dieses Land als ihre Heimat betrachten. Aber das ist auch der eigentliche wunde Punkt. Als ihre Heimat können sie dieses Land, in dem sie auf so vehemente Ablehnung stoßen, wo sie nicht immer deutlich sichtbar ausgesperrt werden, auch wiederum nicht betrachten. Obwohl eine ganze Menge ausländischer Kinder der zweiten Generation inzwischen fast perfekt deutsch sprechen und die Sprache ihrer Eltern nur noch gebrochen und die Heimat ihrer Eltern als Fremde erleben. Da trägt es vielleicht zu ihrer Akzeptanz bei, wenn sie mit mir gleichzeitig auch den Türken Ali eingeladen haben. Wir Eingeborenen und Inländer müssen auf sie zugehen, auf die ausländischen Kollegen, wir müssen sie mit einbeziehen in unseren Alltag. Wir müssen sie überhaupt mal kennenlernen, und zwar ist jeder aufgefordert, in der Nachbarschaft, im Betrieb. Sie haben Sprachbarrieren, sie haben Schwierigkeiten, sie tun sich sehr schwer. Von daher müssen wir den ersten Schritt machen und nicht nur aus Barmherzigkeit oder Mildtätigkeit. Wir lernen selbst was dazu. Wir lernen fremde Kulturen kennen und merken, wieviel sie uns in manchem geben können. Und unsere ganze Gesellschaft ist ja aus fremden Kulturen zusammengesetzt. Ich hoffe, daß das in dieser Ehrung mit berücksichtigt ist.

Immerhin ist der Ich Ali eine Verschmelzung mit dieser Rolle. Das heißt, ich habe mich keineswegs nur als Türke Ali getarnt, um an bestimmte Informationen heranzukommen. Ich habe mich auch in diese Rolle eingebracht, mich der Wirklichkeit eines solchen Menschen ausgesetzt.

Das erklärt vielleicht ein wenig die große Resonanz meines Buches. Mit der Figur des Ich Ali können sich viele, die ebenfalls ganz unten stehen, zu den Schwächsten und Ausgestoßensten gehören, identifizieren. Aber eine Figur, die nicht nur einsteckt, sondern die auch zurückgibt, die sich auf eine Weise wehrt, die auch von anderen nachvollzogen werden kann, die also nicht in Verzweiflung und Resignation steckenbleibt, sondern sich immer wieder hochrappelt, wehrt und sehr viel Widerstandspotential entfaltet. Auch das hat etwas mit dem traditionellen Karneval von unten zu tun. Das läßt sich trotz aller Versuche, ihn zu zähmen, nicht totkriegen. Genausowenig wie die Hoffnung der Menschen, die von der offiziellen Maskerade beherrscht werden, nicht totzukriegen ist. Man sollte die Gelegenheit, sich in die Rolle und Maske von anderen hineinzuversetzen, auch über die Karnevalszeit hinaus beibehalten und wahrnehmen.

Zum Schluß vielleicht noch ein kurzes Gedenken an einen unserer größten Karnevalisten dieser Tage, der eigentlich alles in den Schatten stellt, was so an Büttenreden zur Zeit vollbracht wird. Ich denke hier an Helmut Kohl, der auch in finstersten Zeiten, die er mitverschärft und mitzuverantworten hat, sich in einer Weise um den Volkshumor verdient macht, die ihresgleichen sucht. Allerdings, das ist vielleicht noch eine Schwäche bei ihm, die Pointen bringt er nicht selbst, die müssen andere erfinden. Von daher ist das eine hohe Kultur des Witzes, die zur Zeit in diesem unserem Lande wieder auflebt. Und gerade an CDU-Stammtischen. Es ist ja interessant, daß diese Witze gar nicht vom politischen Gegner kommen, sondern daß sie in den eigenen Reihen entstehen und zünden.

Ich habe den Ost, den Pressesprecher von Kohl, jetzt mal in Berlin darauf angesprochen. Ich habe gesagt, erzählen Sie mir mal einen neuen Kohl-Witz. Er zögerte ein bißchen und wollte ihn mir gerade nicht erzählen. Ich sagte, geben Sie zu, Sie lachen doch auch darüber. Er wollte nicht, ich nehme an, weil ich es war, der ihn gefragt hatte.
Wir sollten aber auch nicht vergessen, daß sich Kohl in der Nachfolge eines noch viel größeren Karnevalisten befindet, der sich um den Volkshumor dieser Republik im In- und Ausland in einer Weise verdient gemacht hat, daß man sagen kann, da kommt Kohl nicht ran. Kohl hat ja offiziell beansprucht, das Erbe Adenauers anzutreten. Und jetzt müssen wir erleben, daß er nicht mal ganz dem Erbe Lübkes gerecht wird. Das nämlich war ein Karnevalist, der seine Witze selbst originell erfand und im In- und Ausland an den Mann brachte. Das sind Witze, die man sich heute noch weitererzählen kann. Wenn man z. B. die Platte hört, als Lübke nach Afrika reiste und die Begrüßungsansprache lautete: »Meine sehr verehrten Damen und Herren, liebe Neger.« Und wieder hatte er die Lacher der ganzen Welt auf seiner Seite. Und da sollte man Kohl vielleicht diese Platte überreichen. Ich sehe diese Verleihung hier auch etwas in diesem Sinne.
Ich darf mich jedenfalls noch einmal sehr bedanken und mache mir weitere Gedanken, wie ich diesen Karnevalistischen Zug in meiner Arbeit noch vervollkommnen und vertiefen kann. Er ist ein Antrieb meiner Arbeit, und er ist auch eine Möglichkeit, in schlimmsten Verhältnissen sich zu behaupten, zu überleben. Herzlichen Dank.

Rede auf dem Anti-Waahnsinnsfestival in Wackersdorf

am 26. 7. 1986

Liebe Freunde,
lange Zeit schien es eine Glaubenssache, ob man die atomare Gefahr ernst nahm oder nicht. Inzwischen wissen wir, ob wir es glauben wollen oder nicht: Letztlich müssen wir alle dran glauben.

Spätestens seit dem Super-Gau von Tschernobyl ist diese unsichtbare Gefahr sichtbar geworden, selbst für diejenigen, die hierzulande durch *Bild* und durch die Verharmlosungssprüche der Herrschenden, der Atommafia, uninformiert gehalten worden sind. Gerade der Versuch, die Bevölkerung durch Nicht-Information, durch Informationsverbote zu »entsorgen«, hat dazu geführt, daß das Mißtrauen in die offiziellen Verlautbarungen aus Bonn und München größer geworden ist denn je.

Was an Informationspolitik nach der Reaktorkatastrophe geleistet wurde, hält Vergleichen mit totalitären Staaten stand. Während zunächst keine, dann nur spärliche Daten über die Radioaktivität in der Luft veröffentlicht wurden, während nach nur wenigen Tagen »Entwarnung« gegeben wurde, obwohl die Meßwerte nach wie vor auf gefährlich hohe radioaktive Verseuchung hinwiesen, wurden zum Beispiel die Soldaten der britischen Rheinarmee über ihren Sender hinreichend aufgeklärt.

Die Luftwerte seien wieder normal, verbreitete die bundesdeutsche Strahlenschutzkommission. Dann waren für sie die Werte von Jod 131 in der Milch wiederum normal. Und so weiter

ter und so fort. Eine fortwährende »Normalisierung« wurde so im Mai dieses Jahres verkündet.

Was heißt normal? Normal ist, wer robust genug ist, voll belastbar im Arbeitsprozeß zu sein. Das werdende Leben, Säuglinge, anfällige, kranke und alte Menschen, die in dieser Hinsicht nicht normal sind, fallen aus dieser Rechnung heraus und zählen nicht. Die Normwerte für radioaktive Belastbarkeit, die in den diversen Kommissionen beschlossen werden, richten sich nicht danach, was gesundheitlich verträglich ist, der Gesundheit nicht schadet; sie richten sich allein danach, ob Atomreaktoren, mit denen inzwischen die dicht besiedelten Gebiete Europas zugepflastert sind, als akzeptabel hingestellt werden können.

Um es klar und deutlich zu sagen: Die Grenzwerte für die radioaktive Belastbarkeit dienen einzig und allein dazu, Atomreaktoren als letzte Abfallprodukte der mörderischen Profitmaschinerie beibehalten zu können.

In den 70er Jahren wurden von der Atomlobby blumige Wendungen wie »Entsorgung«, »Entsorgungspark«, »Kernkraftwerk« und »Endlagerung« ausgebrütet. Bei Halbwertzeiten von 24000 Jahren für Plutonium z. B. oder gar 17 Mio. Jahren für Jod 129 von »Endlagerung« zu sprechen, ist mehr als vermessen. »Endlagerung« – das hört sich an, als sei damit alles zu Ende und bewältigt – Schluß – aus. Es klingt fast wie »Endsieg«. Um das Wort »Atom« zu vermeiden, ist man auf die Formulierung »Kernkraftwerk« gekommen; das erinnert an friedliche Obstkerne, aber nicht an die Möglichkeit einer weiträumigen Verseuchung.

Tschernobyl spätestens hat deutlich gemacht, daß sich hier niemand entziehen kann. Jeden trifft es, letztlich kann keiner entkommen. Holger Strohm hat errechnet, daß im detonierten Reaktorblock von Tschernobyl Radioaktivität in der Größenordnung von ca. 150 explodierten Hiroshima-Bomben freigesetzt wurde. Strohm schätzt, daß deutsche Reaktoren wesent-

lich mehr Radioaktivität freisetzen würden bei einem vergleichbaren Super-Gau. Man braucht wohl kaum Phantasie, um sich auszumalen, was passieren würde, wenn das AKW Stade in die Luft ginge, in so kurzer Entfernung zur Millionenstadt Hamburg. Während vor nicht allzulanger Zeit noch Verharmlosungen wie »Entsorgung« verfingen – da wird an elterliche Sorge, staatliche Fürsorge und Versorgung appelliert, »wir werden aller Sorgen ledig« – halten sich die Beschwichtiger, Verharmloser und Ignoranten inzwischen auffallend zurück mit ihren Dummen-Fang-Sprüchen. So wäre auch der im Mai 1983 gefallene Ausspruch des Strauß-Gefolgsmannes Löwenthal im ZDF-Magazin heute selbst für die schlechteste Kabarett-Nummer nicht mehr tragbar:
»Radioaktivität ist natürlich wie Luft und Wasser, wir alle strahlen Radioaktivität aus; so ist es vergleichsweise gefährlicher, an einer Versammlung von Atomkraftgegnern teilzunehmen, als neben einem Kernkraftwerk zu wohnen.« (8.5.83)
Ähnlich der Ministerpräsident Strahlemann Albrecht in einer Fernsehansprache *vor* Tschernobyl:
»Wir alle wissen aus Erfahrung, daß ein mäßiger Genuß von Alkohol nicht gesundheitsgefährdend ist. Dennoch sagen auch hier die Ärzte, daß jeder Genuß von Alkohol unsere Leber belastet. Ähnlich verhält es sich mit der Radioaktivität.«
Auf Strauß mag dies sogar zutreffen. Altersbedingt dürfte er *eher* an den Folgen seines Alkoholkonsums als an den Spätfolgen von Verstrahlung zugrunde gehen.
Auf erste Paralysierungserscheinungen weist ein Ausspruch wie folgender hin, hier in Weiden losgelassen. O-Ton Strauß:
»Die WAA ist nicht gefährlicher als eine Fahrradspeichenfabrik«, was die gleiche Aussagequalität hat wie: »Eine Atombombe ist auch nicht schlimmer als ein Knallfrosch in der Silvesternacht.«
Und noch zu diesem Thema:
Versuche, ausgerechnet hier in Bayern, wo Bier doch fast zu

den Grundnahrungsmitteln zählt, die hier versammelten Bürgerinitiativen durch ein Alkoholverbot als unkontrollierte Alkoholiker zu diffamieren, sind schon ganz nett unverfroren. Wer wie ich als Türke Ali in der Passauer Nibelungenhalle, als dort die Strauß-Riege ihren alljährlichen politischen Aschermittwoch beging, erlebt hat, wie der harte Kern der Strauß-Fans das stundenlange Warten auf ihren Führer durch literweises Hineinschütten von Bier überbrückte und sich bis zur Besinnungslosigkeit um der Verstand soff, der fragt sich, ob ein Bierverbot, wenn es überhaupt sinnvoll sein soll, nicht am ehesten dort angebracht wäre.

Die Wiederaufbereitungsanlage ist ein wichtiges Glied im sogenannten Plutonium-Kreislauf, wozu auch der schnelle Brüter gehört. Plutonium wurde auch im zerstörten Reaktorblock von Tschernobyl produziert, dort für sowjetische Atombomben. Es ist also von daher anzunehmen, daß freigesetzte Plutoniumpartikel auch über die Bundesrepublik niedergegangen sind. Allerdings hat man – und das nicht nur wegen der sehr schwierigen Meßbarkeit dieser Nuklids – kaum Meßwerte vorliegen. Wenn in Wackersdorf verbrauchte Brennelemente »wiederaufgearbeitet« werden, dann muß davon ausgegangen werden, daß allein mit der Abluft genügend Plutoniumpartikel in die Atmosphäre geraten, um die Krebsrate sprunghaft ansteigen zu lassen.

Manfred Bissinger hat schon sehr früh in der Zeitschrift *natur* vor der WAA gewarnt und ihre Gefährlichkeit nachhaltig ins Bewußtsein gebracht. Allein der Bau wird nach Schätzungen des Freiburger Öko-Instituts voraussichtlich zwölf Milliarden Mark verschlingen. Die offiziell verbreiteten Zahlen sind natürlich weit niedriger angegeben. Aber auch das Milliardengrab in Kalkar, der »Schnelle Brüter«, sollte ursprünglich »nur« 310 Millionen kosten, und sieben Milliarden waren es am Ende.

Für das Geld, das der gigantische Betonsarg in Wackersdorf

verschlingt, dieses Produkt vermessener, von der Atomindustrie abhängiger Zauberlehrlinge und Fachidioten, könnten beispielsweise Entschwefelungsanlagen für Kohlekraftwerke hierzulande entwickelt und gebaut werden – man brauchte sie nicht mehr in Japan und den USA zu kaufen. Es könnten Programme zur Beseitigung der Massenarbeitslosigkeit bereitgestellt werden – oder Hilfen für die Landwirtschaft zur Förderung gesünderer Nahrungsmittel anstelle der zur Zeit totgedüngten.

Wenn die WAA wie geplant ab 1995 in Betrieb geht, dann belastet sie die Umwelt mit Radioaktivität in einer Größenordnung, die 12 Atomkraftwerken entspricht.

In den USA wäre die Anlage, wie sie hier technisch angelegt ist, seit 1983 überhaupt nicht mehr genehmigungsfähig. Für die als hochaktiv und giftig geltenden Radioisotopen Tritium, Kohlenstoff 14, Strontium 90 (ein Nuklid, das u. a. zum vermehrten Auftreten von Leukämie beiträgt) sowie Plutonium 238 sollen eigens die Strahlenschutzbestimmungen gesetzlich geändert werden.

Auch hier wird deutlich, daß die Festsetzung der Grenzwerte wirtschaftlichen Erwägungen folgt. Gesund ist, was einen gesunden Profit abwirft.

Späteren Generationen wird Strauß, der ja immerhin seinem niedersächsischen Fürstenkollegen das bei dem politisch nicht durchsetzbare WAA-Projekt abgenommen hat, als einer der letzten Vertreter des ausgehenden Staatsfeudalismus, als »Ein-Mann-Demokratie«, in Erinnerung bleiben, als pompöse Null und als Freund oder Schirmherr der letzten klassischen Mördergenerale und Diktatoren dieser Welt, von Salazar, Franco, Pinochet bis zu den Killern des südafrikanischen Herrenmenschensystems. Und falls es dann noch Geschichtsbücher geben sollte, wird das sogenannte ATOMZEITALTER in den Ohren klingen wie heute Faustrecht, Steinzeit, Neandertaler oder Massenvernichtung.

Die von der Atomlobby verbreiteten Plaketten
STEINZEIT – NEIN DANKE
sind bereits nicht mehr im Umlauf, so weit hat sich's selbst bei den größten Ignoranten herumgesprochen. Aufgrund der jüngsten Erfahrungen müßten sie nun ehrlicherweise neue verbreiten lassen mit der Parole
STEINZEIT – JA BITTE!
Immer dann, wenn die jeweils Herrschenden, ob hier im Westen oder im Osten, ihre Machtinteressen gegen den Willen der Mehrheit der Bevölkerung durchsetzen wollen, dann sprechen sie von »inneren Angelegenheiten« und verbitten sich jede Einmischung. So wie jetzt Strauß in einem Brief an den österreichischen Staatspräsidenten. Den Wunsch der Österreicher, die WAA Wackersdorf noch einmal zu überdenken, beantwortete er mit der arroganten Formulierung, »die österreichischen Forderungen stellen allmählich eine Zumutung dar.«
Diese machtlüsterne, scheinheilige und neofeudale Kleinstaaterei hat doch in Wirklichkeit – machen wir uns nichts vor – längst ausgeschissen.
Sorgen wir dafür, daß die Grenzen nicht nur für Wirtschaftsgüter durchlässig und abgebaut werden und in Zukunft ganz fallen! Erst recht hat dies zu gelten, wenn es um Menschenrechte, um Gesundheit und Leben von unzähligen Betroffenen jenseits und diesseits der jeweiligen Grenzfestlegungen und Machtinteressen geht. Radioaktive Wolken halten sich schließlich auch nicht an solche nationalen Demarkationslinien, wie wir gerade eben erleben mußten.
Der nationale Dünkel, den wir gerade von den staatstragenden Kräften dieses Freistaats zunehmend zu spüren bekommen, wo es heißt: die Grenzen dichtmachen, wenn es um Menschen geht, die aus einem Nachbarland kritische Gedanken in den eigenen Provinzmief bringen – den sollten wir beantworten und auch noch einen Schritt weitergehen und ihn für Ferienreisende allenthalben sichtbar machen mit Schildern und Aufklebern,

die wir zur Verdeutlichung auf die offiziellen Grenzpfähle und dem bayrischen Löwen in die Krallen legen mit der Aufschrift:
VORSICHT! POLIZEI-FREISTAAT! SIE VERLASSEN DEN DEMOKRATISCHEN SEKTOR DER BUNDESREPUBLIK DEUTSCHLAND!
Strauß und mit ihm die DWK, die Deutsche Gesellschaft zur Wiederaufarbeitung von Kernbrennstoffen, diese Gesellschaft mit beschränkter Haftung, wollten auf zynischste Weise die Bodenständigkeit und Gottesfürchtigkeit der Oberpfälzer Bevölkerung ausnutzen, im Glauben, hier sei die WAA am leichtesten durchzusetzen. Das Gegenteil haben sie erreicht. Nach einer Umfrage der DWK sind inzwischen nur noch 14,7 Prozent der Bevölkerung für eine WAA. 55 Prozent sind eindeutig dagegen.
In einem größeren Zusammenhang versuchen die herrschenden Atommafiosi die Demonstranten zu spalten in solche, die sie friedlich nennen, und solche, die sie als gewalttätig hinstellen, was sie mit immer neuen Fernsehbildern, die wie auf Bestellung gedreht wirken, zu beweisen versuchen. Mittlerweile geht das so weit, daß nicht mehr die Rede ist von den Gefahren der Atomkraftwerke, sondern von den Gefahren, die von sogenannte Demonstrationsstraftätern ausgehen. Damit die paramilitärische Ausstattung und Organisierung der Polizei politisch durchsetzbar wird, braucht man die sogenannten »Gewalttäter«! Sie werden ebenso verschont von den sonst allenthalben erkennungsdienstlichen Maßnahmen wie die eigenen V-Leute, die buchstäblich an die Front geschickt werden, um das Geschäft der Provokation zu betreiben. Daß auch in Wackersdorf beamtete, zumindest bezahlte Provokateure dabei waren und sind, dürfte kaum anzuzweifeln sein – nach den Erfahrungen von Celle, München und anderswo.
Auch heute sind wieder – mit an Sicherheit grenzender Wahrscheinlichkeit – Provokateure entsprechender Dienste unter

uns, die unsere friedliche Demonstration, die Überzeugungskraft unseres Kampfes in Scheingefechten mit Polizisten unglaubwürdig machen wollen. Ich habe hier eben ein Plakat gelesen mit der Aufschrift: »Herr Hillermeier, nicht schießen, der Demonstrant könnte Ihr V-Mann sein.« Wir werden nicht zulassen, daß die hierher kommandierten Bereitschaftspolizisten als Sündenböcke für die Großmachtpolitik der eigentlichen Verantwortlichen ihren Kopf hinhalten sollen!

Strauß verfällt immer dann, wenn die Kirche ihren sozialen Aufgaben und Verantwortlichkeiten gerecht wird, sei es in Südafrika oder aktuell im eigenen Land, in anti-christliche Diffamierungen und Schmähreden – wie zum Beispiel auf dem kleinen CSU-Parteitag in Würzburg im März, wo er meinte, Pfarrer, die zu Ostern auf dem WAA-Gelände Gottesdienste abhielten, betrieben »das Werk des Teufels«. Man fühlt sich bei solchen selbstherrlichen, größenwahnsinnigen Anmaßungen an ein Sprichwort aus den Zeiten der deutschen Bauernkriege erinnert:

»Die Herren machen das selber, daß der arme Mann ihnen feind wird.«

Oder wie es ein hier ortsansässiger Bürger ausdrückte:

»Aber wenn der Oberpfläzer mal narrisch wird – und der Zeitpunkt ist jetzt gekommen – wenn er narrisch wird, dann wird er gescheit narrisch! Der Widerstand, der wächst!«

Verzeichnis der Erstveröffentlichungen

»Vorzüge und Nachteile eines Ideal-Berufes«, 1959, Schulaufsatz, unveröffentlichtes Manuskript

»Notstand für alle«, Vorwort zu Arno Ploog, *Notstand unser*, Rede vor dem Frankfurter Schöffengericht 1969, Frankfurt 1967

»Ulrikes Rote Armee«, in: *Konkret*, Nr. 14, 1970

»Wirkungen in der Praxis. Eine Gebrauchsanweisung«, Referat bei einer Arbeitstagung der Werkstätten in Gelsenkirchen am 27. 6. 1970, in: *Schrauben haben Rechtsgewinde.* Ein Lesebuch fragender Arbeiter für Arbeitnehmer und Arbeitgeber sowie deren Kinder, zusammengestellt von Thomas Rother, mit einer Gebrauchsanweisung von Günter Wallraff. Texte aus den Literaturwerkstätten des Ruhrgebiets, Düsseldorf 1971

»Entstation Bambule?«, in *Konkret*, Nr. 9, April 1971

»Vom Ende der Eiszeit und wie man Feuer macht«, in: *Frankfurter Rundschau*, 7. 7. 1973.

Verteidigungsrede vor dem griechischen Militärtribunal 1974, in: Wallraff/Spoo, *Unser Faschismus nebenan*. Griechenland gestern – ein Lehrstück für morgen, Köln 1975

»Schriftsteller – Radikale im öffentlichen Dienst«, Rede auf dem VS-Kongreß 1974, in: Bingel, Horst (Hrsg.), *Phantasie und Verantwortung*, Frankfurt 1975

»Betrifft BM-Prozeß«, in: *Das Da*, Mai 1975

Rede vor dem Kölner Amtsgericht 1975, in: *Enthüllungen.*

Recherchen, Reportagen und Reden vor Gericht, Frankfurt 1985
»Kisch und Ich heute. Über die logische Phantasie«, in: *Die Zeit*, 11.11.1977
Laudatio auf Axel Eggebrecht anläßlich der Verleihung der Ossietzky-Medaille an A. E. in Berlin 1979, unveröffentlichtes Manuskript
Über Emile Zola, *Germinal*, in: *Die Zeit*, 11.5.1979
Vorwort zu Moema Viezzer, *Wenn man mir erlaubt zu sprechen*... Zeugnis von Domitila, einer Frau aus den Minen Boliviens, Bornheim-Merten 1980
Für Heinrich Böll zum 65. Geburtstag, in: *Ein Autor schafft Wirklichkeit.* Heinrich Böll zum 65., Köln/Bornheim 1982
Über Friedrich Engels, Die Lage der arbeitenden Klasse in England, in: *Die Zeit*, 22.7.1983
Vorwort zu Paul Geiersbach, *Wie Mutlu Öztürk schwimmen lernen mußte.* Ein Lebenslauf, Berlin/Bonn 1983
Vorwort zu F. Berger, P. Nied, S.-M. Veit (Hrsg.), *Wenn Bild lügt, kämpft dagegen.* Neue Untersuchungen, Fallbeispiele, Gegenaktionen, Essen 1983
Vorwort zu Jörg Heimbrecht, *Das Milliardending,* Köln 1984
Vorwort zu Günter Wallraff (Hrsg.), *Mein Lesebuch*, Frankfurt 1984
Dankesrede zur Verleihung der Carl von Ossietzky-Medaille für couragierten Journalismus am 10.12.1984 in Berlin, in: *Die Menschenrechte.* Verleihung der Carl von Ossietzky-Medaille für couragierten Journalismus an Günter Wallraff 1984 und Lea Rosh 1985, Berlin 1986
Vorwort zu H.-G. Schmidt, *Der neue Sklavenmarkt*, Basel 1985
»Kein Abschied von Heinrich Böll«. 1985, in: Günter Wallraff, *Predigt von unten*, Göttingen 1986
»Predigt von unten«, in: Günter Wallraff, *Predigt von unten*, a.a.O.

Rede zur Verleihung des Courage-Ordens 1986 in Bürstadt, unveröffentlichtes Manuskript

Rede auf dem Anti-Waahnsinnsfestival in Wackersdorf am 26. 7. 1986, in: Platten-Cover der LP zum Anti-Waahnsinnsfestival, Emi-Electrola, Köln 1986

Bibliographie

Wir brauchen dich. Als Arbeiter in deutschen Industriebetrieben. Rütten und Loenig, München 1966.

Industriereportagen. Als Arbeiter in deutschen Großbetrieben. Rowohlt, Reinbek 1970. Taschenbuch.

Vorläufiger Lebenslauf nach Akten und Selbstaussagen des Stefan B. Peter Paul Zahl, Berlin 1968.
Neuauflage: Giftzwerge-Press, Heergugowaard/NL, 1978.

Meskalin – ein Selbstversuch. Mit Original-Offsetlithographien von Jens Jensen. Peter Paul Zahl, Berlin 1968.

Nachspiele, Szenische Dokumentation. Edition Voltaire, Frankfurt/M. 1968. Neuauflage: Pendragon-Verlag, Bielefeld 1982.

13 unerwünschte Reportagen. Kiepenheuer & Witsch, Köln / Berlin 1969.
Taschenbuch: Rowohlt, Reinbek 1975.

Hängt den D. auf! Ein nicht gesendetes Fernsehspiel. In: Blätter für deutsche und internationale Politik, Heft 10, S. 1110–1120, 1969.

Von einem der auszog und das Fürchten lernte. Bericht, Umfrage, Aktion. Aus der unterschlagenen Wirklichkeit. Weismann, München 1970.
Neuauflage: Zweitausendeins, Frankfurt 1979.

Neue Reportagen, Untersuchungen und Lehrbeispiele. Kiepenheuer & Witsch, Köln 1972.
Taschenbuch: Rowohlt, Reinbek 1974.

Was wollt ihr denn, ihr lebt ja noch. Chronik einer Industrieansiedlung. Zusammen mit Jens Hagen. Rowohlt, Reinbek 1974.

Ihr da oben, wir da unten. Zusammen mit Bernt Engelmann. Kiepenheuer & Witsch, Köln 1973. Erweiterte Sonderausgabe 1975.
Taschenbuch: Rowohlt, Reinbek 1976.

Wie hätten wir's denn gerne? Unternehmerstrategen proben den Klassenkampf. Zusammen mit Bernd Kuhlmann. Peter Hammer, Wuppertal 1975.
Neuauflage: Pendragon-Verlag, Bielefeld 1983.

Unser Faschismus nebenan. Griechenland gestern – ein Lehrstück für morgen. Zusammen mit Eckart Spoo. Kiepenheuer & Witsch, Köln 1975.
Taschenbuch: Rowohlt, Reinbek 1982 (ergänzt, erweitert & aktualisiert).

Die Reportagen. Kiepenheuer & Witsch, Köln 1976.

Aufdeckung einer Verschwörung. Die Spinola-Aktion. Zusammen mit Hella Schlumberger. Kiepenheuer & Witsch, Köln 1976.
Taschenbuch: Rowohlt, Reinbek 1982: In: Unser Faschismus nebenan.

Berichte zur Gesinnungslage der Nation / Berichte zur Gesinnungslage des Staatsschutzes. Zusammen mit Heinrich Böll. Rowohlt, Reinbek 1977.

Der Aufmacher. Der Mann, der bei »Bild« Hans Esser war. Kiepenheuer & Witsch, Köln 1977. Veränderte und erweiterte Neuausgabe 1977 und 1982 (KiWi 2, 1982).

Zeugen der Anklage. Die »Bild«-beschreibung wird fortgesetzt. Kiepenheuer & Witsch, Köln 1979 (KiWi 17, 1982).

Das »Bild«-Handbuch. Das Bild-Handbuch bis zum Bildausfall. Konkret Literatur Verlag, Hamburg 1981. Unter dem

Titel *Bild-Störung*. Ein Handbuch. Kiepenheuer & Witsch, 1985 (KiWi 77).

Die unheimliche Republik. Politische Verfolgung in der Bundesrepublik. Zusammen mit Heinrich Hannover. VSA-Verlag, Hamburg 1982.

Taschenbuch: Rowohlt, Reinbek 1984.

Nicaragua von innen. Konkret Literatur Verlag, Hamburg 1983.

Mein Lesebuch. Fischer Taschenbuch Verlag, Frankfurt 1984.

Befehlsverweigerung. Die Bundeswehr- und Betriebsreportagen (Band enthält: »Von einem der auszog und das Fürchten lernte« und »Neue Reportagen, Untersuchungen und Lehrbeispiele«.) Kiepenheuer & Witsch, Köln 1984 (KiWi 66).

Bericht vom Mittelpunkt der Welt. Die Reportagen (Band enthält: »13 unerwünschte Reportagen« und unveröffentlichte Arbeiten aus den Jahren 1967–77). Kiepenheuer & Witsch, Köln 1984 (KiWi 67).

Enthüllungen. Recherchen, Reportagen und Reden vor Gericht. Mit einem Nachwort von Oskar Negt. Zweitausendeins, Frankfurt 1985.

Ganz unten. Kiepenheuer & Witsch, Köln 1985.

Günter Wallraffs BILDerbuch. Nachwort von Heinrich Böll. Steidl Verlag, Göttingen 1985.

Predigt von unten. Steidl Verlag, Göttingen 1986.

Unser Faschismus nebenan (erweiterte Neuausgabe, enthält gleichzeitig *Aufdeckung einer Verschwörung*). Rowohlt, Reinbek 1986. Aktualisierte Neufassung unter dem gleichen Titel, Kiepenheuer & Witsch 1987 (KiWi 114).

SEKUNDÄRLITERATUR

Dithmar, Reinhard: *Günter Wallraffs Industriereportagen*. Kronberg 1973.

Christian Linder (Hrsg.): *In Sachen Wallraff*, Berichte, Analysen und Dokumente. Kiepenheuer & Witsch, Köln 1975.

Taschenbuch: Rowohlt, Reinbek 1977 (erweiterte Neuausgabe).

NEUAUSGABE: *In Sachen Wallraff*. Von den *Industriereportagen* bis *Ganz unten*. Berichte, Analysen, Meinungen und Dokumente. Kiepenheuer & Witsch, Köln 1986

Weitere Titel bei k&w

13 unerwünschte Reportagen, 1969. *Neue Reportagen, Untersuchungen und Lehrbeispiele*, 1972. *Ihr da oben – wir da unten* (mit Bernt Engelmann), 1973. *Unser Faschismus nebenan.* Griechenland gestern – ein Lehrstück für morgen, 1975. *Aufdeckung einer Verschwörung.* Die Spinola-Aktion, 1976. *Der Aufmacher.* Der Mann der bei Bild Hans Esser war, 1977, KiWi 2, 1982. *Zeugen der Anklage.* Die »Bild«-Beschreibung wird fortgesetzt, 1979, KiWi 17, 1982. *Befehlsverweigerung.* Die Bundeswehr- und Industriereportagen, KiWi 66, 1982. *Bericht vom Mittelpunkt der Erde.* Die Reportagen, KiWi 67, 1984. *Bild-Störung.* Ein Handbuch, KiWi 77, 1985. *Ganz unten.*, 1985. *Reportagen 1963–1974.* Mit Materialien und einem Nachwort des Autors, Kiwi 113, 1987. *Unser Faschismus nebenan.* Erfahrungen bei Nato-Partnern, KiWi 114, 1987.

Günter Wallraff
Ganz unten.

Wallraff war wieder da.
Diesmal »ganz unten«. Da, wo es vom Arbeitsmarkt zum Sklavenmarkt nur ein Schritt ist, wo Arbeit tödlich werden kann und der Mensch aufhört, Mitmensch zu sein.
Zwei Jahre lang war Wallraff Ali Levent: u.a. als Hilfskraft bei McDonalds, bekehrungs- und integrationswilliger Moslem bei Pfarrern, Versuchskaninchen beim Medikamentenversuch, Illegaler auf einer Großbaustelle, Arbeiter bei einer Kolonne von Leiharbeitern bei Thyssen. Mit der List seiner Rolle provozierte er die oft makabre und bis ins Absurde gesteigerte Entmenschlichung gegenüber dem, der nicht dazugehört, erfuhr er den Alptraum einer Arbeit, die den Menschen buchstäblich »verheizt« im Dienste des Profits.
Daß sich in den Grauzonen unserer Arbeitswelt ein Rückfall ins frühkapitalistische System vollzieht – seit der »Wende« aggressiver denn je – Wallraff belegt es, durch das radikale Einbringen seiner Person, mit erschütternder Deutlichkeit.

Kiepenheuer & Witsch

Günter Wallraff
Der Aufmacher

Der Mann, der bei BILD Hans Esser war
KiWi 2

Günter Wallraff, der sich die Aufgabe gestellt hat, dunkle nicht öffentliche Bereiche unserer Gesellschaft öffentlich und durchschaubar zu machen, ist ein Autor, der bei der Wahrheitssuche und Realitätsforschung seine ganze Existenz ins Spiel bringt, um ganz nah an die Dinge heranzukommen. Von einem solchen schon legendär gewordenen Alleingang handelt sein Buch *Der Aufmacher. Der Mann, der bei BILD Hans Esser war.*

Günter Wallraff
Zeugen der Anklage

Die ›Bild‹-beschreibung wird fortgesetzt
KiWi 17

Der Aufmacher, Günter Wallraffs Bestseller über seine Erlebnisse als Springer-Redakteur, war erst der Anfang. Jetzt enthüllt »der Mann, der bei BILD Hans Esser war«, die Struktur und journalistische Praxis eines Meinungskonzerns, dem weder Gesetz noch Moral Grenzen setzen. Wallraff entdeckte Protokolle über illegale Recherchiermethoden und unglaubliche Redaktionsbesprechungen. Er berichtet über die Opfer der BILD-Zeitung und läßt Zeugen zu Wort kommen, die über jahrelange Erfahrungen in diesem Blatt verfügen.

KiWi Paperbackreihe bei Kiepenheuer&Witsch

GÜNTER WALLRAFF
BILD-STÖRUNG

Ein Handbuch
KiWi 77

Für *Bild-Störung* trug der Autor eine Fülle von Material über die Arbeitsmethoden der BILD-Redaktion und die Politik des Springer-Konzerns zusammen, Dokumente, Analysen und Selbsterfahrungsberichte. BILD-Redakteure berichten als Insider von ihrer Arbeit, Opfer der Verleumdung und Beleidigungen kommen selbst zu Wort und stellen ihren Fall dar. Als Hilfe zur Selbsthilfe enthält der Band eine Reihe von Beispielen, in denen sich Betroffene mittels des Presserechts erfolgreich gegen den Springer-Konzern wehren konnten.

KiWi Paperbackreihe bei Kiepenheuer&Witsch

GÜNTER WALLRAFF
BEFEHLSVERWEIGERUNG
Die Bundeswehr- und Industriereportagen
KiWi 66

GÜNTER WALLRAFF
BERICHT VOM MITTELPUNKT DER WELT
Die Reportagen
KiWi 67

In einer neuen Ausgabe legt der Verlag die Reportagen Günter Wallraffs mit bisher unveröffentlichten Arbeiten vor, die vor seinen BILD-Bänden entstanden sind und seinen Ruf als Autor engagierter Sozialreportagen begründet haben.
Neben den Bundeswehrtagebüchern enthält der erste Band die Sammlungen »Industriereportagen« und »Neue Reportagen«, der zweite die »13 unerwünschten Reportagen«, darüber hinaus eine Reihe bisher überhaupt noch nicht in Buchform veröffentlichter Texte.
Dem ersten Band ist ein neues Vorwort des Autors vorangestellt, in dem sich dieser mit dem letztinstanzlichen Urteil des Bundesverfassungsgerichts über seine Arbeit als Reporter bei der BILD-Zeitung auseinandersetzt.

Günter Wallraff
Neue Reportagen, Untersuchungen und Lehrbeispiele
Neuausgabe

KiWi 96

In seiner mittlerweile klassischen Reportagensammlung *Neue Reportagen, Untersuchungen und Lehrbeispiele* aus dem Jahre 1972 finden sich bereits alle Themen, die Günter Wallraff auch in den folgenden Jahren in seinen Büchern so nachdrücklich in das Bewußtsein der Öffentlichkeit gebracht hat: Niedriglohnausbeutung (hier von Frauen bei Heimarbeit), die Lebenssituation der sogenannten »Gastarbeiter« und auch schon die Manipulationsmaschine BILD-Zeitung. Ein Autor, der sich treu geblieben ist.

KiWi Paperbackreihe bei Kiepenheuer&Witsch

Günter Wallraff
Die Reportagen

Gebunden.

Die Resultate einer fast zehnjährigen Anwesenheit Günter Wallraffs in Betrieben und anderen »nichtöffentlichen Räumen« unserer Gesellschaft, in denen gleichwohl das Interesse der Öffentlichkeit verhandelt wird, versammelt dieser Band zum ersten Mal. Wallraff und der von ihm geschaffene Typ Reportage ist zum Begriff geworden. Er hat Geschichte gemacht. Seine Arbeitsmethode, »in fremden Rollen Informationsbarrieren zu überwinden«, hat zum Teil erstaunliche Wirkungen gehabt und ihm eine Publizität eingebracht, die ihn zum »politisch wirksamsten und von Arbeitern am meisten gelesenen Arbeiterschriftsteller der westdeutschen Nachkriegsgesellschaft« (Oskar Negt) gemacht hat.

Heute sind *Die Reportagen* nicht nur Beleg für eine neue gesellschaftspolitisch wirksame Dokumentar-Literatur, sondern vor allem Beleg für die lange verschwiegenen, fortdauernden Innenkonflikte in unserer Gesellschaft. Wallraff hat bewiesen, daß »banale Mittel ausreichen, Konzerne zu erschüttern«. Er hat ein Beispiel gesetzt: für die Literatur, für die politische Aktion. So ist dieses Buch für alle »Betroffenen« gedacht, damit, nach Wallraffs Devise, »etwas im Kopf passiert«.

In Sachen Wallraff
Von den Industriereportagen bis Ganz unten.

Berichte, Analysen, Meinungen und Dokumente
Herausgegeben von Christian Linder
KiWi 104

10 Jahre nach Erscheinen von *In Sachen Wallraff* liegt eine aktualisierte Neuausgabe des Buchs vor. Sie bringt neben Texten, die sich mit den früheren Arbeiten Wallraffs befassen, Arbeiten und Dokumente zu den Bänden *Der Aufmacher*, *Zeugen der Anklage* und *Bild-Störung*. Eingehend werden die Vorgeschichte und Wirkung des jüngsten Buches von Günter Wallraff *Ganz unten.* behandelt. Mit zahlreichen neuen Fotos und Materialien.